Echter

Rituale im Management

Rituale im Management

Strategisches Stimmungsmanagement für die Business Elite

von

Dorothee Echter

Verlag Franz Vahlen München

VERLAG
VAHLEN
MÜNCHEN
www.vahlen.de

ISBN 3-8006-3000-1

Wilhelmstraße 9, 80801 München
Satz: Fotosatz H. Buck
84036 Kumhausen
Druck und Bindung: Druckhaus „Thomas Müntzer" GmbH
Neustädter Str. 1–4, 99947 Bad Langensalza

Gedruckt auf säurefreiem, alterungsbeständigem Papier
(hergestellt aus chlorfrei gebleichtem Zellstoff)

Für meine Mutter Ilse Keppel
in Liebe, Dankbarkeit und Bewunderung

Dank

Danken möchte ich meinem Mann Claus-Peter, der mich in 28 Ehejahren in meiner beruflichen Ambition als Managerin, dann als Beraterin, immer nur unterstützt und ermutigt hat: praktisch, durch gleiches und gleichberechtigtes Engagement für unser alltägliches Familienleben; psychologisch, durch anerkennende und bewundernde Kommentare; und menschlich, durch seine unbeirrbare, hartnäckige Liebe zu mir. Ohne ihn wäre keines meiner Bücher entstanden, ohne ihn hätte ich keine Karriere gemacht, ohne ihn wäre ich auch heute keine selbständige Unternehmerin.

Meiner liebevollen Mutter Ilse Keppel danke ich, denn sie ist mein Vorbild für weibliche Stärke und Lebendigkeit. Sie hat uns Töchtern die Botschaft mitgegeben, dass eine Frau vor allem drei Dinge braucht: eigenes Geld – möglichst viel –, Mut zu einem befriedigenden, interessanten Leben, und einen unterstützenden Mann. Auch mein Vater ist ein ungewöhnlicher Mann. Er hat uns mit liebevollem Blick betrachtet, und viele Dinge *nicht* getan, die in seiner Generation ansonsten gegenüber Töchtern üblich waren: er hat uns keinerlei Vorschriften gemacht, hat uns nicht seine Wertvorstellungen aufgedrängt, sich nicht in unser Leben gemischt. Danke dafür.

Mein Sohn Clemens Echter war mir eine große Hilfe mit seiner Kompetenz, Geduld und guten Laune. Er war es, der meine Verzweiflung anlässlich bösartiger Attacken meiner diversen Soft- und Hardware und mobilen Vernetzungen aufgefangen hat und – für mich undurchsichtig, auf welche Weise – stets alles rasch wieder in Ordnung brachte. Danke!

Danke an meine Freundin, Mentorin und Kollegin Dorothea Assig: für ihre Ideen, ihre Kontakte, ihren Humor und vor allem für ihre Autorität und Kompetenz, mit der sie mich als Coach fördert und immer wieder in der Öffentlichkeit, in den Medien, groß rausbringt. Mit ihr zusammen kann man sich sogar Phasen von Überarbeitung, Entmutigung und Zweifeln noch zu Nutze machen! Danke für viele hilfreiche Kommentare zu diesem Buch.

Die Coaches meines Executive Coaching Quality Kompetenzzentrum sind weit über den professionellen Erfahrungsaustausch hinaus für mich wichtig. Ihnen danke ich für ihre Freundschaft, für ihre Anerkennung, für ihre Ideen und ihre Bereitschaft zum Austausch über die Best Practices unserer Klientinnen und Klienten. Dadurch ist dieses Buches sehr bereichert worden.

Meiner Assistentin während zweieinhalb Jahren, Kerstin Stockinger, danke ich für die Umsicht und Selbständigkeit, mit der sie mein Büro geleitet hat. Vor allem in den Phasen intensiven Schreibens hat sie höchst wirksam die Telefonate und e-mails gefiltert und mich vor meiner eigenen Arbeitswut beschützt. Meinen Klientinnen und Klienten stand sie mit Geduld, ihrer legendären Tatkraft und Freundlichkeit bei.

Eva-Marie Torhorst hat dafür gesorgt, dass dieses Buch an Anschaulichkeit und gutem sprachlichen Stil gewinnt und dass alle Zitate korrekt aufgeführt sind, und hat damit sicherlich nicht nur mir, sondern auch meinen Lektor, Franz Sobotka vom Vahlen Verlag, der diese Arbeit mit unbestechlicher Logik und liebevoller Unterstützung fortgesetzt hat, das Leben erleichtert. Dank an alle beide!

Die Mitglieder meiner Supervisionsgruppe, Insidern als „die Gruppe" bekannt, halten nun seit einem viertel Jahrhundert zusammen, geben sich Feedback und professionellen wie privaten Rat. Roswitha Butollo, Dr. Sieglinde Diesselhorst, Katrin Fließ, Leo Gerner, Dorit Mettin, Albrecht Sorg und Margret Strasser-Kriegisch, sind – neben meiner Familie und engen Freundinnen und Freunden – meine emotionale Münchner Heimat. Danke für die „Erdung" und für das Zurechtstutzen des Größenwahns, der mich bei so vielen erfolgreichen und prominenten Klientinnen und Klienten zuweilen beschleicht.

Danke an meinen Freund und Supervisor Dr. Wolfgang Schmidbauer. „Wie schreibt man ein Buch?" habe ich ihn vor meinem ersten Buch-Projekt 1992 gefragt. „Seite für Seite", war seine Antwort, und er hat es wörtlich so gemeint. Sich nicht mit Gliederung oder Stoffsammlung aufhalten, sondern sofort beginnen mit dem, was einem wichtig ist. Eine Seite schreiben. Und dann dranbleiben. Wer mehr darüber wissen möchte, lese sein gleichnamiges Buch „Dranbleiben – Die gelassene Art, Ziele zu erreichen"[1].

Die Zeit des Endspurts für dieses Buch dürfte ich in einem wunderschönen, einsamen Haus in Griechenland verbringen, das Monika und Peter Rentrop gehört. Monika Schulte-Rentrop hat mich als konstruktiv-kritische Leserin meiner Manuskripte in dieser arbeitsreichen Zeit ermutigt. Unsere inspirierenden nächtlichen Fachgespräche haben meine Schreibarbeit und meine gute Laune angefeuert.

Allen meinen Klientinnen und Klienten, meinen Auftraggeberinnen und Auftraggebern in den Unternehmern, meinen Geschäftspartnerinnen und Geschäftspartnern danke ich für ihre Offenheit, für die vielen Ideen, die kritischen Phasen und großen Erfolge, die sie mit mir geteilt haben.

Dorothee Echter
August 2003

Vohburger Straße 8
80687 München
www.DorotheeEchter.de

[1] Wolfgang Schmidbauer; Dranbleiben – die gelassene Art, Ziele zu erreichen, Freiburg 2002

Inhalt

1 Meine Mission: mehr Rituale im Management!

Jetzt ist die Zeit, den Erfolgsfaktor Nummer Eins in Unternehmen: die Menschen, noch einmal ganz neu und ganz anders in den Mittelpunkt zu stellen.

Es geht um Veränderungen, darum, wie in Unternehmen notwendiger Wandel erfolgreich herbeigeführt wird. Über die Hälfte aller Veränderungsprojekte scheitern. Als Coach verfüge ich über das intime Wissen über die Einstellungen und Verhaltensweisen der Personen an der Spitze, und erfahre, welch große Hebelwirkung die Gesten, Gewohnheiten und Rituale dieser Personen in ihre Organisationen hinein entfalten. Als ihre persönliche Beraterin weiß ich, es gibt ein *typisches* Scheitern, wie es den *typischen* Erfolg im Unternehmen gibt, und dass die Ursachen von der Unternehmensspitze ausgehen. Mich interessiert der Erfolg: wie die Unternehmen wieder in die Wachstumszone gelangen. Wie nach der Fusion Synergie realisiert werden kann. Wie das Management sich voll engagieren und dranbleiben kann. Wie die Stimmung sich dreht.

Die Darstellung meiner Erkenntnisse aus den systematisch aufbereiteten Beratungsgesprächen mit erfolgreichen Unternehmenslenkerinnen und -lenkern ergänze ich um einschlägige wissenschaftliche Thesen und Analysen zum Thema. Das Top Management steht im Mittelpunkt, Inhaberinnen und Inhaber, Vorstände und Geschäftsleitungen. Sie sollen von den exzellenten Leadern lernen, wie sie positiv Einfluss auf die Menschen in ihren Unternehmen ausüben können. Sie sollen erkennen, welche persönlichen Erfolgsrituale sie ihren eigenen Zielen näher bringen, denn persönliches und Unternehmenswachstum sind eng miteinander verknüpft.

Das erste Jahrzehnt professionellen Top Management Coachings mit wissenschaftlichen Methoden ist vorbei. Eine lange Zeit – eine einmalige Chance, den unvergleichlichen Schatz von Wissen über die individuellen Rituale und Arbeitsweisen, über die Erfolgsgeheimnisse der persönlichen Karrieren und Wirkungsentfaltung an der Spitze von Unternehmen, die nur dem persönlichen Coach zugänglich sind, zu sammeln. Durch die systematische Auswertung hunderter von Coachingprozessen mit Unternehmerinnen und Unternehmern, Vorstandsmitgliedern, CEOs, Spitzenmanagerinnen und -managern aus unterschiedlichsten internationalen und nationalen Konzernen, mittelständischen Unternehmen, Start ups und Netzwerk-Organisationen liegt nun die Essenz des persönlichen Know hows und der individuellen Best Practices der Business Elite vor. In diesem Buch veröffentliche ich erstmals diese Ergebnisse und Erfahrungen.

Als spektakulärstes und überraschendstes Ergebnis meiner Recherchen werde ich zeigen, welche starke positive Wirkung Rituale heute in der Wirtschaftswelt entfalten können. Totem und Tabu in der Chefetage? Das Meeting als Beschwörungsritual? Der Unternehmensberater als Medizinmann? Keineswegs! Rituale im Top Management sind heute gemeinsame Codes für die Erfolgreichsten. Wir müssen Rituale im Management jetzt vollkommen neu bewerten. Ich werde zeigen, dass viele Unternehmen heute dramatisch unterritualisiert sind, und dass dysfunktionale oder unwirksame Ritualisierungen die entstandene Leere auszufüllen drohen. Ich werde belegen, welche Chancen für Karrieren, Wachstum, Gewinn und für eine erfolgreiche Internationalisierung in der Wiederbelebung dieser einmaligen sozialen Energie, der Rituale, verborgen sind.

Positive individuelle Denk- und Verhaltensrituale, kreative soziale Ritualisierungen und regelrechte Unternehmens-Kulte bringen Orientierung in die enorme Komplexität der Anforderungen, Sichtweisen, Chancen und Bedrohungen im modernen Unternehmen. Von Spitzenführungskräften mit- und vorgelebt, helfen sie, den Weg zu Wachstum und Gewinn in Unternehmen zu programmieren. Die Dynamik von Ritualen begünstigt eine gute Balance und gesunde Lebensfreude von Managerinnen und Managern, Mitarbeiterinnen und Mitarbeitern.

Unternehmerisch handeln heißt sehr oft: Veränderungen umzusetzen. Von Arbeits- und Denkgewohnheiten loszulassen. Neue Energien im Unternehmen zu entdecken und zu mobilisieren. Etwas Altes kreativ zu zerstören, neu zu bewerten, und auf andere Weise wieder aufzubauen. Verändertes, effektiveres Verhalten zu stabilisieren. Am Markt stetig, aber auch immer wieder frisch zu agieren, mit hohem Aufmerksamkeitswert ebenso wie mit hohem Gewinn. Neu bei diesen Aufgaben ist heute der Ton, das gemeinsame Anliegen der Unternehmenslenker, nämlich Lebensfreude zu empfinden, Begeisterung bei Anderen zu erzeugen, Spaß am Arbeiten zu ermöglichen. Gute Zahlen sind für das Topmanagement heute gleich interessant, gleich begehrenswert wie persönliche Lebensqualität. Letztere ist dabei, in informellen Gesprächen salonfähig zu werden, auch wenn sie ihren Weg als Leitmotiv in die offiziellen Verlautbarungen und Medien der Wirtschaft noch nicht gefunden hat.

Die persönliche Lebensfreude ihrer Leader ist heute ein machtvoller, aber noch völlig unterschätzter Wachstumsimpuls für Unternehmen. Mittels Ritualen übertragen sie ihre eigene Begeisterung auf die Teams. Ein ganz neuer Weg wird beschritten, wenn wir uns diesen Prozess genau ansehen und nutzbar machen: das ist professionelles Stimmungsmanagement. Lebensfreude der Managerinnen und Manager beginnt nicht dann, wenn das Unternehmen erfolgreich ist, sondern das Unternehmen beginnt erfolgreich zu sein, wenn Optimismus und Arbeitsfreude da sind. Nur so entsteht Wachstum.

Meine Klientinnen und Klienten, die die Bedeutung von rituellem Stimmungsmanagement erkennen und zunehmend umsetzen, gewinnen eine enorme persönliche Ausstrahlungskraft, weit über ihre Organisationen hinaus. Sie werden als Repräsentanten für große Anliegen in Politik und Gesellschaft gesucht, sind gefragte Vortragsrednerinnen und begehrte Netzwerk-Partner, erhalten im passenden Moment, wenn irgendwo auf der Welt ihr Traumjob besetzt werden soll, *den* Anruf der Head Hunter. Diese Gedanken möchte ich in meinem Buch allen Führungspersonen nahe bringen:

- ihr persönlicher Erfolg ist mit dem Unternehmenserfolg verbunden,
- ihre Lebensfreude beflügelt das Wachstum,
- Veränderungen setzen sie durch die passenden individuellen und sozialen Rituale um.

Ein Grund für mich, dieses Buch zu schreiben, besteht auch darin, dass es bisher noch nicht geschrieben wurde. Im Jahr 2000 wurde ich von meiner Kollegin Rosemarie Welter-Enderlin, Gründerin des renommierten Meilener Ausbildungsinstituts für systemische Therapie und Beratung, als Referentin zu einem Kongress über Rituale nach Zürich eingeladen, weil sie erfahren hatte, dass mich dieses Thema seit Langem bewegt. Sie hat auf der ganzen Welt nach unterschiedlichen Ritualforschern und – Experten gesucht: der Ethnologie und Anthropologie, der Medizin, der Theaterwissenschaften, der Soziologie und Psychologie, der Systemtheorie, der Religionswissenschaften, der Politikwissenschaften etc. und geschildert, dass sie damals kein seriöses Forschungsprojekt, keine Veröffentlichung – auch nicht im angelsächsischen Bereich – über Rituale im Management gefunden habe. Mir scheint es so zu sein, dass das Thema sehr wohl für Manager und für Journalisten, also für „Laien", interessant ist. Insbesondere, wenn von Insidern vermeintlich amüsante oder empörende Situationen enthüllt werden, etwa im Zusammenhang mit Tarifverhandlungen oder Status-Symbolen, dass es sich aber für Wissenschaft und Consulting um weitgehend unentdecktes Terrain handelt. Professor Dr. Axel Michaels stellt 2002 ein auf 12 Jahre angelegtes interdisziplinäres Forschungsprojekt der Universität Heidelberg über Rituale mit vielen Beispielen und Bildern vor, ohne auch nur ein einziges aus dem Wirtschaftsbereich zu nennen.[2] Das große Interesse an meinem Vortrag in Zürich, der Austausch mit den Kollegen aus aller Welt und den verschiedensten Fachdisziplinen, sowie der von ihnen bestätigte „Neuigkeitswert" des Themas haben mich zusätzlich ermutigt, mich diesem Thema immer wieder zu widmen und schließlich dieses Buch zu schreiben.

Meine Anliegen sind also nicht:

- negative Ritualisierungen anzuprangern,
- empörende, spektakuläre Fallbeispiele zu schildern,
- Typisierungen von Top Managern vorzunehmen.

Selbstverständlich wird auch die Suche nach Zitaten oder wiedererkennbaren Klientinnen und Klienten, Fallgeschichten und Situationen vergeblich sein. [3]

Sondern vielmehr:

- Rituale im Managementalltag ganz neu zu bewerten: als die gezielte Kanalisierung der positiven sozialen Energie im Unternehmen,
- Personen an der Spitze von Unternehmen inspirierende Reflexionsimpulse zur Entwicklung der eigenen Erfolgsrituale zu geben,
- Führungspersonen zu einem Austausch über die kreative Gestaltung von persönlichen und Unternehmensritualen anzuregen,
- die Phantasie und Begeisterung junger Managementtalente für die alltägliche Führungspraxis zu beflügeln,
- viele bewährte Best Practices, Ideen für und Wege zu wachstumsfördernden Ritualen im Management aufzudecken,

---

[2] Michaels, Axel; Wozu Rituale gut sind, Beitrag in RUPERTO CAROLA, Forschungsmagazin der Universität Heidelberg, 3/2002

[3] Für Top Management Coaches aus dem von Dorothea Assig und mir 1999 gegründeten Executive Coaching Quality Kompetenzzentrum gilt die *Zweckreduktion* als eines von zwölf Qualitätskriterien. Unsere Klienten sind nur unsere Coaching-Klienten, nicht Lieferanten für interessante Geschichten. (Im Übrigen auch nicht: Knotenpunkte für Cross-Selling oder Lead Generation, Marketing/Vertriebsaktivitäten für Finanzprodukte o.A.)

- durch dieses Buch das positive Ritual des Mentorings einer jüngeren durch eine erfahrene Führungskraft zu simulieren (welches sich natürlich nur im persönlichen Kontakt voll entfalten kann),
- Beratern für ihre Coachingaufgaben zusätzliche Einsichten in wirksame und unwirksame persönliche Denk- und Verhaltensgewohnheiten der Business Elite zu geben,
- Neugierde und Motivation für die anspruchsvolle Aufgabe des Leaderships der Zukunft zu wecken,
- Lebensfreude und Lebensqualität, sowie die zugehörigen Rituale im Top Management explizit zu ermutigen und damit zu ihrer überfälligen öffentlichen Rehabilitation und Legitimation beizutragen.

2 Veränderungen, Widerstand und Ritual

2.1 Veränderungsmanagement und Widerstand

Das Anliegen der Unternehmenslenkerinnen und Unternehmenslenker ist: Veränderungen umzusetzen. Veränderung von Einstellungen, von Verhalten, von Strukturen und Prozessen, um die Organisationen stetig zu optimieren und immer bessere Ergebnisse zu erzielen.

Als Coach bin ich seit Jahren mit der Verwunderung von Top Managerinnen und Managern konfrontiert:

- Warum können wir unsere brillanten Pläne trotz guter Ressourcen und guten Willens nicht umsetzen?
- Warum verhalten sich unsere Manager – alles sorgfältig ausgewählte, begabte Führungskräfte – immer wieder so zögerlich?
- Warum verstehen Führungspersonen in Gremien und in Projekten nicht, dass bestimmte Maßnahmen notwendig sind?
- Warum trauen sich nicht einmal die Mitglieder im Leitungsteam, selbständig Entscheidungen zu treffen?
- Warum leiden alle still vor sich hin, aber niemand sagt mir, der Chefin, dem Chef, die Wahrheit?

Veränderungsprojekte scheitern nicht an mangelnder Planung, fehlender Brillanz der Ideen, an schlechter Qualität des Controllings oder an zu wenig Zeit. Fusionen bringen enttäuschende Ergebnisse nicht wegen fehlerhafter Analysen oder unvorhersehbarer Globalisierungs-Effekte. Die Menschen im Unternehmen *verhalten* sich einfach anders als geplant und erhofft: Sie sind „irrational", „egoistisch", „statusorientiert", „am Alten klammernd". Neuausrichtungen von Unternehmen finden ihre Grenzen in den Einstellungen der Mitarbeiter, im sozialen Netzwerk der Führungskräfte, nicht in Märkten oder Strategien. Die „Lehmschicht" des Managements konnte von den Änderungsplänen nicht bewegt werden.

Mir persönlich ist dieses Phänomen, sind die Klagen der Vorstände bekannt, seit ich Mitte der Achtzigerjahre eine Managementaufgabe in einem Versicherungskonzern übernahm, also seit fast zwanzig Jahren. Seitdem sind Dutzende von Führungsstrategien veröffentlicht und umgesetzt worden. Um nur drei bekannte zu nennen:

Der Organisationsentwicklungs-Ansatz[4]

- Er beruht auf der Idee, die „Betroffenen" von Entscheidungen und Veränderungen zu „Beteiligten" zu machen. Diese antizipierende, demokratische Antwort auf das Problem des innerbetrieblichen Widerstands bei einsamen Entscheidungen des Top Managements ist in den Siebziger- und Achtzigerjahren entstanden. In vielen Workshops und Teamentwicklungsmaßnahmen werden die Lösungen

---

[4] Siehe u.a. Fritz Gairing; Organisationsentwicklung als Lernprozess von Menschen und Systemen, Weinheim 1996

und Projektpläne zu einem wichtigen Vorhaben, beispielweise einer Reorganisation der Produktion, gruppenweise erarbeitet und zusammengeführt. Das Vorgehen erzeugt positive Aufbruch-Stimmung; viele Mitarbeiter äußern sich erstmalig zu Fragen, die über ihr Arbeitsfeld hinausgehen, und erleben zum ersten Mal, dass ihre Ideen ernst genommen werden.

- Nachteile: großer Zeitbedarf; ungenaue Steuerung; es können nicht alle Ideen berücksichtigt werden; notwendige Korrekturen im Nachhinein machen das Vorgehen unglaubwürdig.

Der strukturelle Ansatz

- Beispiel Business Re-engineering: Man passt die Strukturen, Hierarchien, Bereichseinteilungen und Abläufe im Unternehmen nach Analyse der Wertschöpfungskette durch Berater den Business Prozessen an. Der innovative und radikale Ansatz von Hammer und Champy[5] wurde mit gewissen Erfolgen umgesetzt. Er ist heute von seinen Erfindern korrigiert und realitätsnäher gestaltet worden. Mit Lean Management – Wegfall überflüssiger Managementaufgaben und Führungskräfte – haben die Unternehmen einen Teil des „Veränderungs-Widerstands" einfach eliminiert, Entscheidungswege kürzer gestaltet und obendrein Kosten gespart.
- Nachteile: Know-how-Verlust, Angst vor Arbeitsplatzverlust, neben der erwünschten auch unerwünschte Fluktuation, große Unruhe, hohe Beratungs- und Umsetzungskosten, Tendenz zur Versandung/Wiederherstellung der alten Strukturen.

Der individuelle Ansatz

- Managerinnen und Manager werden noch besser ausgewählt und trainiert. Durch die Formulierung immer neuer und anspruchsvollerer Anforderungskriterien und durch die Verfeinerung von Bewertungs- und Auswahlverfahren soll die Qualität der Führungspersonen garantiert werden. Die vorhandenen Führungskräfte durchlaufen Testverfahren, Trainings, Coachings, Motivationsmaßnahmen und fungieren als Vorbilder.
- Nachteile: hohe Kosten; schnelle Versandung von Trainings-Effekten; individuelle Verhaltensanpassungen der Personen im Unternehmenskontext – dadurch mangelnde Vorhersagbarkeit ihrer Wirkung.

… und es ist keine Abhilfe in Sicht. Als Beraterin bin ich heute immer noch oder sogar immer häufiger mit der Hilflosigkeit meiner Klienten konfrontiert. Unternehmerinnen und Unternehmer berichten mir irritiert oder resigniert, wie wenige Erfolge sie dabei erzielen, Veränderungen in ihren Unternehmen umzusetzen. Vorstände beklagen, wie langsam das Unternehmen auf ihre Ideen und Anweisungen reagiere, wie wenig Eigeninitiative für die Umsetzung entstehe, sogar dann, wenn die Ideen von den Führungskräften selbst stammen. Wie „irrational", „emotional", „ängstlich", „intrigant", „absichernd", „humor"- und „freudlos" ihre besten Leute oftmals handelten. Eine Unternehmerin, die sich aus dem operativen Management in den Aufsichtsrat zurückziehen wollte, berichtete mir, sie habe in den letzten zwei Jahren fast eine Million Euro, teils in die Rekrutierung, teils in die Entwicklung ihrer Topzwölf Führungspersonen investiert. „Und nun sehen Sie selbst: ich bin von lauter Flaschen umgeben!".

[5] Michael Hammer und James Champy; Re-engineering the Corporation, New York 1993

2.2 Unternehmen: Soziale Systeme mit versteckten Regeln

So vehement die Klagen sind, so dünn ist das Bemühen um tragfähige Antworten. Man reagiert

- mit Wünschen und Hoffen: Möge das Unternehmen wie ein Computer funktionieren: Wir programmieren A, und A geschieht! Möge der Geldmarkt unseren Zahlen Glauben schenken und bei der Unternehmensbewertung unsere negative Stimmung übersehen!
- mit Enttäuschung und Ärger: Unsere Führungskräfte sind lauter Versager! Unsere Regierung trifft die falschen Entscheidungen! Wir hätten uns mehr anstrengen müssen!
- mit Austausch von Führungspersonen an der Spitze: Junge, besser ausgebildete und hoch motivierte Managerinnen und Manager bringen neue Ideen und erledigen viele Aufgaben schneller und professioneller!
- mit neuen Managementlehren: Alles, was aus USA kommt … alles was Consultants raten, alles, was Unternehmen machen, die gerade jetzt eine Phase großen Erfolgs feiern …
- mit Maßnahmen und Aktionen: Beliebt sind momentan u.a. Fusionen, Outsourcings, Akquisitionen, Austausch von Top Managern, Börsengänge, Restrukturierungen

… aber zu selten mit Ernstnehmen und Reflektieren der eigenen Intuition und der Gespräche in den Teams, zu selten mit einer Akzeptanz der Probleme als „sinn-voll" und lehrreich.

Die eklatante Vernachlässigung der Funktionsweise des sozialen Wesens „Mensch" in Unternehmen wird von der Dynamik der Geldmärkte begünstigt. Geld bekommt darüber hinaus, wer Versprechen macht, die erstens auf *Zahlen* basieren, und zweitens *kurzfristigen* Erfolg prognostizieren. Globale Investoren bevorzugen zur Beurteilung von Unternehmen eher Kennzahlen als verbale Beschreibungen oder persönliche Eindrücke. Nur allmählich lernen sie, dass Zahlengenauigkeit und Zahlenobjektivität Illusionen sind. In Unternehmenskennzahlen stecken Emotionen und Interessenpolitik, sie sind keineswegs ein authentisches oder immer nützliches Abbild des Unternehmenswertes. In den letzten Jahren gab es einen Sog zur Kurzfristigkeit, der auf der ganzen Welt wirtschaftlich durchaus vielversprechende, aber längerfristige Projekte und Unternehmenspläne aus dem Markt katapultiert hat und viele Manager zu Übertreibungen oder Lügen zwang. Erfahrene Führungspersonen, welche die Zeitdauer eines Veränderungsprozesses bis hin zur Rentabilität realistisch einschätzten, wurden nicht gehört. Gewünschte Zeitstrecken wurden als realistische Basis veröffentlicht. Berater mit ihren Versprechungen, die sie meist aber nicht einlösen mussten, und sehr junge, unerfahrene Manager hatten Hochkonjunktur.

Die Erfolgsaussichten von Unternehmen lassen sich nicht in Zahlen ausdrücken, da der entscheidende Erfolgsfaktor der Mensch ist: eingebunden in ein soziales System mit einigen offiziellen und vielen inoffiziellen Normen, Werten, Ritualen. Die Entfaltung des individuellen Veränderungswillens und der individuellen *Veränderungskompetenz ist sehr stark von den ungeschriebenen Gesetzen, der Hidden Agenda, im sozialen System Unternehmen abhängig*. Ungeschrieben heißt sehr oft auch unbewusst.

Kulturelle und emotionale Faktoren wie Werte, Normen, Rituale, Zugehörigkeitsgefühl wirken stärker als die ausgesprochenen Regeln, stärker als auf Hochglanz formulierte Leitlinien oder Appelle der Unternehmensführung. So antizipiert eine junge Managerin, die einen neuen Mitarbeiter einstellen soll, den Unmut des sehr konservativen Inhabers über den kleinen goldenen Ohrring des Kandidaten, und den Spott der Kollegen, und wird ihn deshalb nicht auswählen, obwohl er die ideale Besetzung der Vakanz wäre. Sie schenkt der Stimmung im Unternehmen mehr Glauben als den Worten des Unternehmers, der betont hat, man wolle diesmal unbedingt den fachlich am besten geeigneten Kandidaten einstellen, und mehr Glauben als den Führungsleitlinien, die ebenfalls die Rekrutierung nach Leistungsgesichtspunkten postulieren.

Jeder im Unternehmen spürt, dass es neben den geschriebenen und ausgesprochenen Regeln ein inoffizielles System gibt, das eigentlich verhaltenssteuernde „Sozialsystem Unternehmen". Darauf zielen Rituale. Das ist nicht die Welt der Zahlen, nicht die Welt der Logik, sondern die Welt der Werte, Normen, Stimmungen und Vorbilder. Wir sollten akzeptieren, dass die Welt nicht so rational ist, wie wir sie jahrelang sehen wollten.

2.3 Die Entdeckung des Rituals

Lassen Sie mich ein typisches Beispiel für einen Coachingprozess schildern, in dessen Verlauf deutlich wird, welche Rolle ein Top Manager und seine eigenen Gefühle in einem kleinen Veränderungsszenario spielen.

Die Initiative

Ein Vorstand schildert, wie er vor einiger Zeit die sieben Mitglieder der Geschäftsleitung ermutigt habe, das regelmäßige Geschäftsleitungsmeeting jedes zweite Mal ohne ihn abzuhalten. Er ist überzeugt, dass seine Anwesenheit nicht nötig ist, um gute Ergebnisse zu erzielen, und er könnte auf diese Weise jede Woche drei Stunden Zeit sparen und zusätzlich wichtige Aufgaben und Kompetenzen ganz auf das Team übertragen. Enttäuscht berichtet er mir, dass das Treffen nur dann brauchbare Ergebnisse bringe, wenn er selbst dabei sei. Sonst werde nur kurz Banales angesprochen, Kaffee getrunken, oder das Meeting falle ganz aus.

Die Enttäuschung

Seine ersten Reaktionen sind: Enttäuschung, Ratlosigkeit und Ärger: „Die Führungskräfte wollen einfach keine Verantwortung übernehmen, sie sind ohne ihren Papa im Team nicht handlungsfähig. Obwohl sie als gestandene Manager ihre Bereiche voll im Griff haben, werden sie plötzlich ängstlich, bequem und konfliktscheu. Es gibt unter ihnen keinen potenziellen Nachfolger, keine Leitfigur, das muss ich jetzt einsehen. Lauter hochbezahltes Personal, das seine Rolle nicht verstanden hat und seine Hausaufgaben nicht macht." Er schlägt vor, einzelne Manager auszutauschen, andere zu trainieren, oder ein Teamtraining aufzusetzen, und erwägt auch Sanktionsandrohungen, gekonntere Delegation, mehr Loslassen des Vorstands. „Oder wollen wir alles beim Alten lassen?"

Die Erklärungen

Gemeinsam untersuchen Coach und Vorstand die Situation, um zu einer Lösung zu finden, die die wahren Ursachen des Fehlverhaltens adressiert. Wichtig ist es dazu vor allem, die Gefühle unseres Vorstands sehr ernstzunehmen und gründlich zu erforschen, denn darin schlummern die Lösungsideen! Es ist eine für viele ungewohnte, aber höchst produktive Methode, durch systemische und psycho-analytische Fragetechniken das intuitive Wissen, die langjährige Erfahrung und die gewohnten kognitiven Kategorien miteinander zu kombinieren. Diese Frage-Kunst ist eine wesentliche Qualität guter Management-Coaches.

Im Verlauf unserer Ursachenuntersuchung bringen wir positive Gefühle ans Licht: Der Vorstand schätzt seine Führungskräfte, weiß, dass sie sich anstrengen bis zur Selbst-Ausbeutung, er bewundert einige besondere Eigenschaften an ihnen. Damit fällt als erstes die These der Bequemlichkeit weg, denn die Geschäftsleitungsmitglieder seien äußerst fleißig und selbstaufopfernd in ihrer Arbeit, sie identifizierten sich so stark mit den Zielen, dass manche von ihnen regelrecht unfähig schienen zu delegieren. Als nächstes können wir, aufgrund jahrelanger Beobachtung des Vorstands individuelle Eigenschaften wie Verantwortungs-, Entscheidungs- und Konfliktscheu sowie allgemeine Ängstlichkeit und Team-Unfähigkeit ausschließen. Möglicherweise fehlt die Fähigkeit, sich selbst zur Leitfigur neben dem Unternehmer aufzuschwingen? Aber dies allein erklärt nicht das Phänomen, da es durchaus Gelegenheiten gab, bei denen der eine oder andere sich erfolgreich zum Wortführer oder Moderator aufgeschwungen hat.

Wir untersuchen als nächstes mit Hilfe der soziologischen Methode des Soziogramms die emotionale Gruppendynamik des Geschäftsleitungsteams: Status, Ansehen und Beliebtheit der Einzelnen in der Gruppe, Akzeptanz und Einflussmöglichkeiten, Konfliktlinien und Koalitionen, unterschiedliche Interessenlagen und Abhängigkeiten. Dabei wird die Intuition und emotionale Sensitivität des Vorstands genutzt. Es zeigt sich ein für ein Leitungsgremium normales Bild mit einem Gefüge aus Abhängigkeiten und Zugehörigkeiten, mit Status-, Beliebtheits- und Machtgefälle. Nichts deutet aber darauf hin, dass die Gruppe nicht auch ohne den Vorstand ergebnisreich zusammenarbeiten könnte.

Wir erweitern schließlich unsere Sicht, indem wir das informelle, politische Geschehen im Unternehmen als Ganzes aus der Helikoper-Perspektive mit einbeziehen. Welche Wertigkeit hat das Gremium und haben seine Entscheidungen im Unternehmen – mit/ohne Vorstandsbeteiligung? Ich erfahre, dass es für andere Manager und Funktionsträger, etwa Betriebsräte, nicht von Bedeutung ist, ob die Entscheidungen im Beisein oder in Abwesenheit des Vorstands gefällt werden. Während des Urlaubs des Vorstands gibt es kein Zögern und Zagen. Die Geschäftsleitungsmeetings verlaufen straff geführt und mitunter ergebnisreicher als sonst in Anwesenheit des Vorstands. Die Anordnungen des Gremiums werden umgesetzt.

Der Sinn im Unsinn

Mit weiteren systemischen Fragen unterstellen wir der Realität einen „guten Sinn"[6]. Die Realität systemisch als gut und nützlich akzeptieren, heißt zu fragen: Wozu ist es gut, so wie es ist? Wem dient es, so wie es ist? Dieser kleine Trick führt uns zu einer ganz anderen Situationsbeschreibung, zu einer anderen Sichtweise der Realität.[7] Wir sehen plötzlich Ursachen und Zusammenhänge, die wir durch unser Wunschdenken („so soll oder darf es nicht sein") oder durch zu schnell akzeptierte Lösungsideen vorher ausgeblendet hatten. Wir erkennen und akzeptieren mit Distanz, was vor sich geht. Die Umkehr der Bewertung vom Negativen zum Positiven als Denkexperiment ist eine Technik der systemischen Therapie und Beratung, das so genannte Reframing. Wir akzeptieren auf diese Weise etwas so, wie es ist, und unterstellen eine sinnvolle Historie. Dies ist die erste Voraussetzung jeder wirkungsvollen Veränderungsstrategie.

Was ist also für den Vorstand „das Gute am Schlechten"[8]? Die folgenden Ideen äußert er intuitiv und spontan:

- Das Geschäftsleitungsteam erweist dem Vorstand durch seine „Arbeitsverweigerung" indirekt Wertschätzung und grundsätzliches Vertrauen, signalisiert ihm seine Unentbehrlichkeit, gerade auch, weil im Alltag gelegentlich härtere Kritik an seinem Verhalten geübt wird.
- Das Team möchte Macht und Unterordnung bestätigen; in turbulenten und gefährlichen Zeiten Schutz erfahren.
- Es möchte in der gemeinsamen Arbeit als Team Kontinuität und Zugehörigkeit empfinden – als Insel in der überbordenden Unsicherheit, Unberechenbarkeit, Komplexität des Business.
- Es möchte den Vorstand behalten, und eventuellen Plänen der Shareholder, seinen Vertrag nicht zu verlängern, entgegenwirken.
- Es sieht einen wichtigen Sinn in der Arbeit des Vorstandes, das Geschäftsleitungsteam zu managen.
- Es sieht einen wichtigen Sinn in der Arbeit als Geschäftsleitungs-Team, den Vorstand zu bestärken und zu unterstützen.

---

[6] Systemische Methoden, vor allem systemisch-konstruktivistische Fragen, gehören zum Basis-Handwerkszeug eines Management Coachs. Sie verhelfen dem Klienten zu neuen Sichtweisen, zur Verfremdung und Neubewertung ihrer Probleme, und dadurch zu neuen, zu mehr Verhaltens- und Entscheidungs-Optionen. Mehr darüber in Fritz B. Simon, Christel Rech-Simon; Zirkuläres Fragen. Systemische Therapie in Fallbeispielen: Ein Lehrbuch. Heidelberg 2001

[7] Eine sehr anschauliche Beschreibung des guten Sinns von Widerständen gegen Veränderungen liefern Robert Kegan und Lisa Laskow Lahey in ihrem Aufsatz „Der Wahre Grund, weshalb Mitarbeiter sich nicht ändern", in: Harvard Business Manager 3/2002, S. 89

[8] Paul Watzlawick; Vom Guten des Schlechten, München 1986

Die Entdeckung des Rituals

Was wir hier entdeckt haben, ist die positive Kraft eines Rituals. Dieses kann man aus rein rationalen Überlegungen („Zeitersparnis") heraus nicht ohne Folgen ersatzlos unterbrechen oder abschaffen. Denn dann werden wir genau mit den negativen und lähmenden Wirkungen konfrontiert, die unser Vorstand in diesem kleinen Beispiel geschildert hat.

Für Rituale ist Sinn eines der wichtigsten Elemente, und für jede Sinnstiftung sind Rituale wichtig. Beides bedingt sich gegenseitig. Was auch immer Menschen tun, es hat einen guten ausgesprochenen oder unausgesprochenen Sinn. Lynda Gratton von der London Business School[9] weist nach, dass Menschen in Unternehmen sich durchaus sinnvoll verhalten, wenn sie sich weigern, Veränderungen umzusetzen. Menschen möchten mit jeder Entscheidung und Handlung Sinn kreieren. Widerspricht der eigentliche, versteckte Sinn dem offiziellen Diktat, wie in unserem Beispiel, wird versucht, die Dissonanz zu reduzieren. Die Sehnsucht nach sinnhaftem Tun ist uns allen angeboren. Sie ist so stark, dass wir sogar dazu neigen, sinnlosen Handlungen und Geschehnissen einen Sinn zu unterstellen, „wer weiß wozu es gut ist!", sagen wir nach einer Enttäuschung. Die Arbeit geht leichter von der Hand, wenn ich weiß, wozu dieser Handgriff, dieses Detail im Ganzen dient. Und wir bestärken, beschwören, verfestigen den Sinn-Glauben unserer Handlungen und Entscheidungen in Ritualen, zu deren Motor er wird.

Wenn wir also das Verhalten verändern möchten, müssen wir die Natur von Ritualen verstehen. Wenn wir Rituale verstehen möchten, müssen wir die implizite Logik des Verhaltens in sozialen Systemen verstehen. Es geht darum, auch den verborgenen Sinn exakt wahrzunehmen, zu entdecken, zu beschreiben.

Lassen Sie uns zunächst einen Blick darauf werfen, was Rituale sind und welche Funktionen sie im Kontext von Gruppen und Organisationen entfalten.

---

[9] Lynda Gratton; Living Strategy: Putting People at the Heart of Corporate Purpose, London 2000

3 Was Manager über Rituale wissen sollten

3.1 Menschen brauchen Rituale

Nach dem Anthropologen Arnold Gehlen[10] ist der Mensch zwar intelligent, hat aber, anders als das Tier, keinen starken Instinkt, mit dem er die ungeheure Komplexität der Außenwelt verarbeiten kann. Deshalb ist er für sein Überleben auf soziale Werte und Normen angewiesen, die er in Ritualen inszeniert. Ohne Übereinkünfte mit anderen Menschen in der Familie, der Nachbarschaft, unter Freunden, in Institutionen und Organisationen ist kein Mensch lebensfähig. Sie ersetzen den fehlenden Instinkt und geben Orientierung. Sie helfen, unerwünschte natürliche Triebe und Gefühle zu bändigen und das Zusammenleben zu regeln. Dies funktioniert nicht mechanisch, durch Anordnung der Mächtigen, oder durch Realisierung von Belohnung und Bestrafung, sondern von innen heraus, weil Menschen an den *Sinn* ihrer Regeln und Gewohnheiten *glauben.* Deshalb gestalten Menschen gemeinsam und freiwillig ihre sozialen Rituale.

Es gab noch niemals eine Gruppe von Menschen auf der Welt, die ohne Normen und Rituale lebensfähig gewesen wäre.

Soziale Werte und Normen müssen ständig verstärkt und bestätigt, und Rituale deshalb immer wiederholt werden.

Während alle Hunde, überall auf der Welt, bei Begrüßung eines freundlich gesinnten Artgenossen instinkthaft mit dem Schwanz wedeln, bilden Menschen als soziale Übereinkunft ganz unterschiedliche Begrüßungsrituale aus. In einer württembergischen Kleinstadt begrüßen sich Nachbarn morgens, wenn sie aus dem Haus gehen, sicher anders als in New York, wenn sie sich im Büro begegnen oder als Jugendliche im schwarzen Ghetto in Johannesburg am Abend. Aber egal wo, zur Begrüßung gehört ein bestimmtes Ritual.

Die menschliche Begrüßung ist so kulturspezifisch wie alle anderen Rituale auch. Rituale sind Übereinkünfte, die je nach Land, Stadt, manchmal sogar Nachbarschaft, je nach sozialer Schicht, Beruf, Geschlecht, Alter etc. variieren. Menschen dokumentieren dadurch ihre Zusammengehörigkeit und die Regeln des Umgangs. Es reicht *nicht, zu wissen*, dass sie zusammengehören und sich vertrauen können, weil sie es vor Jahren so beschlossen haben. Nein, sie müssen es *jeden Tag durch gemeinsames Tun bestärken:* Wir leben in freundlicher Nachbarschaft, wir gehören zur gleichen sozialen Gruppe, wir respektieren einander, wir teilen uns durch Gesten und Körpersprache unsere morgendliche Stimmung mit.

Hunde *müssen* mit dem Schwanz wedeln, Menschen *können* alle möglichen Gewohnheiten entwickeln, sie können die Begrüßung vergessen oder sich bewusst anders verhalten. In der Regel *wollen* sie sich jedoch Konventionen anpassen, sie fühlen sich wohl damit, sie tun es, freiwillig oder gewohnheitsmäßig, immer wieder. Warum ist das so?

---

[10] Arnold Gehlen; Der Mensch, seine Natur und seine Stellung in der Welt, Stuttgart, 1997

Mary Douglas, eine zeitgenössische amerikanische Forscherin, weist nach, dass Rituale für die Kommunikation wichtiger als Wörter für das Denken sind[11]. Was ist so wichtig an Ritualen in der Kommunikation? Rituale definieren die *Art und Weise*, den Modus der Kommunikation: kurz oder ausführlich? telefonisch, schriftlich, persönlich? in welcher Stimmung, Sprache? mit welchen Codes, mit welchem Sinn? zu welcher Zeit? an welchem Ort? mit welchen Personen? So unterscheiden sich durch die Beantwortung dieser Fragen ein Gottesdienst von einem Meeting, eine Begrüßung von einer Verabschiedung, eine Hochzeit von einer Theaterszene. Menschen können sogar mit ihnen bekannten Worten und Sätzen nichts anfangen, wenn der Modus nicht definiert und mit Sinn belegt ist. Wenn eine Managerin nachts in der Fußgängerzone von einem für sie unbekannten Mann mit „Hi, how do you do?", angesprochen wird, wird sich die Frau abwenden. Spielt die Szene beim ersten Treffen von internationalen Geschäftspartnern in Montreal, wird sie mit Interesse antworten und die Frage zurückgeben. Rituale transportieren *gemeinsamen Sinn* in der Kommunikation, dokumentieren persönliche *Zugehörigkeit und Wertschätzung*.

Rituale begleiten unseren Alltag in allen Lebensbereichen. Nicht nur in der Religion, bei Gerichtsverhandlungen, im Militär oder in der Diplomatie, wo sie uns, weil künstlich und alltagsfern, besonders auffallen. Sie sind alltäglich und allgegenwärtig

... im privaten Leben:

Geburtstagsfeiern und Jubiläen; gegenseitiger Vorstellung, Verabschiedung, gemeinsamen Mahlzeiten; Feierabend- und Urlaubsgestaltung wie Opernkreis, Kegelabend, Doppelkopf-Runde, Hausmusik; Wochen- oder Frühjahrsputz, House Warming Parties, Urlaubs-Postkarten schreiben, Shopping; Hamburgs täglicher Fischmarkt; Kirchen-, Restaurant- und Krankenhausbesuche; Taufe, Einschulung, Erstkommunion, Abitur, Verlobung, Heirat, Beerdigung; Ostern, Sonnwende, Erntedank-, Weihnachts-, Sylvester- und Neujahrsfeierlichkeiten.

... im Geschäftsleben:

Arbeitsbeginn und -ende mit spezifischen Kommunikationsgewohnheiten; Zielsetzungs-, Beurteilungs- oder Feedbackgespräche zwischen Chef und Mitarbeiter; Zeugnisse; Führungstreffen, regelmäßige Besprechungen, Vorstandspräsentationen; Auswahl, Einstellung und Einführung neuer Mitarbeiter/innen; Assessment Centers und Seminare; Rituale des Rollenwechsels: Beförderung, Verabschiedung, Auslands-Entsendung; Kick-Offs, Milestones und Steering-Comittee-Meetings von Projekten; Budgetrunden und Sparaktionen; Betriebsfeiern, Ausflüge, Geburtstage, Jubiläen; Flurgespräche und Netzwerke; Status- und Macht-Inszenierungen; Pressekonferenzen, Aufsichtsratstreffen, Betriebsratsgremien-Meetings; die Geschehen um Börsengänge, Fusionen und Übernahmen; Alumniveranstaltungen von Hochschulen.

... im gesellschaftlichen und politischen Zusammenleben:

Zusammenkünfte und Verhandlungen, die sich aus unseren Gesetzen ergeben, wie zum Beispiel Streiks und Tarifverhandlungen, Gerichtsverhandlungen, Parlaments-

[11] Mary Douglas; Rituale, Tabu und Körpersymbolik, Frankfurt/Main 1986

debatten; Wahlen; die Prozesse und Veranstaltungen der politischen Parteien; Ehrenämter und Zeremonien von Vereinen und Clubs, von Netzwerken wie Rotarier, Lions, Logen ...; Münchner Oktoberfest, Berliner Christopher Street Day, Rosenmontag in Köln; Schlussverkauf; Demonstrationen; Schlange-Stehen in der Post.

... im Sport, in der Kultur- und Medienszene:

Meisterschaften wie Champion's League, Wimbledon, Paris-Dakkar, Schwergewichts-Box WM, Olympia etc.; aber auch die Traditionen und Wettkämpfe des ganz gewöhnlichen Vereinslebens; die Laola-Welle; Vip-Lounge-Events; Opernaufführungen und Festspiele; klassische und Pop-Konzerte; Talkshows; Who is Who; die 100 bestverdienenden Frauen Deutschlands in der Zeitschrift BUNTE; Miss-Wahlen.

3.2 Wie werden Rituale definiert?

Die Sozialwissenschaften bezeichnen besonders ausdrucksvolle, typische und standardisierte kollektive Verhaltensweisen als Rituale. Historisch wurden sie zunächst in fremden, „unterentwickelten" Gesellschaften „entdeckt": Regenzauber, Totentänze, Friedenspfeifen, Sonnwendfeiern, Tieropfer[12]... Diese ethnozentrische Sicht ging im neunzehnten Jahrhundert in die Erkenntnis über, dass jede Gesellschaft, also auch die zeitgenössische europäische, Rituale und gemeinsame Werte, Regeln und Normen ebenso braucht und pflegt wie die so genannten „primitiven Kulturen". Der Blick fiel hier zuerst auf die Kulte und Riten unserer religiösen Institutionen, denn sie waren immer schon prächtig und auffällig, nicht alltäglich, und zudem exakt dokumentiert. Wie sich wer wann bewegt, wer wann was tut im protestantischen Gottesdienst, während der orthodoxen Taufe, während der katholischen Fronleichnamsprozession oder der jüdischen Bar Mizwa, ist genauestens in den Regularien der Religionen beschrieben. So definiert der *Brockhaus* von 1895: „Ritual (lat., von ritus), die für gewisse gottesdienstliche Zeremonien vorgeschriebene Regel, auch das diese Vorschriften enthaltende Ritualbuch."[13] Religiöse Rituale wurden schon lange bevor schließlich die moderne Ethnologie und Soziologie auch unseren Alltag unter dem Aspekt von Ritualen unter die Lupe nahm, beschrieben und untersucht: Feste und Feiern, Zeremonien und soziale Gewohnheiten, Symbolhandlungen und Inszenierungen. Hundert Jahre nach dem oben zitierten *Brockhaus* definiert *Meyers Großes Taschenlexikon*: „Ritual: in der Soziologie Bezeichnung für eine besonders ausdrucksvolle und standardisierte individuelle oder kollektive Verhaltensweise; Rituale werden durch bestimmte Grundereignisse als spontane Reaktion der Handelnden ausgelöst und dienen in Angst- und Entscheidungsdrucksituationen oft der Verhaltensstabilisierung."[14]

[12] Klaus E. Müller; Schamanismus. Heiler, Geister, Rituale, München 1997

[13] Brockhaus. Konversations-Lexikon. 14., vollst.neube. Auflage, Bd.13, Berlin und Wien, 1895

[14] Meyers Großes Taschenlexikon. 3. aktualisierte Auflage, Bd.18, Mannheim, Wien, Zürich: BI-Taschenbuch-Verlag, 1990

Wir wollen in diesem Buch Rituale definieren als

- *regelmäßig wiederholte* Handlungsabläufe eines oder mehrerer Menschen,
- die *mit gewissen Variationen immer gleich* durchgeführt werden,
- *ausdrucksvolle Inszenierungen,*
- denen von den Beteiligten ein bestimmter *Sinn, eine Bedeutung im sozialen oder Arbeits-Kontext* zugeschrieben wird (dieser von den Beteiligten benannte Sinn muss nicht identisch mit der durch Neutrale erforschten sozialen Funktion des Rituals sein),
- an denen die Beteiligten *ganzheitlich teilhaben,* also mit ihrer Physis (Körpersprache, Haltung, Stimme/Lautstärke, Ausdruck, Kleidung etc.), ihren Gefühlen und ihrem Intellekt,
- die zu einer *speziell definierten Zeit* und/oder
- an einem *speziell definierten Ort* stattfinden und/oder
- mit *einem speziellen Teilnehmerkreis,*
- und/oder *mit speziellen Symbolen.*

Menschen kommunizieren in sozialen Mustern miteinander, nicht rein zufällig und nicht rein zweckrational. Sie *generieren* Sinn, indem sie wiederkehrend nach Mustern interagieren, denen sie als soziale Übereinkunft Sinn *zuerkennen.* Dieser intersubjektiv verstandene Sinn ist Außenstehenden nicht unbedingt einsichtig, so selbstverständlich oder wichtig er den Teilnehmenden auch erscheinen mag. Im Ritual zeigt sich ja gerade die Zugehörigkeit zur Wir-Gruppe, und damit die Abgrenzung zur Die-Gruppe. Die-Gruppen – zum Beispiel die Führungscrew einer kleinen malaysischen Reederei oder hochrangige Vertreter einer südamerikanischen Staatsverwaltung – die das unten geschilderte Vorstandsmeeting beobachten, werden zahlreiche Ungereimtheiten, Unerklärliches, unvernünftige Handlungen, Vergeudungen, Widersprüche etc. entdecken.

3.3 Beispiel Vorstandsmeeting

Die Die-Gruppe der wissenschaftlichen Beobachter wird jedoch in jedem Ritual bestimmte ähnliche soziale Funktionen isolieren können, überall auf der Welt, in unseren Familien, Organisationen und Unternehmen. Lassen Sie uns das Ritual des wöchentlichen Vorstandstreffens einer kleinen Privatbank auf diese Weise untersuchen. Sinn ist es weder, Informationen auszutauschen, noch, zu gemeinsamen Entscheidungen zu kommen, auch wenn die Beteiligten dies einem Außenstehenden so erklären würden. Informationen werden auf ganz andere Weise vermittelt, nämlich ausschließlich durch die zugeordneten Manager, die sich bereichsübergreifend verständigen und dann jeweils ihren Vorstand unterrichten. Wichtige Entscheidungen sind immer schon vorab beim gemeinsamen Mittagstisch ausgehandelt worden. Es geht vielmehr darum,

- durch Lächeln, Händeschütteln, Schulterklopfen, gegenseitiges Anbieten von Speisen und Getränken, Fragen nach dem Befinden und viele andere kleine Gesten *gegenseitige Wertschätzung zu zeigen und die emotionalen Bindungen zueinander zu nähren,*
- durch Erzählen ganz bestimmter, für diese Gelegenheit passende Geschichten, durch kleine Streitereien und Neckereien, durch Brandmarken gemeinsamer

Feinde und Die-Gruppen das *Zugehörigkeitsgefühl zu stärken*; ein Gast ist immer deutlich als solcher erkennbar, das Ritual ändert sich sichtbar mit Änderungen des Teilnehmerkreises,

- durch Einhaltung von äußeren Regeln wie Pünktlichkeit, immer gleichem zeitlichem Ablauf, gleichen Ort des Treffens, gleicher Absprache, wenn man zusätzliche Personen einladen möchte etc. allen Teilnehmern *Berechenbarkeit, Sicherheit und Orientierung* zu spenden – niemand muss sich jedesmal aus den Alternativen des Möglichen einen neuen Ablauf ausdenken, niemand muss sich jedesmal aufs Neue vergewissern, niemand neu aushandeln, wie alles sein wird. Dadurch entsteht ein gewohnheitsmäßiger Ablauf, es wird Zeit und Energie gespart,
- durch standardisierte Rollenmuster für jeden Teilnehmer während des Rituals: der Vorstandssprecher begrüßt, verabschiedet, dankt und moderiert, die Leiterin des Bereichs Privat- und Geschäftskunden bringt neue Ideen ein und stellt provokative Fragen, die auf die Gewinnung neuer kapitalkräftiger Kundinnen und Kunden zielen, der Finanzvorstand hält dagegen und erläutert die finanziellen Risiken derartiger Investitionen, der IT Chef vermittelt und unterstützt den Vorstandssprecher, und so weiter … wird *zusätzliche Orientierung für jeden Einzelnen* geschaffen. Jeder kennt seine Aufgabe, ohne nachzudenken und ohne Extra-Anweisung, und wird von den Anderen darin bestärkt. Die Rollen passen zueinander. Man kann aus der Rolle fallen, aber es folgt eine mehr oder weniger subtile Korrektur. „Sie sind so still heute, Frau Roth!". Die Verhaltensvariabilität ist deutlich eingeschränkt. Man weiß genau, was man tun muss, um anerkannt und gemocht zu werden, und tut das, um sein Einverständnis mit der Macht- und Rollenverteilung zu dokumentieren …

3.4 Ritual und Routine

Rituale sind nicht nur standardisierte Handlungsabläufe, wie Routinen und Gewohnheiten, es wird ihnen vielmehr ein besonderer *Sinn oder eine soziale Relevanz* unterstellt. Routinen dienen Zwecken, die sich aus der Beobachtung der Abfolge der Tätigkeiten direkt erschließen, sie sind insofern die „banalen" Verwandten der Rituale, weil sie diesen speziellen sozialen Wert nicht beinhalten:

- sich morgens die Postmappe oder den e-mail-Eingang durchlesen,
- in der Kantine zu Mittag essen,
- oft Überstunden machen,
- am Firmenautomaten Geld ziehen.

Routinen und Gewohnheiten sind rein zweckrationale Standardisierungen: die Zähne putzt man sich jeden Abend, um Speisereste zu entfernen; man trinkt ein Glas Wasser, um seinen Durst zu stillen; man hält bei Rot, um nicht seinen Führerschein zu verlieren etc. Natürlich sind sie äußerst sinnvoll und auch in den Unternehmen überlebens-notwendig! Auch sie reduzieren Komplexität, entlasten von Entscheidungsdruck und geben dem Alltag Struktur. Die Grenzen zum Ritual sind fließend, Gewohnheiten können leicht zum Ritual werden, wenn immer wieder die gleichen Menschen das gleiche miteinander tun und die Chance zur Kommunikation und damit soziale Relevanz entsteht. Denn wir tendieren dazu, unseren Gewohnheiten einen transzendenten sozialen Sinn zu verleihen. Dann wird aus dem

Sichten der Postmappe zum Beispiel eine rituelle Interaktion mit der Sekretärin oder dem Assistenten, eine genau definierte „heilige halbe Stunde“, die niemand stören darf, in der man etwa gemütlich einen Tee trinkt oder nach der die gefürchteten Feedbacks und Aufträge an alle Mitarbeiter vergeben werden. Aus dem zufälligen Mittagkreis in der Kantine werden verschiedene Runden, mit eigenen Regeln, Sitzordnungen, Rollenmustern. Zugehörigkeitsgefühle stabilisieren das Ritual, es bleibt auch dann erhalten, wenn der ursprüngliche sachliche Zweck, nämlich den Hunger zu stillen, in den Hintergrund tritt.

3.5 Individuelle Führungsrituale

Kann auch eine einzelne Managerin, ein einzelner Manager ohne Beteiligung anderer sinnvolle Rituale entwickeln? Selbstverständlich ja. Wir beginnen den Arbeitstag immer gleich, wir entwickeln rituelle Arbeitstechniken an unserem Schreibtisch und auf Reisen, wir halten Essensgewohnheiten ein, wir verbringen einige Stunden unseres Sonntags in Ruhe im Home Office auf die immer gleiche Weise. Wir entwickeln unsere eigenen Ordnungs- und Zeitrituale. Ohne ein strukturierendes und entlastendes persönliches Ritual ist etwa die wachsende Zahl von e-mails nicht zu bewältigen. Individuelle Rituale sind kraftvolle Begleiter, und unabdingbar für ein erfülltes persönliches und berufliches Leben. Sie sind vielfach die einzige Möglichkeit, dem extremen Druck, der Gefräßigkeit des Businessalltags zu widerstehen und gelassen zu bleiben. In New York erlebte ich den CEO eines Energieunternehmens, wie er täglich um sechs Uhr nachmittags seinen Füller, sein Handy und eine Fachzeitschrift nacheinander in seine lederne Aktentasche packte, zu sich selbst und zu seinen Gesprächspartnern freundlich nickte, sich erhob, grüßend den Raum verließ, mit dem Aufzug nach unten fuhr, und sich vom Fahrer nach Hause fahren ließ. Bis kurz vor seine Haustüre in Long Island konnte man ihn noch über das Autotelefon erreichen, danach nicht mehr. Sekretärinnen haben an dieser Art Ritualbildung ein großes Verdienst, sie spüren instinktiv, dass ihre Chefinnen und Chefs Rituale brauchen, um sich gut zu fühlen und Kraft zu schöpfen.

3.6 Negative Führungsrituale

Fast alle Menschen, die den Titel „Rituale im Management“ zum ersten Mal von mir hörten, erwarteten ein kritisches Buch. Rituale sind in Verruf geraten, sicher auch deshalb, weil jede/r Berufstätige schon einmal ein unerträgliches Ritual wie eine kostenintensive, ergebnisarme Tarifverhandlung; eine endlose Besprechung, in der allein der Chef spricht; ein lächerliches Statussymbol oder eine demütigende Machtinszenierung erlebt hat.

Rituale schränken die individuelle Freiheit ein und zwingen zu einem gewissen Konformismus. Sanfter oder massiver Anpassungsdruck gehört zu jedem sozialen Ritual, auch in Unternehmen. Die individuelle Abweichung wird selbstverständlich sanktioniert, mit einer hochgezogenen Braue, mit Spott, Kritik oder gar Entlassung. Die Gruppenzugehörigkeit wird in Frage gestellt. Wiederholtes unentschuldigtes Fehlen wird kein Aufsichtsratsgremium oder Wirtschaftsausschuss dulden. Wenn das Handy der Kandidatin im Bewerbungsinterview läutet und sie mit ihrer Freundin plaudert, kann sie wohl nicht auf Einstellung hoffen. Der deutsche Unternehmer bangt zu Recht um seinen Auftrag, wenn ihn mitten während der Teezeremonie in Tokio ein Lachflash ereilt.

Selbstverständlich können Rituale bestimmten Interessen dienen und sozialen Einfluss ausüben und dokumentieren, deshalb sind sie nicht grundsätzlich negativ zu bewerten. Auch Robin Hood hat mit Ritualen agiert, nicht nur der Sheriff von Nottingham. Ob ein konkretes Ritual sich negativ für die Einzelnen oder für das Unternehmen auswirkt, entscheiden die Beteiligten, nicht die Beobachter. Meine Erfahrung als Coach hat gezeigt, dass dies dann der Fall ist, wenn Rituale

- mit Gewalt oder Psychoterror erzwungenen werden. Beispiel: das Bestrafungs- und Reinigungsritual des sogenannten heißen Stuhls in Seminaren der Siebziger- und Achtzigerjahre, als Mitarbeiter/innen ihrer Chefin, ihrem Chef im Rahmen eines Seminar-Settings der Reihe nach sehr persönliches Feedback gegeben haben und man kaum eine Möglichkeit der Verweigerung hatte,
- eine sehr einseitige Machtverteilung stärken, einige sich auf Kosten anderer unangemessen viel Geld, Macht, Zeit, Ressourcen aneignen. Beispiel: die acht Managerinnen und Manager der zweiten Ebene eines Unternehmens schließen sich zu einer engen informellen Gruppe zusammen, gewinnen den Betriebsrats-Vorsitzenden für sich, und fordern, und bekommen immer mehr Privilegien – auf Kosten der Kollegen und des ganzen Unternehmens,
- dazu dienen, die Teilnehmenden oder Menschen in ihrer Umgebung in Fraktionen oder unterschiedliche Interessengruppen aufzuspalten. Beispiel: der Zwei-Klassen-Effekt eines gesonderten, billigeren Mittagstischs für Mitarbeitende in der Produktion,
- zu starr sind, ihr Sinn sich den Teilnehmenden nicht erschließt, sie ihnen keine Freude machen. Beispiel: das jährliche Führungstreffen, auf dem sich alle Managerinnen und Manager drei Tage lang einen Vortrag nach dem anderen anhören müssen,
- zu lange aufrecht erhalten werden und die Gestaltungsmöglichkeit für die Teilnehmenden fehlt. Es wird niemals über die Gestaltung des Rituals gesprochen, es darf nicht in Frage gestellt oder verändert werden. Beispiel: Der gemeinsame Gottesdienst mit Ansprache des Inhabers für alle Mitarbeitenden – auch die anderer Religionszugehörigkeit, die mittlerweile hinzugekommen sind,
- sich starr und unangemessen persönlich … vor allem von Mächtigen – zu zwanghaften und destruktiven Attitüden auswachsen. Beispiel: eine Inhaberin geht niemals durch eine Abteilung ihres Unternehmens, ohne nicht zu jedem einzelnen Mitarbeitenden eine kritische Bemerkung zu äußern, „um sie aufzuwecken“,
- einzelne Personen im Unternehmen isolieren oder bestehende Isolierung verstärkt wird. Beispiel: wenn sich das Vorstandsgremium mit Mobbing-Ritualen gegen einen Kollegen wendet, und die einzelnen Vorstände ihr eigenes Selbstwertgefühl oder Prestige dadurch aufwerten,
- mehr Geld kosten als sie vermutlich/vermeintlich an Nutzen für das Unternehmen stiften oder als es die Teilnehmenden für vernünftig halten. Beispiel: Betrieb eines luxuriösen, symbolträchtigen Gäste-Restaurants für ein kleines Unternehmen.

Diese Beispiele machen deutlich, dass die Initiatoren und Gestalter eines negativen Rituals durchaus positive Absichten verfolgen können. Als Coach stelle ich sogar sehr häufig fest, dass Intention und Auswirkung von rituellem Handeln weit auseinanderklaffen. Managerinnen und Managern ist häufig nicht bewusst, wie ihr Verhalten und ihre Entscheidungen wirken.

4 Unternehmen sind dramatisch unterritualisiert

4.1 Wie mehr und mehr Rituale verschwanden

Statusgehabe, Gremien-Inszenierungen oder jährliche Treffen der Vertriebsriege mit den immer gleichen Ehrungen und Urkunden – solche Unternehmens-Rituale sind überflüssig in einer Situation, in der es auf schnelle Ergebnisse ankommt. Teure Beratungsaufträge und aufwändige Vorstandspräsentationen, die nur dazu dienen, die längst gefällte Entscheidung nach außen gut aussehen zu lassen – verzichtbar! Sie gelten als Zeitverschwendung in einer hektischen Welt, in der es um schnelle Resultate und um ein globales Echo geht.

Sind Rituale wirklich überflüssig geworden?

Nach dem zweiten Weltkrieg haben unsere Mütter, Väter, Großmütter und Großväter in den Unternehmen die Wirtschaftsrituale der Nazizeit abgeschafft. Natürlich konnten sie nicht an tradierte Rituale des Dritten Reiches anknüpfen. Sie wollten und mussten – unter Beobachtung der Alliierten, die ja noch im Land waren – völlig neue Firmenkulturen, neue Werte etablieren. Man konzentrierte sich auf den Aufbau und auf das Geldverdienen, Feiern fanden vor allem im privaten Rahmen statt.

In den Sechziger- und Siebzigerjahren brachte meine Generation von den Universitäten die Ideen der antiautoritären Bewegung in die Unternehmen. Alte Zöpfe wurden abgeschnitten: „Unter den Talaren, der Muff von Tausend Jahren!". Akzeptiert wurde etwas nur, „wenn es der Wahrheitsfindung dient", wenn es effektiv und wirksam war. „Irrationale" Rituale standen im Verdacht, der herrschenden Ideologie des Kapitalismus zu dienen und „die Arbeitenden" einzulullen und zu verdummen. Der frische aufklärerische bis aufrührerische, jedenfalls demokratische Wind, den die Hochschulabsolventen in die Betriebe hineinbrachten und später als Mitarbeiter/innen, Manager/innen oder häufig auch als Betriebsräte umzusetzen versuchten, stieß in den Großkonzernen auf technokratische Eliten, die einiges an Innovation zuließen, zumal das 1972 neu geschaffene Betriebsverfassungsrecht ausdrücklich mehr Mitbestimmungsrechte der Belegschaft definierte. Viele alte, tatsächlich oder vermeintlich autoritäre Rituale wurden ersatzlos gestrichen, wie etwa die „Zuteilung" von Seminarplätzen als vom Unternehmer gewährte Privilegien, die „willkürliche" Vergabe von repräsentativen Geschenken für besondere Leistungen durch den Chef, bestimmte einengende und „unnötige" Benimm- und Kleiderordnungen und vieles mehr. Mittelständische, inhabergeführte Unternehmen zogen nach dem Generationenwechsel nach.

In den Achtzigerjahren machten uns ernsthaftere konjunkturelle und strukturelle Krisen zu schaffen, die ersten großen Reengineering und Lean Management Wellen überrollten die Unternehmen – keine Zeit, kein Raum mehr für Rituale. Gleichzeitig penetrierten die informations- und kommunikationstechnischen Innovationen alle Organisationen, alle Bereiche der Unternehmen. Damals entstand das Buzzword von der ständigen Veränderung, die uns bevorstehe. Mit Flexibilität sollte auf jede neue Anforderung reagiert werden – Rituale wurden mit schlechten Angewohnheiten gleichgesetzt, sie wurden Synonym für mangelnde Flexibilität und über Bord geworfen. Um den Trends zur Vereinzelung, Vereinsamung, Orientierungslosigkeit der Menschen vor ihren Bildschirmen in ihren Büros entgegenzuwirken, erfand man Begriffe wie Personalentwicklung und Unternehmenskultur. Es gab immer weniger junge Leute in Europa. Man war nicht mehr sicher, ob man für die besten Hochschulabsolventen in Zukunft als Arbeitgeber noch attraktiv sein würde. Vom Wertewandel der Jugend und der drohenden Freizeitgesellschaft war die Rede. Die Unternehmen wollten um jeden Preis die besten jungen Talente gewinnen, für zukünftiges Gedeihen von Umsätzen und Gewinnen. Die Personalentwicklung versprach: Karriere für alle! Künstlich auf Hochglanz kreierte Unternehmenskulturen gaben den Irritierten Verhaltenskodizes, Führungsleitlinien, Visionen und Missionen vor. Sie appellierten an individuelle Einstellungen und Denkweisen, an das persönliche Verhalten aller Angehörigen des Unternehmens. Natürlich fanden diese Bemühungen, neue Rituale zu schaffen, niemals den Weg in die Herzen der Mitarbeitenden. Sie hatten nichts mit dem alltäglichen Denken und Handeln in den Büros zu tun.

In den Neunzigern schließlich taten der Druck der Globalisierung und die rasant fortschreitenden neuen Technologien ein Übriges, um die letzten Reste von Ritualen zu vernichten. Mehr und mehr traditionelle Bräuche wurden ausgemerzt: keine gemeinsamen Pausen mehr, Meetings nur noch im Vorübergehen, im Flur, im Stehen, oder per Telefonkonferenz, Geld statt symbolischer Ehrungen. Umgangssprachen wurden per Dekret geändert: plötzlich hörte man in der ehrwürdigen Unternehmenszentrale einer alten, erfolgreichen deutschen Company Englisch als normale Geschäftssprache. Die Heimat von ca. 200.000 deutschsprachigen Angestellten (von insgesamt über 300.000 Mitarbeitenden weltweit), sollte gar in „Niederlassung Deutschland" – wie Niederlassung Elfenbeinküste oder Niederlassung Estland – umbenannt werden, um die Internationalität zu dokumentieren und zu fördern, berichtete ein Manager stolz. Gegen die englische Sprache als Geschäftssprache ist nichts zu sagen, wenn die Einführung über Jahre mit starken Ritualen begleitet wird und die Unternehmenskultur sich allmählich ebenfalls wandelt. Es wäre besser gewesen, die bestehenden Heimat-Rituale der unterschiedlichsten Länder zu bestaunen, zu stärken und zu würdigen, den internationalen Kontakt zu intensivieren, und dann, gut reflektiert und allmählich einige neue Bräuche zu ermutigen. Die Political-Correctness-Bewegung beförderte die Nivellierung aller Unterschiede. Jeder geht mit jedem gleich um, der indische Lieferant mit dem amerikanischen Controller, der italienische General Manager mit dem deutschen Buchhalter. So kam es zu interkulturellen Kuriositäten, als etwa die österreichische Vorgesetzte mit dem pakistanischen Mitarbeiter in Islamabad ein Kritikgespräch zu führen versuchte. Und schließlich machte das World Wide Web es möglich, dass Kommunikation zu jeder Zeit, an jedem Ort, zu jedem Teilnehmer, in der gleichen Sprache, über die gleichen Themen, möglich war. Rituale waren scheinbar gar nicht mehr nötig!

4.2 Hartnäckige Dogmen der alten Managementlehre

In den drei Management-Jahrzehnten, die ich als Führungsperson und Beraterin hautnah miterlebt habe, ist die Ideologie der Rationalität und Objektivität in der Praxis der Unternehmensführung nicht wesentlich durch sozialwissenschaftliche Erkenntnisse erschüttert oder ergänzt worden. Das Wissen der Human Resource Spezialisten und qualifizierter Berater wurde nicht genutzt. Die unbequemen, weil nur langfristig und mit viel psychologischem Know how umsetzbaren Teile der neuen Managementlehren, etwa die Kernstücke von Peter Senge's Lernender Organisation[15], wurden herausoperiert und lediglich als normativer Rahmen für Vorträge und Seminare genutzt, nicht für die Veränderungspraxis in Unternehmen. Das Rationalitäts- und Objektivitätsdogma der alten Managementlehre steht unerschütterlich: Bei uns geht es nur um Zahlen. Wir sind gut, wenn wir messbare Erfolge liefern. Managementleistung lässt sich zahlenmäßig abbilden. Unsere Manager werden nach ihrer messbaren Leistung beurteilt und bezahlt. Zeit ist Geld. Was man nicht messen kann, wird nicht erledigt – usw. Heute wissen wir aber eines genau: nichts ist so emotionalisiert und politisiert wie eine wichtige Kennzahl. Natürlich kann kein Unternehmen ohne Kennzahlen geführt werden. Natürlich ist ein niedrigerer Einkaufspreis besser als ein höherer. Aber für die wirklich entscheidenden Dinge, wie die Entwicklung eines neuen Produktes, eines Marktes, eines Unternehmens, eines Kundennutzens, eines Aktienwertes, sind es die Stimmungen, Gefühle, Assoziationen, die prägend wirken und über den Erfolg entscheiden.

Die Überbetonung des rationalen Kalküls gegenüber der sozialen und emotionalen Wirkung des Managements in der Wirtschaft hat Fehleinschätzungen und Fehlentwicklungen begünstigt. Zwar sind zahlreiche Konzepte umgesetzt worden, die den Unternehmen geholfen haben, die notwendigen Veränderungen zu bewerkstelligen: Reengineering, Qualitätspolitik, Benchmarking und Best Practice Verfahren, Balanced Score Card, Management Audits und Austausch von Führungspersonen im großen Stil, Training, Coaching, Teamentwicklung u.v.a. Der Wirkungsgrad musste aber enttäuschend ausfallen, weil die Rituale in der Zusammenarbeit, also die alltäglichen und besonderen Gewohnheiten der Menschen in den Unternehmen, vernachlässigt, abgewertet, abgeschafft wurden.

4.3 ... und ebenso hartnäckige Vorurteile gegen Rituale

Warum wurden die keineswegs neuen Erkenntnisse der Soziologie über Rituale in unserem Geschäftsalltag bisher kaum angewendet? Die Gründe dafür mögen sein:

- die erwähnte, noch immer dominierende Rationalitäts- und Objektivitätsideologie der Managementlehre der letzten Jahrzehnte, welche die Realität auf das reduziert, was sich in Zahlen ausdrücken läßt,
- die aus Unkenntnis, mangelnder Übung und persönlichen Ängsten rührende Scheu der Manager, sich mit den eigenen und den Gefühlen anderer Menschen ernsthaft zu befassen,

[15] Peter Senge; The Fifth Discipline, New York 1990. Deutsch: Die fünfte Disziplin. Kunst und Praxis der lernenden Organisation. 5. Auflage, Stuttgart 1998

- die Tatsache, dass sich Rituale weder einfach noch schnell noch beliebig wechselnd implementieren lassen bzw.
- die Unfähigkeit, sinnvolle Rituale zu erfinden und zu gestalten.

Rituale haben für die Entscheidungsträger der Wirtschaft oft etwas Unheimliches. Sie scheinen sich in den vernachlässigten „Ecken" des Unternehmens wie Unkraut zu entwickeln, unkontrollierbar. Sie haben etwas mit Gefühlen und spontanem Ausdruck zu tun: Lachen, Gesprächen, Sympathie, Gruppenbildung, mit informellem Informationsfluss, mit Gerüchten und Klüngel. Was hat es zu bedeuten, daß neuerdings die Führungskräfte des Europa-Vertriebs im Anschluß an die offizielle Verkaufs-Tagung einen Tag lang miteinander zum Wandern gehen? Was tun die Raucher in ihrer Raucherecke? Was bringt die Partnerinnen und Partner der Konzernbetriebsräte dazu, sich in einem Verein zusammen zu schließen, sich für Flutopfer in China zu engagieren, und dafür auch die Ehefrauen unseres Vorstandes „anzuwerben"? Was soll man davon halten, dass die Ingenieure des Entwicklungsteams montags gemeinsam frühstücken – verbotenerweise, im Großraumbüro?

Bestimmte Rituale haben ein überaus negatives Image: lange dauernde, immer gleich ablaufende Besprechungen oder Präsentationen mit viel Redundanz; Hierarchie- und Status-Inszenierungen (anderer – die eigenen nimmt man selten als solche wahr); teure Seminare, Veranstaltungen oder Ehrungen. Sie wurden als Bremse für schnelle Umsetzung von Projekten und Veränderungen identifiziert und eliminiert, sicher manchmal zu Recht. Dabei wurde aber die ausgleichende und regulierende soziale Funktion dieser Rituale unterschätzt. Fallen sie weg, so können von der Orientierungslücke autokratische Vorgesetzte mit entsprechenden Machtansprüchen und Allüren profitieren, die ihre individuellen Exaltiertheiten dann auf Kosten der Mitarbeitenden ausleben. In einem Unternehmen wurden Seminare aus Kostengründen abgeschafft. Dies rief einen psychologisch interessierten Manager auf den Plan, der selbst nach dreimonatiger Coachingausbildung in den USA Coachinggespräche mit anderen Führungspersonen im Unternehmen führte, mit katastrophalen Folgen für die Betroffenen und für das Unternehmen. Das von ihm in den Gesprächen erworbene Geheimwissen über die Menschen sorgte bei ihm für eine schnelle Karriere, bei Anderen für Beschämung, Angst und Unsicherheit.

Die Abschaffung von Ritualen kann auch zu dysfunktionalen informellen Vereinbarungen, Verbindungen und unguten Abhängigkeiten führen. So etwa, wenn die zunächst zentrale Vergabe von finanziellen Sondervergünstigungen für besonderes Engagement, mit transparentem Reglement und offizieller Feierstunde, an die untere Führungsebene delegiert und freigestellt wird. Der Gedanke, mehr Kompetenz in die operativen Teams zu geben, ist sicher gut. Jedoch führte diese Deregulierung zu sehr unübersichtlichen und unterschiedlichen Vergabepraktiken. Keinesfalls wurde eine Leistungssteigerung bewirkt.

Es ist an der Zeit uns zu fragen, ob wir das Kind mit dem Bade ausgeschüttet haben, als wir in unseren Unternehmen eine weitgehend ritualfreie Zone geschaffen haben.

5 Strategisches Stimmungsmanagement

5.1 Wirkungsgrad des Führungshandelns

Rituale im Management sollen dem Unternehmen wirtschaftlichen Nutzen stiften. Deshalb konzentriere ich mich in den Beratungsprozessen mit Managerinnen und Managern darauf, wie sie Rituale im Sinne besserer Ergebnisse gestalten können. Rituale regeln die Kraftübertragung der individuellen Kompetenz und Energie auf die Organisation. Als Coach geht es mir darum, den persönlichen Wirkungsgrad zu steigern und das wichtigste Instrument dazu ist das Ritual.

Wenn exzellent ausgebildete, intellektuell brillante, erfahrene Führungspersonen in ihrem Unternehmen wenig erfolgreich sind, wird das Scheitern oftmals auf ihre persönlichen Eigenschaften und auf die mangelnde Passung zum Unternehmen zurückgeführt. Meine Analyse ergibt in den meisten Fällen, dass es ihnen an der richtigen Haltung und am Instrumentarium mangelt, sich mit ihrer Stimmung und positiven persönlichen Ausstrahlung wirksam an die nächste Ebene nach unten anzukoppeln. Wenn Spitzenführungskräfte schnell einen hohen Wirkungsgrad in ihr Unternehmen hinein erzeugen möchten, müssen sie es verstehen, die *Emotionalität der wichtigen Personen* und die Atmosphäre in ihrem Umfeld zu beeinflussen. *Ob jemand Veränderungen umsetzen kann, ist abhängig von der Qualität seiner Analysen und Entscheidungen, multipliziert mit seinem persönlichen Wirkungsgrad, den sie/er durch strategische Stimmungsrituale erzielt.*

Als Coach habe ich selten Anlass, an der Qualität der fachlichen Kompetenz, an der Brillanz der Analyse, an der Fähigkeit, datenbasierte Entscheidungen zu treffen und sie korrekt zu kommunizieren, zu zweifeln. Der Frage nach der Qualität und dem Training des persönlichen Wirkungsgrades wird weit weniger Aufmerksamkeit geschenkt: Wie Stimmungen und Empfindungen übermittelt werden. Erfolgreiches, gezieltes *Stimmungsmanagement* ist das, was Veränderungsmanager brauchen. Sie müssen erreichen, dass sich die Mitarbeitenden nach einem Gespräch, nach einem Meeting, nach dem Lesen einer mail oder einem Telefonat aktiver, zugehöriger, motivierter fühlen als zuvor. Nur so bewege ich meine Partnerinnen und Partner, meine Mitarbeiterinnen und Mitarbeiter und sorge dafür, dass die Aufgaben mit innerem Antrieb erledigt werden. Intention, positive Gefühle, Motivation werden nur auf diese Weise weitergegeben und multipliziert.

5.2 Rituale und strategisches Stimmungsmanagement

Die Managementlehre des vorigen Jahrhunderts postulierte Führungshandwerk und Führungseigenschaften. Aus der Analyse meiner Coachinggespräche erfahre ich, dass diese Ansätze heute zu kurz greifen. Heute besteht Professionalisierung im Management darin, die eigene positive Gestimmtheit im sozialen Kontext zu stimulieren und zu vermitteln, dadurch immer wieder positive emotionale Prozesse im Unternehmen in Gang zu setzen und aufrechtzuerhalten. Für den Erfolg gerade deutscher Unternehmen ist es heute bedeutungsvoll, dass Spitzenmanagerinnen und Spitzenmanager ihre persönlichen Gefühle, ihr Temperament, ihre Lebensfreude als machtvolle Triebfedern unternehmerischen Erfolgs entdecken und in Ritualen etablieren. Gegen die „Jammerkultur" in vielen Firmen weisen Lebensfreuderituale den Weg aus der Krise. So einfach, so bahnbrechend ist diese Entdeckung: Lebensfreude bewirkt Unternehmenswachstum.[16] In diesem Buch geht es darum, *wie* durch individuelles und rituelles Stimmungsmanagement, auf der Basis neuer wissenschaftlicher Erkenntnisse, im Management die persönliche und die Unternehmensentwicklung positiv zu synchronisieren sind. Basis sind die individuellen Lernprozesse der Top Managerinnen und Top Manager. Sie erfahren, dass ihr persönlicher Wirkungsgrad nicht nur von ihrer Selbstreflexivität und guten Laune abhängt, sondern von ihrer Fähigkeit, kreative Rituale zu gestalten, in denen sich die eigenen positiven Emotionen auf mühelose Weise übertragen. Ohne Rituale bleiben Stimmungen privat und schwankend. Nur Rituale stabilisieren und übertragen ein individuelles Gefühl von Begeisterung auf die Stimmung im Team und setzen einen positiven Regelkreis von Höchstleistung und Motivationsfreude in Gang. Über Glück, über Erfolge, über Genießen, über gute Leistung, über Zufriedenheit muss gesprochen werden! Immer wieder, in einer angemessenen, wiederkehrenden Form, mit verteilten Rollen, im entsprechenden Rahmen. So etwa, wenn in jedem Montagsmeeting zunächst das Erreichte berichtet und gewürdigt wird, mit Applaus, mit einer symbolischen Handlung wie dem Aufschreiben des „Siegers der Woche", mit gemeinsamem Lachen.

5.3 Die Qualität der Rituale ist heute wichtiger als die Qualität der Führungskräfte

Gerade in Situationen, in denen schnelle Veränderungen vorherrschen, ist es heute für Leitungsgremien schwierig, sich an die operativen Ebenen anzukoppeln. Loyalität kann kaum entstehen, bevor die nächste Veränderungswelle die handelnden Personen hinwegspült und durch neue ersetzt. So beobachte ich als Beraterin, dass das Vorstandsteam exzellente Ideen entwickelt, die das mittlere Management nicht effektiv oder nicht schnell genug umsetzt. Das Bild von zwei Zahnrädern entsteht, das obere dreht sich rasant schnell, das untere – welches alle weiteren bewegt – dreht sich langsamer oder in anderem Winkel. Die Zähne greifen nicht ineinander. Um in das untere Rad zu greifen, müsste das obere *zunächst* die Geschwindigkeit reduzieren oder die Richtung ändern. Wenn die Zahnräder nicht zumindest zeitweise synchronisiert werden können, gehen beide kaputt, schleifen sich ab, oder sie drehen sich unabhängig voneinander weiter. Das ist exakt die Situation, die wir oftmals vorfinden.

[16] In zwei Veranstaltungen für Expertinnen und Experten sowie Führungspersonen aus Konzernen und Mittelstand der Dorothee Echter Unternehmensberatung im November 2002 („Die Entdeckung eines neuen Gefühls im Management. Die Lebensfreude.") und Juli 2003 („Leadership, Lebensfreude und Dranbleiben.") sind diese Erkenntnisse diskutiert und bestätigt worden.

Ich halte es heute für die wichtigste Pflicht von Managerinnen und Managern, die Mitarbeitenden zu begeistern, in gute Stimmung zu versetzen. Warum ist die positive Arbeitsatmosphäre wo wichtig? Die Menschen im Unternehmen vermögen heute auf Grund der Komplexität der Aufgaben nicht mehr genau das zu realisieren, was die Führungsperson wünscht und anweist. Sie müssen einen eigenen inneren Kompass entwickeln für die möglichen Wege, Risiken, Schwierigkeiten und Lösungen. Die Kontrollmöglichkeit für die Vorgesetzten ist stark eingeschränkt, da sie weder über das Expertenwissen noch über die Zeit für sinnvolle Überwachung verfügen. So müssen sich die Teams selbst in Gang setzen, sich mit der Aufgabe identifizieren und für sie begeistern. Nur wenn ich Vertrauen habe, wage ich eine Entscheidung, nur wenn ich das Ziel begrüße, wähle ich sicher den Weg aus, nur wenn ich mich respektiert und zugehörig fühle, verfolge und erreiche ich meine Ziele gegen viele Hindernisse. Positive Emotionen müssen zum Klingen gebracht werden, die kognitive Dimension einer Anweisung oder Zielvorgabe genügt für die heutigen anspruchsvollen Aufgaben keinesfalls.

Kein Organigramm, keine Delegationsmatrix, sondern ausschließlich Rituale des positiven Stimmungsmanagements regeln diese Ankoppelungsprozesse des Individuums und des Teams an die Organisation, der Führungsperson an das Team, des Teammitglieds an die Aufgaben. Rituale sorgen für positive emotionale Stetigkeit, auch wenn die Leitfiguren das Unternehmen verlassen und neue eintreten. In einem Unternehmen, in dem jeder Abschied, jede Begrüßung, jede Veränderung durch ein sichtbares, dankbares, würdigendes Ritual begleitet wird, ist weniger Angst vor Veränderung spürbar. Die Menschen entspannen sich und begreifen Veränderung als etwas natürliches. Sie können ihre Befürchtungen bändigen, die sich ansonsten in ausgiebiger Gerüchtediskussion und destruktiven Absicherungs- und Legitimierungs-Strategien äußern würden.

Auf welche Weise erzeugen Rituale gute Stimmung, und welche Rituale können wir dazu gestalten? Lassen Sie uns zunächst auf die genaue Wirkungsweise von Ritualen schauen. Im Folgenden werde ich zeigen, was sie für das Management leisten können.

6 Wie Rituale im Unternehmen wirken

Warum laufen unsere Meetings so und nicht ganz anders ab? Warum sammeln wir über Wochen und Monate Daten, die dann nach der feierlichen Präsentation in der Schublade verschwinden? Worüber und wie wird *niemals* gesprochen, wenn man sich auf dem Flur, im Casino, in der Toilette, im Golfclub trifft? Welche der vielen E-Mails liest man, welche nicht? Was schenkt man der Chefin zum Dienstjubiläum? Wie wird ein großer Erfolg mit dem Projektteam am besten gefeiert? Warum nehmen Mitarbeiterinnen und Mitarbeiter eines Unternehmens die Vorträge und Ankündigungen eines Vorstands ernst, die eines anderen Vorstands nicht? Welcher Artikel darf nicht in die Firmenzeitung, warum nicht? Welche Logik bestimmt den Verlauf der jährlichen Budget- und Planungsrunden? Wozu jährliche Führungstreffen? Wie kommunizieren wir über unsere Fehler und Schwächen? ... über unsere Stärken? Wie organisiert die Führungskraft ihren Alltag?

Alle diese Situationen haben etwas mit Ritualen zu tun. Rituale definieren glaubwürdig und authentisch den Sinn dessen, was wir in den Unternehmen tun. Die funktionierende – oder nicht funktionierende – Ritualisierung unserer Zusammenarbeit in den Organisationen ist der Gradmesser für das Funktionieren und Überleben der Organisation. Rituale sind wesentlicher Teil der Unternehmenskultur. Die Liste der positiven Wirkungen von Ritualen liest sich wie die Wunschliste der Führungsperson, die schnell und nachhaltig Identifizierung und Teamgeist, Arbeitsfreude und Leistungsbereitschaft herstellen möchte:

- sie reduzieren Komplexität,
- sie erleichtern die Entscheidungsfindung,
- sie lassen uns mit schwierigen und belastenden Situationen konstruktiver umgehen,
- sie vermitteln Sinn und Werte,
- sie definieren die Organisation als soziale Einheit,
- sie reduzieren negative und stimulieren positive Gefühle,
- sie fördern Versöhnung und Integration,
- sie erleichtern Wandel und Übergänge,
- sie bestärken die Identifikation mit dem Unternehmen.

6.1 Rituale reduzieren Komplexität

Managementaufgaben heute sind nicht klar umrissen, die Grenzen der Unternehmen verschwimmen,[17] die Vorhersagbarkeit von Entwicklungen und Erfolgen ist gering, das Tempo beschleunigt sich, die Vernetzung von Erfolgsfaktoren, Personen, Organisationen, Märkten steigt mit der Globalisierung und den neuen Technologien exponentiell. Sichere Glaubenssysteme des Managements gibt es nicht mehr. Das

---

[17] Picot, Arnold, et al.; Die grenzenlose Unternehmung, Wiesbaden 1996

Angebot an Führungslehren ist vielfältig, verwirrend. Ebenso neu ist die überfordernde Möglichkeit, die Komplexität dieser Entwicklungen potenziell durchschauen zu können, weil alle Informationen irgendwo verfügbar sind. Das heißt, wir haben auch die Qual der Wahl, zu welchen Informationen wir greifen und welche wir vernachlässigen. Komplexität zu bewältigen, ist eine der wichtigsten und zugleich schwierigsten Aufgaben des Managements heute.

Herausragende Managerinnen und Manager gehen souverän mit Ambiguität und Unsicherheit um. Rituale helfen ihnen, vom Perfektionismus und vom logisch-analytischen Vorgehen loszulassen, ihre ganzheitliche Wahrnehmung zu aktivieren, simultan zu sehen, zu urteilen, zu handeln, und so alle Ressourcen bestens zu nutzen. Rituale bieten Inseln der Orientierung und Vertrautheit, sind Heimat und Basislager für unsere alltäglichen internationalen Herausforderungen. Sie lenken unseren Blick, blenden Überflüssiges für uns aus. So ist die Flut der E-Mails, die wir täglich bekommen, ohne individuelle Rituale nicht zu beherrschen. Beratungsunternehmen, die hier sinnvolle Vorgehensweisen anbieten, florieren.

Auf einer ganz einfachen Ebene strukturieren Rituale unseren Alltag. Wir können eine Situation ohne Mühe erkennen: Aha, dies ist eine Verabschiedung. Jetzt werde ich meine Hand reichen und die Abschiedsformel sagen. Aha, das ist ein Vorstandsmitglied des Partnerunternehmens – ich erkenne es daran, wie er von anderen im Begrüßungsritual behandelt wird. Ich werde also warten, bis er mich anspricht und dann „höflich", ritualgerecht mit „Sie" statt „Du", ihm in die Augen blickend, die Unterstützung unseres Unternehmens anbieten. Wir werden uns beide wohl damit fühlen.

Ein komplexitätsentlastendes Ritual ist, wenn wir sofort wissen, was es bedeutet, wenn der Chef persönlich im Großraumbüro erscheint und „alle, auf der Stelle" zu sich bittet: es ist eine Krisensitzung. Wenn klar ist, wie der Zeitablauf sein wird, welche Unterlagen man mitnimmt, wer reden und wer zuhören wird, in welchem Modus gesprochen wird (z.B. kurz und abgehackt, oder fragend und reflektierend) und in welcher Stimmung das Meeting abläuft, wenn klar ist, wie es nachher weitergehen wird, zum Beispiel mit Überstunden, dann handelt es sich um ein Ritual. Es strukturiert den Zeitablauf und blendet alle anderen Möglichkeiten der Informationsverarbeitung und Entscheidungsfindung aus. Dadurch wirkt es entlastend.

Spezielle, relativ neue Rituale befassen sich ausdrücklich mit Komplexitätsreduktion. So das in den Siebzigerjahren als Kreativitätsmethode schnell populär gewordene Brainstormingritual: Alle werfen bei einem persönlichen (oder heute auch virtuellen) Treffen – innerhalb einer begrenzten Zeit – ihre Ideen zu einem Thema als reine Stichworte in den Raum, ohne besondere verbale Qualität, ohne Erklärung und Begründung. Niemand darf werten, man äußert auch abwegige, ungewohnte Gedanken und lässt sich von den Gedanken der Anderen wieder zu eigenen inspirieren. So kommt in kurzer Zeit eine große Menge konstruktiver Inhalte aus ganz verschiedenen Sichtweisen zustande, wie sie eine traditionelle Besprechung niemals hervorbringen könnte.

Zu den wichtigsten neuen Ritualen der Komplexitätsreduktion gehören soziale Netzwerkbildungen von Personen und Organisationen einer Praxis- oder Wissensgemeinde, so genannte *communities of practices* oder Cop's. Virtuelle Rituale der Informationsrecherche und des qualitativen Informationsaustauschs in Chatrooms und Internetportalen sind auf dem Vormarsch, mit jeweils eigenen Sprachcodes und Verhaltensnormen. Sie dienen dazu, gemeinsam den Prozess der Wahrnehmung relevanter Entwicklungen und der Urteilsfindung im Treibsand von Trends und Veränderungen zu erleichtern, und natürlich auch, sich subjektiv von unvermeidlichen gelegentlichen Fehleinschätzungen zu entlasten.

Komplexitätsreduktion im Unternehmen geschieht auch durch Visionen, Leitlinien, Ethik- und Qualitätsstandards, und durch normierte Informationsflüsse, etwa Regeln für das Erstellen, Lesen, Beantworten und Dokumentieren von e-mails, um die sich Unternehmen verständlicherweise heute verstärkt bemühen. Damit werden viele individuelle und soziale Rituale im Management ganz neu gestaltet. Auch die Veränderung der klassischen Meetingrituale gewinnt zunehmend an Bedeutung, da Managerinnen und Manager einen großen Teil ihrer Zeit in Besprechungen verbringen, national und international, persönlich oder per Telefon- oder Videokonferenz. Dem Management ist jede Hilfe willkommen. Erwähnenswert scheint mir die in den Achtzigerjahren in Deutschland erfundene Moderationstechnik, auch Metaplan-[18] oder Kärtchen-Methode genannt, die es ermöglicht, nahezu beliebig komplexe Inhalte schnell zu ordnen und Aktivitäten gemeinsam zu priorisieren. Beraterkollegen wie Rupert Lay[19] und Fredmund Malik[20] nehmen sich heute stärker denn je des komplexitätsreduzierenden Rituals „Meeting" an. In allen geschilderten Ansätzen überwiegt jedoch die kognitive Strukturierung. Positive Emotionalität als entlastende und zeitsparende, weil integrative und wertschätzende Komponente in Besprechungen wird vernachlässigt. In Kapitel 12 dieses Buchs wird ein neues sowohl komplexitätsreduzierendes als auch die Stimmung beeinflussendes Meetingritual beschrieben.

In Zukunft wird die Bedeutung der intuitiven und Gefühlskomponenten von komplexitätsreduzierenden Rituale vermutlich steigen, weil die Komplexität ein Maß erreichen wird, das kognitiv überhaupt nicht mehr zu bewältigen ist. Die Trendforscher David Bosshard und Karin Frick formulierten im Mai 2003 u.a. folgenden „Megatrend" [21]: „Dynaxität versus Einfachheit – Es gibt keinen Kern oder ein Zentrum, sondern immer nur mehr Komplexität und Dynamik. Das Unverständliche expandiert schneller als das Verständliche. Der freie, transparente Informationsaustausch zwischen den Individuen eines Systems erzeugt maximale Dynamik, Komplexität und Komplexitätsreduktion auf einmal. Netzwerkbildung ist das Problem und die Lösung zugleich. Komplementär zur Komplexität steigt der Wunsch nach Einfachheit, Überschaubarkeit und Verständlichkeit. Daher brauchen die Menschen heute nicht noch mehr Optionen, sondern mehr Orientierung ..."

Die anvisierte Lösung der Trendforscher klingt jedoch dünn: „Die Einstellung, die in die Zukunft weist, lautet ‚Weniger ist mehr', oder ‚Mehr ist anders'." Wenn die Managementaufgabe der Zukunft Orientierung im Dschungel der Dynaxität lautet, ist meine Überzeugung, dass die Lösung in intelligenten und handlungssteuernden

[18] Siehe www.metaplan.de

[19] Die FAZ vom 9.2.2003 auf S. 33; Wer zu lange arbeitet, ist ein fauler Hund. Gespräch von Thiemo Heeg und Rupert Lay.

[20] Vgl. unter www.mzsg.de, eine vom Managementzentrum St. Gallen eingesetzte Methode für Komplexitätsreduktion in Meetings: Sintegrity

[21] David Bosshard und Karin Frick: Megatrends und Gegentrends, Trends und Gegentrends in Wirtschaft, Gesellschaft und Konsum, in: GDI Aktuell, www.gdi.ch/publikationen/trendlab

Ritualen liegt. Wir können der wachsenden Informationsflut und dem beschleunigten Tempo Meilensteine, Haltepunkte, Richtung, Sinn, Struktur entgegensetzen, wenn wir unsere Zusammenarbeit im Unternehmen stärker an Intuition und Gefühlen ausrichten. Ein regelmäßiges gemeinsames Mittagessen pro Woche mit meinem Team in guter Laune übermittelt mir als Chefin, wenn ich meine Fragen geschickt einsetze, 90 % aller notwendigen Informationen sowie Hinweise auf die Informationslücken. Weil die Teammitglieder mir bestmöglich helfen *wollen*, weil sie keine Angst haben, über Fehler zu sprechen, weil sie mich an ihrer Intuition teilhaben lassen, erfahre ich vielleicht mehr über Chancen und Risiken des Projektes, über mögliche Vorgehensweisen und Kooperationen etc. als in der Präsentation des Beraterteams, das Monate lang Untersuchungen angestellt hat und dessen Berichte ganze Ordner füllen.

6.2 Rituale erleichtern die Entscheidungsfindung

Wenn viel Betrieb beim Metzger, bei der Post oder im Einwohnermeldeamt ist, erkennen wir sofort die wunderbar entlastende Wirkung eines eindeutigen und guten Rituals: das spezielle System des Schlangestehens regelt, wer als nächster bedient wird. Es verhindert Streit und Rempeleien, ermöglicht entspannte Kommunikation und schnelle Erledigung. Die Rollen sind klar verteilt, die komplizierte und emotionsgeladene Entscheidung über die Reihenfolge ist den Wartenden abgenommen, und man kann sich gemeinsam auf die gute Qualität der Wurst oder die Langsamkeit der Beamten einigen. Die Rollenidentität als Bürger oder Kunde, als Metzger oder Beamter ist hergestellt.

Auf modernen Managerinnen und Managern lastet hoher Entscheidungsdruck. Die Möglichkeiten, sich zu entscheiden, oder auch sich nicht zu entscheiden, sind vielfältig. Deshalb nutzen wir Routinen und Rituale wie das Montagsmeeting, das standardisierte E-Mail-Reporting am Freitag mittag, und ein schwarzes Brett im Sekretariat. Spezielle Entscheidungsfindungsrituale erleichtern uns die Prioritätensetzung. In allen Unternehmen gibt es Rituale der Eskalation von Themen, der Einbeziehung von internen und externen Experten zur Optimierung der Urteilsfindung und einen ritualisierten Modus der risikobehafteten Entscheidung und Entscheidungsabsicherung. Rituale der Hierarchie, Kompetenzzuordnung und Delegation erlauben flüssige Prozesse. Sie definieren, wer sich wann wozu mit wem abstimmt, ob Top Down, Bottom Up, mit Gremienabstimmung etc. entschieden wird und durch welche Vorgehensweisen die gesetzlich vorgeschriebenen Informations-, Beratungs-, Entscheidungs- oder Vetorechte der Betriebsräte eingelöst werden. Wer eine bedeutsame Entscheidung herbeiführen möchte, muss in großen Unternehmen eine schriftliche Vorstandsvorlage nach einem immer gleichen Muster anfertigen. Ein solches Ritual bestimmt etwa, welche Unterschriften die Vorlage tragen muss, dass sie mündlich in einer Vorstandssitzung von der inhaltlich verantwortlichen Führungsperson präsentiert und in einer kritischen Diskussion vertreten werden muss.

Solche Steuerungsrituale [22] werden oft als unsinnig empfunden, weil zu schwerfällig, zeitaufwändig, macht- statt kompetenzbetont, oder dem Entscheidungsumfang

[22] Siehe Kapitel 13, „Steuerungsrituale"

nicht angemessen. Meine Erfahrung ist: Das Ritual kann verschiedene Formen annehmen, aber ein Ritual der Entscheidungsfindung wird benötigt, da ansonsten die Managerinnen und Manager zu viel Zeit damit verbringen, über die Regelung jedes einzelnen Entscheidungsvorganges gesondert nachzudenken.

Es gibt noch keine große Organisation, die ohne die Ausbildung von vertikalen und horizontalen Strukturen ausgekommen wäre. Hierarchieebenen, Bereichs-, Abteilungs-, Projekt- oder Netzwerkabgrenzungen schränken die Zahl der zu einem Subsystem gehörenden Menschen ein, teilen sie in sinnvolle Gruppen auf, und ermöglichen dadurch die Bildung von weiteren Ritualen.

6.3 Rituale machen schwierige Situationen handhabbar

Rituale helfen uns, mit schwierigen Konfliktsituationen konstruktiv umzugehen, sie überhaupt erst handhabbar zu machen, zum Beispiel durch geregelte Zusammentreffen von Konfliktparteien in Tarif- oder Gerichtsverhandlungen. Ritualisierte Interessenkonflikte ermöglichen eine abschließende Lösung, ohne dass der Konflikt weiter schwelt. Auch Kündigungen, Betriebsschließungen, Fusionen und Firmenverkäufe sind nur mit Hilfe von Ritualen konstruktiv zu bewältigen. Jede Unternehmerin, jeder Unternehmer, der sich in diesen Fällen auf die Einhaltung der juristisch vorgeschriebenen Regeln in der Interaktion mit den Betroffenen beschränkt, wird die Situation eskalieren und langjährige Gerichtsprozesse riskieren.

Es sind vor allem persönliche Informations- und Kommunikationsrituale, die Vertrauen geben und eine positive Perspektive entstehen lassen. Als ein mittelständisches Unternehmen ein Drittel aller Führungskräfte kündigen musste, sind die Betroffenen zunächst in kurzen Vier-Augen-Gesprächen informiert worden. Zur Entlastung der Manager, die die unangenehme Botschaft zu überbringen hatten, haben wir gemeinsam erarbeitet, wie dies geschehen sollte: Mit Bestimmtheit in der sachlichen Aussage, aber auch mit Dank, Würdigung und Wertschätzung. Wir trainierten, das Gespräch nach der Eröffnung des Tatbestandes mit Fragen zu führen. Wann wollte der Betroffene das nächste Gespräch führen? Mit wem? Über was? Was war ihm besonders wichtig? Wir achteten darauf, dass die Manager genügend Pausen machten, um ihrem Gesprächspartner die Möglichkeit zu lassen, selbst Fragen zu stellen. Wir ließen sie ferner eine Checkliste an die Gekündigten übergeben, in der die Punkte aufgeführt waren, die üblicherweise diskutiert werden müssen. Die Regie sollten in diesem Ritual die Entlassenen möglichst weitgehend selbst führen.

Sehr oft habe ich beobachtet, dass Informationsgespräche mit negativen Nachrichten vor allem schnell und sachlich „abgehandelt" werden, vermeintlich, um die unangenehmen Gefühle zu beherrschen. Wer es schon einmal auf diese Weise versucht hat, weiß, dass der gegenteilige Effekt erzielt wird. Diese Gespräche müssen äußerst sorgfältig, ja liebevoll, gestaltet werden, mit genügend Zeit zur Reflexion für beide Seiten. Positiv wirkt, wenn auch der „Überbringer" der schlechten Neuigkeit seine Gefühle äußert. Dass es ihm etwa schwer fällt, dieses Gespräch zu führen. Dass ihm die Kündigung Leid tut.

Ritualisierung, sprich: immer gleicher Ablauf, erleichtert die Handhabung der emotionalisierten Situation nicht nur für die betroffenen Mitarbeitenden, sondern auch für die Führungspersonen, die selbst starke eigene Gefühle haben mögen: Mitgefühl, Ärger, Angst. Als hilfreich haben sich deshalb Ritual-Einweisungen erwiesen, Trainings mit Rollenspielen, für alle Managerinnen und Manager, die die negativen Botschaften überbringen.

Auch auf akute Krisen in Organisationen, die sofort gelöst werden müssen, sind feste, vorab definierte Rituale die angebrachte Antwort. Befehl und Gehorsam, eingeschränktes Vorschlagsrecht der Untergebenen, die Codes für die Weitergabe von Informationen etc. mögen autoritär, undemokratisch anmuten, aber wenn das Dach brennt, ist weder Spontaneität, noch langes Grübeln über das beste Vorgehen für die Entscheidungsfindung, noch demokratische Beteiligung aller Betroffenen die beste Methode. Auf hoher See oder beim Militär ist in kritischen Situationen die schnelle Informationsweitergabe an den Kapitän/Offizier, und dann seine schnelle alleinige Entscheidung differenziert geregelt. Dieser Prozess wird durch mannigfache Rituale immer wieder bestärkt und in Erinnerung gebracht. Immer wenn in der Stadtklinik ein akutes und übergreifendes organisatorisches Problem auftritt, wird mit der „kleinen Krise" reagiert: einem 30-Minuten Meeting mit ärztlicher Leitung, kaufmännischer Leitung, Pflegeleitung, Personalratsmitglied – oder deren Stellvertreter/innen. Auch dann, wenn ein Zweier-Gepräch oder eine einseitige Anordnung der Leitung besser zur sachlichen Problemlösung geeignet wäre. Der soziale Nutzen des Rituals entfaltet sich dadurch, dass eben nicht jedes Mal zunächst ein Brainstorming und eine langwierige Nutzenabwägung aller theoretisch möglichen, unendlich variierenden Reaktionsmöglichkeiten durchgeführt werden muss. Man handelt sofort. Unsicherheit und Widerspruch werden minimiert. Mehr Zeit, mehr Energie stehen für die Lösung des Problems zur Verfügung.

6.4 Rituale vermitteln Sinn und Werte

Wir alle kennen den Unterschied in unserem Engagement, je nachdem, ob wir den Sinn dessen, was wir tun, verstehen und teilen oder nicht. Wenn wir an etwas arbeiten, das uns wertvoll erscheint, sind wir mit Begeisterung dabei, mit Mut, Ausdauer, überwinden Hindernisse, reißen Andere mit. Das Ergebnis liegt uns am Herzen, wir tun jeden Schritt mit Sorgfalt, freuen uns über jedes noch so kleine Gelingen.

Wie werden Werte und Sinn in einer Organisation vermittelt? Sicherlich nicht, indem die Leitung sie definiert und dann allen zur Kenntnis gibt. Als Management Coach konnte ich an vielen Beispielen das Schicksal von Unternehmensleitlinien studieren: von den Köpfen der Vorstände in die Hochglanzbroschüren, in die Schubladen, in die Papierkörbe. Es reicht nicht, den Sinn zu *kennen*, Menschen wollen den Sinn *erleben*. Nicht, was geschrieben steht, sondern was gelebt wird, gilt. Dieser Glaube wächst nur durch wiederholtes, gemeinsames Handeln und Bestärken in Ritualen. Wenn etwa der Grundsatz „Führungskräfte sind gute Zuhörer" in den Zusammenkünften beherzigt wird. Wenn die Leitlinien des Diversity Managements[23] sich darin zeigen, dass im Vorstand tatsächlich Vielfalt herrscht und dort

[23] Diversity Management = Management von Vielfalt, Gleichberechtigung von unterschiedlichen Gruppen wie Frauen und Männern, verschiedenen Ethnien, Alten und Jungen etc.

nicht acht verheiratete süddeutsche Herren zwischen 50 und 60 Jahren in dunklen Anzügen sitzen.

Durch Rituale entsteht Glaubwürdigkeit

- über das wiederholte Ausagieren von gelebten Werten, zum Beispiel die positive Aufnahme von Fehlern als Lernchance in Meetings,
- über eine festgelegte, berechenbare Folge von Aktionen,
- über das Verhalten der Vorbilder,
- über das sichtbare und hörbare Bekunden von Gefühlen wie Begeisterung im Applaus, Innigkeit im Schweigen, Wertschätzung im Zuhören und Danken,
- über den Kontakt zueinander, das gegenseitige Anschauen, miteinander Sprechen, sich Anlächeln.

Microsoft definierte sich in den Neunzigerjahren als jung, amerikanisch, locker, unkonventionell und wurde glaubwürdiges Vorbild für viele Start-ups. Bill Gates hatte eine besondere Art, sich zu kleiden, zu sprechen, mit seinen Associates umzugehen. Microsoft Managerinnen und Manager hatten, noch in entferntesten Gegenden der Welt, einen einzigartigen, nicht kopierbaren, eigenen Stil: wenig Hierarchie, offene Kommunikation, auch eine gewisse Härte und Direktheit im Umgang. Die Unternehmenswerte werden durch zahlreiche untereinander wertkonsistente Rituale immer wieder bestärkt, und gerade das Top Management hält sich an die Regeln wie besondere Kleidung, besondere Umgangsformen, Sprache, Erfolgsfeiern, Kritikgespräche. Bereits im Bewerbungsgespräch ist diese Unternehmenskultur für die Bewerberin und den Bewerber spürbar. Traditionell geprägte, in der Old Economy sozialisierte Manager/innen reagieren befremdet und werden nicht eingestellt. Viele jüngere Mitarbeiterinnen und Mitarbeiter dagegen sind nach kurzer Zeit begeistert.

6.5 Rituale definieren die Organisation

Die Grenzen unserer Unternehmen verschwimmen mehr und mehr:

- Durch Outsourcing ist die Fertigung von Vorprodukten plötzlich ein selbständiges Lieferantenunternehmen, das nach einiger Zeit zu einem in Irland beheimateten Tochterunternehmen gehört, und schließlich in anderer Form wieder integrierter Bestandteil der ursprünglichen Firma sein kann.
- Externe Beraterteams übernehmen zentrale Aufgaben, zum Beispiel die Umstellung und Pflege der gesamten Unternehmenssoftware und arbeiten jahrelang ausschließlich für dasselbe Unternehmen, so dass sie wie ein unternehmensinternes Team wirken.
- Unternehmen verändern sich im Kern durch Fusionen, Akquisitionen, Aus- und Eingründungen.

Mit der Tendenz zur offenen, grenzenlosen Unternehmung geht Heimat verloren. Nach dem Merger ist vor dem Merger; Organigramme von Unternehmen sind heute entweder nicht mehr aktuell oder noch nicht spruchreif. Niemand kann verbindlich sagen, welche Personen auf einen Verteiler gehören und welche nicht. Die Mitarbeitenden fühlen sich ohne Rituale wie im luftleeren Raum. Und so wird von Managerinnen und Managern die Situation fliessender Auflösung und Neuformierung ihrer Unternehmen beschrieben:

- „die Leute vergeuden ihre Zeit mit Gerüchten und Mutmaßungen",
- „alle stehen beieinander und jammern den ganzen Tag",
- „es geht nur noch darum, sich selbst abzusichern und Fehler oder Schuld auf Andere zu schieben".

Ein Klient formulierte es so: „Jeder von uns braucht ein Lagerfeuer. Wir sind von den Burgen in die Zelte umgezogen, sind flexibel, überall einsetzbar, unsere Offices tragen wir mit uns herum. Aber manchmal möchten wir doch unsere Lieder singen, gemeinsam essen, Probleme besprechen und uns einfach miteinander gut fühlen." Häufig im wiederkehrenden informellen Rahmen – in der Raucherecke, in der Kantine, am Abend in der Pilskneipe, am Kopierer – miteinander zu sprechen, gehört in vielen Unternehmen heute zu den deutlichsten Orientierungen darüber, wer dazu gehört und wer nicht. Es ist ein instinktives Ersatzritual für fehlende äußere Begrenzung und Sicherheit. Selbst das gemeinsame Klagen und Jammern ist eine Zuflucht – besser als gar keine, denn hier spürt man die eigene Zugehörigkeit, fühlt sich geborgen, wendet sich der Wir-Gruppe liebevoll und verstehend zu, grenzt sich zur Die-Gruppe ab. Führungspersonen sollten die hier sichtbar werdenden Bedürfnisse der Menschen ernst nehmen und auf andere Weise befriedigen, durch persönlichen Kontakt und durch Rituale der Dankbarkeit und Aufmerksamkeit.

Ein interessantes Beispiel ist das Ritual der Flurgespräche, das Dieter Boch, Manager in einem Elektrokonzern, beschreibt.[24] In turbulenten Zeiten sind Kontakt, Gespräche, freundliche Begegnungen wichtig, deshalb wurden Flurgespräche zwischen Mitarbeitenden aus der Tabuzone befreit, offiziell toleriert. Die langen Gänge der Firmenzentrale dürften in einer schwierigen Veränderungsphase von allen dazu genutzt werden, zu verweilen und miteinander zu sprechen. Die Flure sind quasi die Kommunikationsadern des Unternehmens, Kanäle, durch die Insider zueinander kommen. Wer dort entlang geht oder sich aufhält, der gehört dazu.

Bei nicht mehr oder noch nicht klaren Zugehörigkeiten empfehle ich meinen Klientinnen und Klienten immer wieder, informelle Veranstaltungen zu initiieren: Tage der offenen Tür, ein Golfturnier für alle Mitarbeitenden mit Schnuppertraining, ein Business Dinner mit Vorstandsbeteiligung. Persönlicher Kontakt ist das Zaubermittel, das die momentan ausser Kraft gesetzten klaren Zugehörigkeitsregeln nicht ersetzen, aber die Verunsicherung abmildern kann.

6.6 Rituale reduzieren negative Gefühle

Warum gibt es keine Gesellschaft, keine Kultur auf der Welt ohne ausgefeilte Toten-Rituale? Warum finden sich überall auf der Welt ausgefeilte Rituale, die Abschiede, Verluste, Schmerz und Krankheit, Rivalität, Konflikte, Tötungen, Kriege begleiten?

Aufwühlende negative Emotionen, die unkontrolliert ausgelebt werden können, sind auf Dauer für jedes Zusammenleben zerstörerisch. Andererseits ist jeder Mensch voller Emotionen und unsere Umwelt voller anfeuernder Stimuli. Der individuelle Kontrollprozess *kann nur durch Rituale befestigt und belohnt werden*. Geht das Toten-Ritual verloren, wird aus einer Trauer-Erfahrung eine ständige Depression;

[24] Dieter Boch; Flurgespräche. In Dirk Gestschmann, Hrsg.; Arbeitswelten von innen betrachtet, Reportagen zur Organisationskultur, Frankfurt/Main 1998, S. 159

gibt es kein Heilungsritual, chronifiziert die Krankheit; wird die Trennung nicht rituell inszeniert, bleiben die Partner unbewusst aneinander gebunden; ohne Beichte, Strafe oder anderes Reinigungs-Ritual leidet der Mensch dauerhaft an seinen Schuldgefühlen. Rituale leisten Hilfestellung sowohl für die Gemeinschaft, die nicht die volle Wucht der triebhaften Handlungen aushalten muss, als auch für das Individuum, dessen Schmerz durch sie erträglich wird.

Auch in unseren Unternehmen gibt es genügend Anlässe für heftige negative Emotionen:

- Ressourcen-Kürzungen,
- Umzüge, Verlust des vertrauten Büros, Verlust des heimatlichen Wohnortes,
- Firmenauflösungen und -zusammenlegungen, Verlust der langjährigen Identität und Zugehörigkeit,
- Machtmissbrauch und Mobbing,
- Verlust des Arbeitsplatzes oder von Privilegien, von Status, von vertrauten Aufgaben, von Kollegen.

Wie bei einem westlichen Totenritual, so sollte auch der „Tod" einer Firma oder der Abschied vom langjährigen Arbeitsplatz durch Rituale gestaltet werden, um einen zügigen und erfolgreichen Neustart zu fördern:

- man organisiert Beistand, man lässt die „Trauernden" möglichst wenig allein,
- man tauscht Erfahrungen mit Personen aus, denen Ähnliches widerfahren ist, man wird getröstet und lernt von Anderen, dass der Schmerz nachlassen wird,
- man erlaubt den Ausdruck starker Gefühle – Weinen ist nicht Tabu,
- man bietet Strategien der Schmerzbewältigung an, auch als eine Art „Beschäftigungstherapie" (man denke an Outplacementberatung und Neupositionierungsseminare)
- man inszeniert den Abschied mit vielen kleinen symbolischen Eigenaktivitäten der „Trauernden". Bei einer Beerdigung werfen sie Erde in das Grab. Wäre es zu gewagt, die Mitarbeitenden nach der Abwicklung ihrer Firma, am Abend vor der Verabschiedungsfeier, alle Unterlagen auswählen zu lassen, die nicht mehr gebraucht werden, und sie damit ein Feuer anzünden zu lassen? Das Ritual gibt uns ein Gefühl der symbolischen Kontrolle. Etwas, das wir kontrollieren können, ist weit weniger bedrohlich als der unkontrollierbare Tod,
- man etabliert eine Totenstätte, die den endgültigen Abschied auf positive Weise symbolisiert – ein Grab oder ein Firmenmuseum,
- man erleichtert den Übergang zum Alltag. Beim Trauermahl darf wieder gelacht, nach dem Trauerjahr darf wieder gefeiert und geheiratet werden. Durch ein Firmenfest, zu dem auch die Familien eingeladen sind, werden die Freundschaften aus dem ehemaligen Arbeitszusammenhang gefestigt und neue Perspektiven und Kontakte entstehen.

Wir haben bisher nicht viel Übung darin, für negative Entwicklungen passende Rituale zu gestalten, und mir sind wenige Beispiele bekannt. Bisher wird in unseren Unternehmen in dramatischen Fällen viel Wert auf anlassbezogen konzipierte, die Vernunft ansprechende Informationsveranstaltungen, -broschüren und -gespräche gelegt. Manager und Managerinnen möchten mit dieser Art Beruhigungspsychologie vor allem sich selbst vor unangenehmen Gefühlen schützen und selbst so schnell und mit so wenig Kontakt zu Betroffenen wie möglich aus der Situation herauskommen. Auch sie sind häufig trostlos und unsicher. Ich rate meinen Klientinnen und Klienten, wenn sie selbst es emotional verkraften können, dazu, ein emotionales Trauerritual mit Abschieds- und Dankesreden und Würdigung des Vergangenen durchzuführen. Dies lindert die Verzweiflung der Mitarbeitenden nachhaltiger als kühle Argumente, lässt die Phase der eigenen Mitarbeit als wertvoll erscheinen, bestärkt das Selbstwertgefühl und eröffnet so wieder positive Perspektiven für die Zukunft. Unsere Bedürfnisse nach Sicherheit, Orientierung, gemeinsamem Lachen und Klagen, nach Symbolen und immer wiederkehrender sozialer Bestätigung müssen wir endlich genauso ernst nehmen wie die Notwendigkeit des rationalen Kalküls.

6.7 Rituale stimulieren positive Gefühle

„Emotional" zu sein – kaum gibt es im Management ein schlimmeres Etikett. Ein Manager hatte sich über Jahre hinweg bis zur Selbstausbeutung engagiert, war täglich in einer anderen Stadt aufgewacht, sein einziges Ziel bestand im Vertriebserfolg seiner Niederlassungsleiter. Er führte mit Leidenschaft und mit stets positiver, begeisterter Rückmeldung sowie Ermutigung und Betonung der Erfolge. Er litt und freute sich mit seinen Vertriebsmanagern, wenn er morgens mit ihnen frühstückte und man sich gegenseitig alle komischen oder erfreulichen Erlebnisse des Vortags ausführlich berichtete. Enttäuschungen, Ablehnungen, Fehler des IT-Supports etc. wurden verarbeitet, indem man immer neue witzige Bezeichnungen dafür erfand, wie man damit umgeht: über das Problem wurde „ein Ei geschlagen", es wurde „in jemandes nassen Keller gelagert", es wurde „der Göttin des Hausherdes geopfert" … Probleme wurden weg-gespöttelt und weg-gelacht. Nun sollte den spektakulär positiven Ergebnissen des Vertriebsleiters mit der Verdreifachung seiner Bonuszahlung Rechnung getragen werden. Weil er den Sinn des Rituals, von dem man ihm berichtet hatte nicht erkannte, und um die Höhe des Bonus zu drücken, warf sein Vorgesetzter ihm vor, er führe mit irritierender Emotionalität und nehme Fehler und Missstände nicht ernst. Der sehr rational denkende, zahlenorientierte Chef hat den Wert des Führungsrituals nicht nur nicht erkannt, sondern machte es zum Vorwurf.

Heute verhindern zu viel Objektivität und Rationalität im Management größere wirtschaftliche Erfolge. Gefühlsgesteuerte Führungskräfte (Führungskräfte, die ihre eigenen positiven Gefühle, wie Lebensfreude, Mitgefühl, Begeisterung ernst nehmen und ausdrücken) sind die besseren Managerinnen und Manager, gerade in der Krise. Die Alexithymie (Unfähigkeit, Gefühle bei sich oder Anderen wahrzunehmen) von Chefinnen und Chefs, die nach den Führungstheorien des vorigen Jahrhunderts rein zahlenorientiert führen, wirkt destruktiv auf die Motivation und damit auf das Wachstum von Unternehmen.

Warum ist positive Stimmung so wichtig?

Als Top Management Coach beschäftigt mich seit Jahren: Was macht die Menschen und die Unternehmen erfolgreich? Was ist das Gemeinsame der erstaunlichen Turnaround-Entwicklungen mancher Companies? Wir erfahren in unseren Gesprächen mit Unternehmerinnen und Unternehmern, Top Managerinnen und Top Managern eine Gesetzmäßigkeit, die bis jetzt noch in keiner Managementtheorie aufgegriffen worden ist. Als Coaches gewinnen wir intime Einblicke in die Wirkungsweise des Führungshandelns, wir nehmen die Eigenarten der Personen an der Spitze der Organisation intensiv wahr, nutzen die empathische Nähe zur Unternehmenskultur ebenso wie die analytische Distanz. Die systematische Auswertung Hunderter von Gesprächen zeigt einen erstaunlichen Zusammenhang: Das Wachstum eines Unternehmens ist direkt abhängig von Erfolgsgefühl und Lebensfreude seiner Führungspersonen.[25]

Wenn eine junge Unternehmerin auf der Betriebsversammlung ihre Gefühle von Dankbarkeit und Rührung über die phänomenale Leistung ihres Verhandlungsteams in Asien nicht verbirgt, dann zeigt sie, dass sie voller Hingabe und Aufmerksamkeit dabei ist. Nur ihr offensichtliches Gefühl vermittelt glaubwürdig ihr Engagement. Wenn der Vorstandsvorsitzende einer Bank eine Fehlentscheidung des Finanzvorstands vor dem Aufsichtsrat mitträgt und sie beide souverän, gelassen, schon beinahe gut gelaunt betonen, sie würden jetzt gemeinsam „in die Lernkurve gehen", dann verleiht ihr Erfolgsgefühl auch allen anderen Flügel. Nur so wird offenbar, dass nicht Angst regiert, nicht Neid oder Aggression. Wenn Manager durch Rituale diese Stimmung vertiefen und fördern, wird der Erfolg zur allgemeinen Ausrichtung. Das ist *die* Triebfeder der Unternehmensentwicklung, das ist *der* Wachstumsimpuls, den ein Unternehmen bekommt, vor allem in einer Zeit, in der die hard facts kaum Motivation hergeben.

Der Münchner Neurowissenschaftler Manfred Spitzer[26] weist nach, dass soziale Feiern und Rituale zu den menschheitsgeschichtlich notwendigen Belohnungen gehören. Nicht nur die Warnung vor negativen, also überlebens-hinderlichen Stimuli, sondern auch die Belohnung und Stabilisierung förderlicher Reize und Verhaltensweisen ist eine lebensnotwendige Funktion gesunder Gehirne. Wir müssen nützliches Verhalten absichern, um unsere Gene weitergeben zu können und als Gattung nicht auszusterben. Gruppenrituale verhindern, dass sich Menschen, die einander zum Überleben brauchen, zum Beispiel Familien, Clans, Nachbarn etc., angreifen und schädigen.

„Beim Menschen (...) zählen soziale Interaktionen zu den wichtigsten belohnenden Stimuli überhaupt. Damit jedoch sind Belohnung, Glück und Freude auch in neurobiologischer Hinsicht aufs engste mit sozialer Gemeinschaft verknüpft. Feiern und Gemeinschaft sind zwei Seiten einer Münze, und diese wiederum lässt sich seit kurzer Zeit neurobiologisch klar dem gehirneigenen Belohnungssystem zuordnen." Feier-Rituale, wie Weihnachten, erzeugen nach Spitzer eine ähnliche positiv-stimu-

---

[25] In zwei Veranstaltungen für Expertinnen und Experten sowie Führungspersonen aus Konzernen und Mittelstand der Dorothee Echter Unternehmensberatung im November 2002 („Die Entdeckung eines neuen Gefühls im Management. Die Lebensfreude.") und Juli 2003 („Leadership, Lebensfreude und Dranbleiben.") sind diese Erkenntnisse diskutiert und bestätigt worden. Dieser Zusammenhang wird in Kapitel 10 näher erläutert.

[26] Manfred Spitzer ist Leiter der Psychiatrischen Universitätsklinik Ulm sowie eines interdisziplinären neurowissenschaftlichen Forschungsteams. Er veröffentlichte die Bücher „Die Sicht der Neurowissenschaften" und „Lernen. Gehirnforschung und die Schule des Lebens"; hier zitiert nach seinem Aufsatz „Bescherung im Kopf" in DIE ZEIT, 23.12.02, S. 27, in dem er das Weihnachtsritual aus neurowissenschaftlicher Sicht analysiert.

lierende Wirkung wie Drogen: „Das gehirneigene Opium (man spricht von endogenen Opioiden) macht dann dort ein angenehmes Gefühl."[27]

6.8 Rituale führen aus Krisen

Die amerikanische Ritualforscherin Janine Roberts hat in jahrelangen Studien nachgewiesen, dass die Genesung von schweren persönlichen Traumata mit Heilungsritualen wesentlich schneller gelingt. Sie hat mir auf dem von meiner Kollegin Rosemarie Welter Enderlin initiierten Ritualekongress[28] 2001 in Zürich eine Erfahrung bestätigt, die auch eine gute Freundin von mir gemacht hat: Ein Heilungs-Ritual ist besonders wirkungsvoll, wenn es die eigene Identität als Gesunde(r) stärkt, d.h., möglichst schnell die „Kranken-Identität" vergessen lässt. Meine Freundin hatte sich geweigert, an Selbsthilfegruppen von Krebskranken teilzunehmen und stattdessen ein komplexes Ritual entwickelt, das es ihr ermöglichte, sich sofort nach der Operation wie eine Gesunde zu fühlen, so zu agieren und von Anderen auch so angesprochen zu werden. Dazu hatte sie einen unvermeidlichen kleinen Kreis von Personen in ihre Krankheit eingeweiht und genaue Anweisungen gegeben, wie darüber zu sprechen sei und wie man sich verhalten sollte, untereinander, und im Beisein Nichtinformierter. Alle anderen Personen wurden von der Information ihrer Krankheit „ausgeschlossen", und konnten sich unbefangen verhalten. Auch die Eingeweihten waren dank genauer Verhaltensvorschriften entlastet von allen peinlichen Fragen und konnten durch striktes Einhalten der Regeln ihren Beitrag zur Genesung leisten. Eine Weile lief das kleine Ritual immer gleich ab, man traf sich und alle redeten in bester Laune gekonnt drumherum. Bis eines Tages das Tabu nicht mehr nötig und die Genesung vollzogen war.

Aus früherer Zeit oder anderen Kulturen kennen wir viele private und öffentliche Heilungs- und Versöhnungsrituale, wie das Genesungsmahl oder die Friedenspfeife. Ihnen gemeinsam ist die lösende und lindernde soziale Kraft, die einen neuen Aufbruch erst ermöglicht. Die Teilnehmer durchleben die Krise noch einmal, indem sie besprechen, wie es ihnen ergangen ist, und indem sie versuchen, die Motive und Gefühle der Anderen zu verstehen. Ähnlich wie im Ritual der Freudschen Psychoanalyse werden durch diese Feierlichkeiten im geschützten, weil rituellen Raum alle Traumata mental – im Gespräch – nochmals reaktiviert und lösen sich dadurch auf.

Das Wissen, wie die individuelle Psyche und wie die Dynamik in Teams bei Krisen und Konflikten wirken, liegt heute vor. Wir könnten Rituale einsetzen, um in unseren Unternehmen Konfliktlösung, Integration und Versöhnung herbeizuführen.

So kann der Schmerz eines Downsizings mit Trennung von vielen Mitarbeitern, oder der Schock einer Fusion mit dem Verlust der Firmen-Identität durch ein bestimmtes rituelles Vorgehen in Meetings gelindert werden. Ein Teil der Besprechung dient dann immer dazu, Dank und Wertschätzung auszudrücken oder sich zu erinnern. Dazu gehören Symbole, wie zum Beispiel ein großes Foto an der Wand oder

---

[27] Manfred Spitzer, ebenda, S. 27

[28] Rituale – Symposium ohne Publikum vom 2. – 6. Juni 1999, Chateau Mercier Sieree/Bösch Institut. Vgl. auch die Website der AFTA, American Family Therapy Academy, www.afta.org

ein Prototyp aus der Produktion der alten Firma. Ich empfehle die Einrichtung eines ständigen Museumsraums mit symbolischen und tatsächlichen, persönlichen und Firmen-Exponaten zur Würdigung der vergangenen, abgeschlossenen Unternehmensperiode.

Abschiedsfeiern sind in allen Kulturen bedeutsame und wirksame Heilungs- und Integrationsrituale. Viele Unternehmen begehen den Fehler, nach beschlossener und kommunizierter Fusion sofort die Auftaktveranstaltungen für die neu entstehende Einheit zu planen. Ein Kick-Off ohne Good-Bye wird aus meiner Erfahrung die Entstehung von etwas Neuem nur verzögern. Das Alte ist nicht abgeschlossen, nicht erledigt, so steht weniger Energie für das Neue zur Verfügung. Wie sollen die Menschen sich auf den Start freuen, wenn sie sich für das, was sie geleistet haben, nicht gewürdigt fühlen? Wenn sie kein Wort des Dankes hören, sondern nur, was ab sofort alles anders und viel besser wird? Das ist wie eine zusätzliche Ohrfeige: Eigentlich habt Ihr alles falsch gemacht, jetzt kommen andere, die es besser können. Die Initiatoren und Organisatoren des Kick-offs mögen Trost und Hoffnung intendieren, vielleicht auch Dank. Diese Botschaften werden jedoch nicht gehört, wenn sie nicht in den Rahmen eines offiziellen und speziellen Rituals gestellt werden. Die Gefühle wollen angesprochen und ausgesprochen sein, nicht der Intellekt. Die Gefühle müssen besänftigt werden, nicht der Verstand.

6.9 Rituale erleichtern Wandel und Übergänge

Die Übergangs-Riten, so genannte rites de passage, sind in der Ritualforschung die am besten erforschten Rituale überhaupt.[29]

Für Rituale, die den Übergang in eine neue biologische oder soziale Lebensphase gestalten, gibt es zahlreiche anthropologischer Belege und Beispiele: Geburt, Eintritt in die Pubertät, Aufnahme in die Gruppe der Erwachsenen, Junggesellen-Periode, Heirat, Zeugung, Schwangerschaft, Geburten eigener Kinder, Trennung von den eigenen Kindern, Menopause, Alter/Rente, Tod. Sie markieren Zeitpunkte, strukturieren Übergangsprozesse, verteilen Rollen, ordnen Zugehörigkeiten, geben jeder Altersperiode Sinn und jedem Menschen im sozialen Verbund eine wechselnde Rolle, mit der er sich identifizieren kann. Sie erleichtern den Abschied von einer Lebensphase und geben Orientierung für die nächste. Bei einer Hochzeit oder einem Initiationsritus[30] wird das Alte zunächst spielerisch und als Karikatur wiederholt, der Abschied zeremoniell besiegelt, zum Beispiel bei der Junggesellenfeier oder am Polterabend, und dann das neue feierlich, spielerisch oder überschwänglich vorweggenommen, zum Beispiel beim symbolischen Kuss, bei der Unterschrift vor Publikum, der Brautentführung, der Hochzeitsnacht, den Flitterwochen. In jedem Element des Rituals sind wiederum starke Gefühle der Beteiligten angesprochen, es

[29] Zum Beispiel: Arnold van Gennep; Rites de Passage, Frankfurt/Main 1999

[30] Ein klassischer rite de passage ist zweigeteilt: Abschieds- und Aufnahmeritus in einem. Ein Mädchen wird zur heiratsfähigen Frau, ein Junge zum Krieger, sie werden rituell von ihrer alten Gruppe verabschiedet und als Mitglied in ihre neue Gruppe aufgenommen. Sie erhalten andere, erweiterte Befugnisse. Das Rollenmodell verändert sich, die anderen Mitglieder des Clans, der Gesellschaft, verändern ihr Verhalten der Person gegenüber von einem Tag auf den anderen.

darf gelacht und geweint werden. Der Übergang zum Alltag am nächsten Morgen ist vielleicht durch einen Kater erschwert, aber von unterschwelligen, anhaltenden Trauer- oder Unsicherheitsgefühlen weitgehend entlastet. Durch Übergangsrituale fällt uns das erwartete neue Verhalten leichter. Jeder weiss Bescheid, ab wann die neuen Regeln gelten und wie sie lauten.

Angesichts der stark wirksamen sozialen Energien, die durch Rituale aktiviert werden, wundert es, dass sie in unseren Unternehmen nicht stärker für die zahlreichen notwendigen individuellen und kollektiven Übergänge genutzt werden. Nicht *mehr* genutzt werden, müßte es vielleicht heißen, denn noch in den Siebzigerjahren kannten die Unternehmen differenzierte und aufwändige Rituale für

- die Einstellung neuer Mitarbeiter,
- Berufungen, Entsendungen und Beförderungen,
- Ausbildungsabschluss, Übernahme der Auszubildenden in ein Anstellungsverhältnis,
- Übernahme einer neuen Verantwortung, Vollmacht oder Gremienfunktion,
- Ausscheiden aus dem Unternehmen.

Heute gibt es weitaus mehr individuelle berufliche Veränderungen, die klassische Berufsbiographie mit ein, zwei oder maximal drei verschiedenen Aufgaben bis zur Pensionierung gehört der Vergangenheit an. Sollte man dennoch jede Veränderung feiern? Umso mehr! Ich war, nach 19 Jahren Managementtägigkeit für deutsche Konzerne, Anfang der Neuzigerjahre erst wenige Wochen Mitglied im Board eines amerikanischen Unternehmens, als ich die Wirkung eines für mich sehr fremden Abschiedsrituals für einen US Kollegen beobachten konnte.

„Einer meiner Kollegen ging nach einigen Jahren in Deutschland wieder nach Amerika zurück, er war bei allen sehr beliebt. Seine Mitarbeiter bereiteten ihm einen großartigen Abschied, an dem auch das gesamte Top Management teilnahm. Man trug T-Shirts mit seinem Vornamen und Sprüchen wie „we love you", „Please don't leave", „You for President" usw. Es wurden viele Reden gehalten und alle waren sehr bewegt, selbst ich mußte Tränen unterdrücken, als man ein melodisch-langsames amerikanisches Abschiedslied sang, obwohl ich ihn doch kaum kannte. Dann kam die Rede des Präsidenten. Ich erstarrte: sichtbar und hörbar w e i n t e er! Instinktiv schaute und hörte ich weg – so tun, als sei nichts. Augenblicklich war meine eigene Rührung verflossen, ich empfand blanke Angst: was ist das für ein Unternehmen! Wenn das einer erfährt, ist der Präsident erledigt und die schöne Karriere des Heimkehrers ruiniert! Hoffentlich merkt es niemand und man kann es irgendwie vertuschen! Da lagen sich auch schon der Präsident und der zu Verabschiedende in den Armen, man hatte beiden große weiße Taschentücher gereicht, einige Umstehende weinten ebenfalls. Das Fest war nun inoffiziell geworden und man griff zum köstlichen Buffet und trank Sekt und Wein. Es wurde viel gelacht, wichtige geschäftliche Dinge wurden nebenbei besprochen, und das Aberwitzige: niemand fand etwas Bemerkenswertes an dem Vorfall, außer mir."[31]

Ein unvergessenes Ritual und ein unvergessener Kollege! Was weiter wirkte, war die Stärkung der herzlichen Verbundenheit untereinander. Der zurückkehrende

[31] Dorothee Echter; Profit Rolls. US-Marketing-Management für Konsumgüter. In Dirk Getschmann, Hrsg., Arbeitswelten von innen betrachtet. Reportagen zur Unternehmenskultur, Frankfurt/Main 1998

Kollege hatte eine schwierige Aufgabe übernommen, konnte sich aber stets seiner Freunde in Deutschland gewiss sein, die ihm jede Information und jede Unterstützung zukommen ließen, die nur möglich war.

Es wird bei jedem neuen Start so viel von den Managerinnen und Managern erwartet, dass alle Ressourcen genutzt werden müssen. Rituale sind für die Seele die Leuchttürme im Meer der Veränderung, Wegmarken im Treibsand der Beliebigkeit. Rituale geben dem Handeln im Alltag Bedeutung. Ich kann nur empfehlen, die alten Feiern und Jubiläen wieder zu beleben oder ganz neu zu gestalten.

6.10 Rituale bestärken Identifikation

Bis in die Mitte des vorigen Jahrhunderts hinein waren auch in den westlichen, industrialisierten Ländern sehr differenzierte und eindeutige Zeichen üblich, wie Kleidungsgebote und -verbote, elaborierte Umgangsformen, Abzeichen und Statussymbole, um Rolle und Status einer Person in der Gesellschaft, in einer sozialen Schicht, in einer Gruppe oder Organisation zu kennzeichnen. Dadurch war sofort zu erkennen, wer dazu gehörte, wer nicht, wie man sich verhalten muss, wie man mit welchen Personen umgehen muss, um im betreffenden sozialen Kontext akzeptiert zu sein. Heute werden diese offensichtlichen Codes wie Schulterabzeichen im Militär, differenzierte Begrüßungsvorschriften, Titelrangfolgen, Orden etc. als einengend oder diskriminierend gewertet. Sie sind durch die vielfältigen interkulturellen Erfahrungen, die jedem durch Reisen, interkulturelle Zusammenarbeit oder zumindest indirekt durch die Medien zugänglich sind, relativiert. Man könnte meinen, Erkennungszeichen und -rituale seien in den westlichen Industrienationen ganz verschwunden. Heute lebten wir in einer Gesellschaft der Gleichen, in der jeder nach Belieben in andere Rollen schlüpfen könne. Dies ist aber nicht der Fall, die Erkennungs- und Zugehörigkeitsrituale haben sich lediglich verändert. Sie sind durch schwieriger zu erkennende Erfolgscodes ersetzt worden. So sind feinere Antennen für das Erkennen der Erfolgreichen nötig: Personen, die ihren Status, ihr Geld oder ihre Bildung oft gerade nicht für alle sichtbar herauskehren. Sie tragen *auch* Jeans. Sie gehen *auch* zu Pop-Konzerten und Fußballspielen. Sie bestehen *nicht* auf der Nennung ihrer Titel. Subtilere Rituale haben die offensichtlichen Kennzeichnungen abgelöst. So dient der Small-Talk beim Kennenlernen zur Identifizierung von Status und Rolle der beteiligten Personen. Dort disqualifizieren sich gerade diejenigen als „Prols" (Jugendslang für Proleten, Angehörige der Arbeiterklasse, der Unterschicht), die ihren Status, Wohlstand oder Bildung offen zur Schau stellen. War der Zugang zur Elite früher eher durch Ge- und Verbote, jedenfalls klare Signale, geregelt, so sichert heute gerade die schwierige Erkennbarkeit der Mitgliedschaft den Ausschluss all derer, die nicht dazugehören.

Natürlich haben sich einige eng definierte soziale Schichten und Gruppen auch offensichtliche Symbole und Codes erhalten. So ist es unter bestimmten Adligen auch heute noch Usus, dass Männer fast ausschließlich karierte Markensocken und handgerollte Einstecktücher tragen, dass man bei Essenseinladungen keine Geschenke mitbringt (ursprünglich, weil man dem Gastgeber versichern wollte, dass dieser nichts mehr nötig hat) und dass das Tafelsilber umgekehrt gedeckt wird (ursprünglich, weil man nicht zu offensichtlich mit dem Familienwappen prahlen wollte).

Die heutigen, meist unausgesprochenen Normen der sozialen oder wirtschaftlichen Oberschicht sind schwierig zu erkennen und zu befolgen. Für mich als Top Management Coach ist es immer wieder eine wichtige und lohnende Aufgabe, die gerade geltenden Erfolgscodes der Wirtschaftseliten zu erforschen und weiterzugeben. Mir geht es darum, fachlich und persönlich begabte Manager zu fördern, die jedoch keine Erfahrung mit den Umgangsformen und Hidden Agenden der Machteliten haben, weil sie etwa nicht in einer entsprechenden Familie sozialisiert wurden. Man kann hier ohne weiteres den von Ann M. Morrison geprägten Begriff der gläsernen Decke gebrauchen[32], die jemand durchbrechen muss, um ganz oben erfolgreich zu sein. Das Top Management ist eine Subkultur für sich, ebenso wie andere homogene Gruppen in einer Gesellschaft. Erfolgreiche Spitzenführungskräfte und Unternehmer unterscheiden sich in ihrem Lebensgefühl, in ihren Erfolgscodes und Rollenmustern, in ihrem Verhalten, in ihren Werten und selbstverständlich in ihren Zugehörigkeitsritualen signifikant vom mittleren Management. Dies wird in Kapitel 9, „Individuelle Erfolgsrituale der Champion's League" noch näher ausgeführt.

Die starke Differenzierung und Verfeinerung, die schnelle Veränderung, die Globalisierung, die Undurchschaubarkeit von sozialen Zugehörigkeitssignalen spiegelt sich selbstverständlich in unseren Unternehmen. Ein Chef ist stolz darauf, selbst das Telefon und den PC zu bedienen, sein Auto zu lenken, oder im Großraumbüro zu sitzen, und damit zur Gruppe der aufgeschlossenen, modernen, flexiblen, New-Economy-nahen Manager zu zählen. Gleichzeitig möchte er jedoch nur in einem Golf-Club Mitglied sein, der höchst exklusiv ist und in dem sich ausschließlich Seinesgleichen oder noch einflussreichere Personen treffen. Nur um dann dort zum Besten zu geben, dass er diesen Club unverschämt teuer und lächerlich elitär findet und dass er seinen Champagner ausschließlich bei Aldi kauft. Er gehört dazu.

Zugehörigkeitssignale und -rituale zu erkennen und die Erfolgscodes kopieren zu können, ist eine Fähigkeit, ohne die heute keine Führungsperson mehr Einfluss gewinnen kann. Wenn wir die Inhaber der absoluten Top Positionen, etwa Vorstände der Dax-30-Unternehmen, betrachten, dann sehen wir, dass die meisten von ihnen in einer Familie aufgewachsen sind, in der sie sich an ebenfalls sehr einflussreichen Vätern und Vorbildern orientieren konnten. Diese Männer erwerben die Zugehörigkeitscodes schon als Kinder und Jugendliche in ihren Familien. Was haben die im wörtlichen Sinn geborenen Chefs den Aufsteigern voraus? Sie verfügen über die Fähigkeit, *selbstverständlich* dazu zu gehören. Sie setzen selbst die Maßstäbe. Man erkennt sich gegenseitig am Anspruchsdenken, am Selbstbewusstsein und an der Souveränität, die den Aufsteigern fehlen, die letztere sich mühsam aneignen müssen. Ein Elite-Trainee aus einer absoluten Oberschichtfamilie: „Privilegien stehen mir einfach zu – und wenn sie mir jemand nicht gewährt, ist er selbst schuld." Das heißt, dass die Elitezugehörigkeit auch dann nicht verloren ginge, wenn diese Person aller äußerlichen Privilegien verlustig ginge. Was natürlich selten geschieht, dank der Qualität einer sich selbst erfüllenden Prophezeiung.[33]

---

[32] Ann M. Morrison et.al; Breaking The Glass Ceiling, New York 1994

[33] Über das Phänomen der sich selbst erfüllenden Prophezeiung siehe die grundlegende Arbeit von Robert Rosenthal und Lenore Jacobson; Pygmalion in The Classroom: Teacher Expectation und Pupils, Intellectual Development, New York 1968

Zugehörigkeit ändert sich für uns heutige Menschen ständig. Nie in der Menschheitsgeschichte war es für eine einzelne Person möglich und erforderlich, so viele verschiedene Rollen zu übernehmen, wie im Global Village der Jahrtausendwende. Eine Managerin kann schon allein im Laufe eines einzigen Tages je nach Situation und Gruppe in Dutzende verschiedener Zugehörigkeitsrollen schlüpfen als Tochter, Schwester, Mutter, interviewte Expertin, Kapitalanlegerin, Alumni der Institution X, Aufsichtsratschefin im Unternehmen Y, Mitarbeiterin des Vorstands im Unternehmen Z, Ausschussmitglied, Stadträtin, Projektleiterin, Politikerin, Ehefrau, Kundin, Elektroingenieurin, Autofahrerin, Firmenangehörige, Vereinsmitglied ... Gerade der schnelle Wechsel macht Rituale nötig, damit wir uns seelisch nicht überlasten. Der Übergang von der Chefin-Rolle zur Mutter-Rolle, von der Firmen- zur Familienzugehörigkeit, ist wesentlich stressfreier zu bewältigen, wenn sie sich ein kleines persönliches Ritual ausdenkt, das immer gleich abläuft und das sie auf die neuen Anforderungen einstimmt. Eine Personaldirektorin mit einem vierjährigen Sohn erzählte mir, dass sie auf dem Nachhauseweg immer mit ihrem Sohn telefoniere, obwohl sie ihn ja kurze Zeit später sehe. Sie telefoniert auch dann mit ihm, wenn sie sich in Dubai oder New York befindet, immer zur gleichen „Sohn-Uhrzeit". Das bringt Berechenbarkeit für beide. Wie segensreich Rituale sind, kann man an diesem Beispiel lernen. Denn ein Nebeneffekt ist für sie, dass sie mit ihrem Sohn und mit ihrer Heimat verbunden bleibt, und sogar weniger unter dem Jetlag leidet, weil „die Seele die richtige Zeit im Gedächtnis behält".

Zugehörigkeitsrituale sind extrem wichtig für Veränderungsprozesse in Unternehmen. Sowohl Angestellte und Teams, als auch das Management, müssen heute oftmals von einem Tag zum anderen mit veränderten Aufgaben, Rollen und organisatorischen Anbindungen fertig werden. Richard Sennett, der einflussreiche amerikanische Soziologe und Vordenker, beschreibt anschaulich die Diskontinuität der individuellen beruflichen Entwicklung.[34] Ganze Organisationen werden mehrmals hintereinander neu „erfunden" (Re-engineering). Es gibt für die Menschen in ihrer Berufsrolle kein Aufbauen auf Vergangenem, jeder muss sich jeden Tag neu beweisen, die gestrigen Verdienste werden abgewertet und vergessen[35], und es ist unmöglich, eine „moralische Identität" im Sinne einer stimmigen persönlichen Geschichte zu entwickeln. Brüche sind Normalität, jeder wechselt in Zukunft ca. zehn Mal seinen Beruf, meint Sennett. Netzwerke statt Hierarchien, Effektivität statt Loyalität, Heimarbeit statt festem Arbeits-Ort, sind für ihn Bedrohungen der persönlichen Identität.

Der rasante Wandel von persönlichen Bindungen und Zuordnungen muss tatsächlich seelisch bewältigt werden. Meist ist keine Zeit da, sich geduldig einander zuzuwenden, Vertrauen langfristig zu entwickeln, miteinander intensive Erfahrungen zu sammeln. Zugehörigkeit und Miteinander einfach von oben herab anzuordnen ist wenig erfolgversprechend. Was hilft, sind Rituale.

---

[34] Richard Sennett, The Corrosion of Character. The Personal Consequences of Work in the New Capitalism. New York, 1998, S. 47

[35] Richard Sennett, ebenda, S. 84

7 Lebensfreude-Rituale und Unternehmenswachstum

7.1 Leistungspotenziale durch positive Emotionalisierung

In den Jahren 2002 und 2003 haben sich engagierte Experten aus dem Management, der Forschung und in der Folge auch aus den Medien[36] verstärkt der Frage zugewandt, welche Art von Motivation für Unternehmen in der Krise angemessen ist, welcher Führungsstil die Unternehmen zurück in die Wachstumszone bringt, welche Führungspersönlichkeiten die besten Ergebnisse erzeugen. In meinen Coachinggesprächen erfahre ich, dass viele in den Unternehmen bisher angewandte Instrumente in diesen Zeiten nicht mehr bezahlt werden können oder in ihrer Wirkung nachlassen: Boni, Gratifikationen und Gehaltssteigerungen; Privilegien wie neueste persönliche IT-Technologie, Einzelzimmer und Dienstwägen; Honorierung von guten Ideen; Incentiveveranstaltungen, Seminare und Coachingprogramme. Die Mitarbeitenden nehmen die Reduzierung dieser Zusatzleistungen des Unternehmens in der Regel sehr negativ wahr, da sie in der Verarbeitung und Diskussion der Hintergründe allein gelassen werden. Man stellt sie in Zusammenhang mit vermeintlich üppigen Top Management Gehältern, Statussymbolen und Abfindungen. Kostenanalysen, Budgetkürzungen, Umorganisationen, Umzüge und Entlassungen sind keine punktuellen Reaktionen, nach denen dann wieder Ruhe einkehrt, sondern Dauerzustand geworden. Sie gehören seit Jahren zum alltäglichen Geschäft. Es ist oft nur noch eine kleine Kernmannschaft vorhanden, die die Prozesse unter hohem persönlichen Einsatz aufrecht erhält, und ich werde gefragt, wie man diese trotz dauernder Überstundenlast, wahrgenommenen Ungerechtigkeiten und ungewissen Erfolgsaussichten überhaupt noch motivieren könne.

Das ist der Moment, in dem die beste Chance darin besteht, die Kraft von positiven Emotionen wieder zu entdecken: die Freude an der Zusammenarbeit im Team, am Kontakt untereinander; die Begeisterung für kleine Erfolge und gut gelöste Probleme; die Leidenschaft für Technik, Produkte und Leistungen. Es ist die Zeit, unseren Anfänger-Geist wieder zu entdecken. Keiner von uns ist mit allen Privilegien in das Berufsleben gestartet, und doch war oftmals gerade der Beginn der Karriere unser größtes Glück. Die ersten Anerkennungen. Die wachsende Sicherheit. Unser Erfolgsgefühl beim ersten großen Auftrag. Die zunehmende Selbstwahrnehmung als Autorität in unserem Arbeitsbereich.

Der Geschäftsführer eines Textilhandelshauses hat nach Jahren der Kaufzurückhaltung der Kundinnen und Kunden, die schwer auf den Gemütern seiner Führungsmannschaft und auf der Bilanz lastete, in einem Strategiemeeting virtuell die Uhren auf null gestellt. Was wäre, wenn wir erst vor einem Jahr unser Geschäft begonnen hätten? Würden wir uns erfolgreich fühlen? Wie würden wir unser Ergebnis bewerten? Was wären unsere besten Fähigkeiten und Talente? Wo würden wir inves-

---

[36] Vgl. Eva Buchhorn im Manager Magazin, 2,2003; Claudia Wöllner in der Wirtschaftswoche, 6, 2003

tieren, was würden wir sofort auflösen, aufgeben? Diese Fragestellungen, die nicht, wie im Re-engineering-Ansatz, schwerpunktmäßig auf Strukturen und Prozesse, sondern auf die Stimmungen der Managerinnen und Manager zielten, wurden in allen folgenden Strategiemeetings zum Ritual. Jeder kleine Erfolg wurde wie der erste gefeiert. Jedem Start wohnt ein Zauber inne, und diesen gilt es, in Ritualen auszudrücken und zu übertragen.

Dabei kommt es auf die Personen an der Spitze der Unternehmen an, von ihrer Authentizität und Glaubwürdigkeit, *von ihrer eigenen Stimmung hängt es ab*, ob sich die Freude am Kontakt, an kleinen Erfolgen, an den Produkten auf alle anderen überträgt.

7.2 Lebensgefühl und Managementerfolg

Top Managerinnen und Top Manager, Unternehmerinnen, Unternehmer und oberste Führungspersonen in Unternehmen stehen unter dauernder Beobachtung, genießen stets die meiste Aufmerksamkeit: Man schaut auf sie, wie sie sich kleiden, bewegen, sprechen, benehmen. Was sie tun und lassen, ist Tagesgespräch. Selbst wenn sie die Kantine mit allen Angestellten teilen, richtet sich das Augenmerk sofort auf sie: Mit wem gehen sie nach der Wirtschaftsausschusssitzung zum Essen? Ist das ein gutes Zeichen? Wie ist die Miene des Gegenübers? Dr. Hubert Burda wurde in Capital vorgestellt als Meister in der Kunst „Management by Tischordnung". Alle können erkennen, wer beliebt ist und als erfolgreich gilt. Führungspersonen stehen immer im Mittelpunkt, unabhängig davon, ob sie das wünschen oder nicht, ob ihnen das bewusst ist oder nicht. Mitarbeiterinnen und Mitarbeiter weichen an den Rand der Treppe aus, wenn die Unternehmerin hinunter geht. Ein neuer Konzeptentwurf wird erstellt, sobald SIE eine kritische Frage stellt. In der Besprechung wird es leise, wenn ER sich räuspert. Was *wirkt,* ist nicht so sehr der Inhalt dessen, was gesagt wird, sondern die *Art und Weise,* wie es gesagt wird. Die Menschen versuchen, die Stimmung und den Modus der Führungspersonen zu erfassen und ihre Tätigkeit daran auszurichten. Ihre Laune ist Tagesgespräch. Man weiss genau, wann die beste Zeit ist, eine ungewöhnliche Idee vorzutragen, und wann man sich am besten nicht blicken lässt.

Die Mitglieder der Teams in den Unternehmen erschrecken sich mitunter über ungewohnte Reaktionen der Leitung und reagieren panisch oder überstürzt. Vorstände berichten mir von ihrer Irritation darüber, dass die Mitglieder ihres Managementteams jedes ihrer Worte auf die Goldwaage legten. Die Mitarbeitenden nehmen *jede* Aussage des Chefs, der Chefin sehr ernst, anstatt sie einmal in Frage zu stellen, zu ignorieren, zu belächeln, im Wissen, dass auch ER manchmal unkonzentriert ist oder Unfug redet, wie alle anderen Menschen auch. Die Managementberaterin Cora Besser-Siegmund nennt dieses Verhaltenmuster der Führungsperson das „Doggenphänomen": Wenn es ihr an Reflexion über ihre Rollenwirkung fehlt. Denn die Dogge ist ein sehr verspielter und äußerst gutmütiger Hund, der nur nicht weiß, wie groß er ist ... Die höchste Aufmerksamkeit, die der Führungsperson entgegengebracht wird, kann die Ursache für Motivation und Wachstum, oder wie in diesem Beispiel, von Fehlern und Resignation im Unternehmen sein.

In den Coachinggesprächen mit meinen Klientinnen und Klienten aus dem Top Management arbeiten wir daran, bewusst zu machen, dass das Umfeld völlig anders auf sie reagiert als zu den Zeiten, als sie noch im mittleren Management tätig waren. Das gleiche Verhalten, das gestern für den Werbeleiter noch entspannt unter Gleichen möglich war: der kleine Plausch, die heitere Ironie, der spontane Ausdruck von momentanem Ärger oder Zweifel, wird von den vielen Beobachtern des heutigen Marketingvorstandes gedeutet und umgedeutet, gedreht und gewendet – ist Ausdruck von Macht, weil die Menschen der Person an der Spitze stets höchste Aufmerksamkeit zollen und jeder Äußerung Intention oder Inszenierung unterstellen.

Öffentlichkeit, Aufmerksamkeit, das induzierte Gefühl der persönlichen Bedeutsamkeit, finden Top Führungspersonen überall. Urlaube werden zu Geschäftsreisen, wenn internationale Partner auf die eigene Yacht oder Finca einladen oder ein Golfturnier mit Kollegen in die freie Woche eingebaut wird. Jederzeit wird höchste Wichtigkeit suggeriert: Durch Einladungen zu Events, Talkshows, durch Glückwunschkarten und Geschenke, durch Vortragsanfragen und Statussymbole. Wertvolle Kunstwerke in den Büros, Dreifachfilter zur Auslese von Besuchern, reservierte Redezeiten bei allen Versammlungen etc. tragen ebenfalls dazu bei, die Rollenidentität als absolut außergewöhnlich, als Souverän der Organisation zu stärken.

7.3 Vorstände brauchen vor allem gute Stimmung

Warum geschieht das? Weil es um Einfluss geht, um die Zukunft der Mitarbeiterinnen und Mitarbeiter, um das Überleben des Unternehmens. Die Leitfiguren mögen heute auch deshalb so genau beobachtet werden, weil wir gerade in der jüngsten Zeit die Erfahrung gemacht haben, wie die Persönlichkeit eines einzelnen Vorstandsvorsitzenden zum Wohl oder Wehe des Unternehmens ausstrahlen kann. Wir haben gesehen, wie Spitzenmanager zu sehr in die Macht verliebt waren, ihre eigene Bedeutung, Kompetenz und Wirkung falsch eingeschätzt und den Überblick verloren haben. Wir sind verunsichert durch die Forderungen nach immer mehr Rollenelastizität, durch die Undurchschaubarkeit des unternehmerischen Handelns, durch den schnellen Wandel und die Komplexität des globalen Umfeldes. Da bringt Personifizierung Sicherheit und Identifizierung, bietet Heimat und Zugehörigkeit, dient dazu, Ärger und Frustrationen äußern zu können: es schimpft sich leichter auf den Vorstand als auf die globalen Märkte. Obwohl die Personen an der Spitze sich oft gar nicht selber dazu anbieten, konstruieren und glauben die Menschen – mit Hilfe intelligenten Brandings der PR-Abteilungen – an markante Charaktereigenschaften ihrer Leitfiguren. So sind Führungspersönlichkeiten in diesen hochkomplexen und anspruchsvollen Managementzeiten die wichtigsten Beobachtungs- und Orientierungspunkte.

Das bedeutet aber auch, dass die Spitzenmanagerinnen und -manager es selbst in der Hand haben, durch begeisterndes Stimmungsmanagement den Umschwung einzuleiten.

Als Michael Schumacher das Ferrari-Team übernahm, glaubte niemand, er könne aus einem chaotischen und arroganten „italienischen Haufen“ ein diszipliniertes

Höchstleistungsteam machen. Sein Führungsstil in der ersten Zeit wird so beschrieben, dass er ausschließlich auf Lob, Anerkennung und gute Stimmung gesetzt hat. Negatives hat er hastig und kurz angesprochen, um dann sofort wieder zu betonen, was gut geklappt hat. In kurzer Zeit verhielten sich auch die Teammitglieder untereinander auf die gleiche Weise. Es dauerte nicht lange, und alle entsprachen den Erwartungen des Chefs, im Sinne der bekannten self fulfilling prophecy[37], und er erreichte die Ziellinie immer öfter vor seinen Konkurrenten. Ähnlich wird der Stil von Jochen Schümann beschrieben, dem Skipper der Yacht Alinghi, während er mit seinem Team zum ersten Mal in der Geschichte des America's Cup diesen für sein Land holte – für ein Land ohne einen einzigen Meter Meeresküste, für die Schweiz.

Von diesen Personen zu lernen, ist das lohnende Ziel für Frauen und Männer an der Spitze unserer Organisationen. Unternehmerinnen und Unternehmer genießen dabei einen Vorteil, sie können stets an erfolgreiche Zeiten anknüpfen, sich erinnern an die begeisterte Stimmung der Gründer- oder Expansionsjahre. Außerdem sind sie in ihren Unternehmen der absolut unumgängliche, unvermeidliche Faktor, denn sie können weder gekündigt noch entmachtet werden. Ihnen gilt immer der antizipierende Gehorsam, denn an ihren Wünschen und Visionen kommt niemand vorbei. Ihr Handlungsfreiraum, ihre Einflusschancen auf Veränderung im Unternehmen sind sehr groß. Unternehmerinnen und Unternehmer stellen sich in meinen Coachinggesprächen oftmals als außerordentlich temperamentvolle, optimistische, begeisternde, visionäre Menschen heraus.[38] Angestellte Managerinnen und Manager dagegen neigen eher zu Resignation, Ermüdung, Langeweile, Überdruss.

7.4 Sehnsucht nach Entdeckungen und Intensität

Denn die andere Seite des Glamours ist, dass die Anspannung hoch ist und schon zu lange dauert. Reisen um die ganze Welt, interessante Menschen im Stundentakt, das Spiel um wirklich große Summen und Projekte, das Leben in Siebenmeilenstiefeln sind nicht mehr aufregend und inspirierend, nur noch erschöpfend. Geld und Status kann den Verlust an Pausen und Lebensfreude nicht mehr ausgleichen. Das Leben scheint vorbeizuziehen, ohne dass man den Frühling riecht, ohne dass eine neue Geschäftsvision die Phantasie beflügelt, ohne dass man mit einem Kollegen über Belangloses plaudert. Dabei wissen wir, dass große, immer gleich intensive Anstrengung über Jahre nicht zu besseren Ergebnissen, nicht zu mehr persönlichem Erfolg führt. Das Leben will *jetzt* gelebt sein, und diese Sehnsucht beobachte ich als Management Coach bei meinen Klientinnen und Klienten heute stärker denn je. Führungspersonen wollen sich wieder unbeschwert fühlen, „absolute beginners" sein, Erfolge und Überraschungen erleben. Sie suchen wieder nach mehr Lebensfreude *in ihrer beruflichen Tätigkeit*, und das ist neu. Es geht nicht um mehr Freizeit, sondern um Integration von Glücksmomenten in das berufliche Leben. Der abenteuerlich-lustvolle, bewusste und gelassene, spielerische Managementalltag wird gesucht. Die Zeiten der Garagenfirmen, Start-ups, des Aufbruchs scheinen lange

[37] Siehe Fußnote 33

[38] Die Kehrseite sei nicht verschwiegen: zu großes Temperament führt zu Sprunghaftigkeit und Disziplinlosigkeit; zu großer Optimismus zur Manie; zu große Begeisterung zum Überrollen anderer; zu große visionäre Kraft zum Realitätsverlust.

vorbei, aber man will das gleiche Prickeln spüren, die Freiheit und das Glück des Augenblicks.

So erzählt mir ein Unternehmer, dass er in London im Stau steht und sich ärgert, als er realisiert, dass sich genau gegenüber die Tate Gallery befindet. Spontan lädt er seinen Fahrer ein anzuhalten und mit ihm das Museum zu besuchen. Er entdeckt, dass die Betrachtung und Diskussion der Bilder mit seinem Fahrer ihm eine ganz neue Perspektive eröffnet und Ideen gibt. Er nimmt sich vor, mit seinen Führungskräften ein Museum zu besuchen. Er verpasst sein Flugzeug, aber freut sich noch tagelang über diese bereichernden Stunden in London. Ein Manager lässt sich bei seinem Friseur zu einer Kopfmassage überreden, genießt diese kleine, wohltuende Dienstleistung. Er schließt die Augen und konzentriert sich auf seinen Kopf. Er spürt, völlig entspannt, wie sich eine Idee für die Finanzierung seines derzeitigen Lieblingsprojektes in seinem Kopf „zusammenbraut". Die Finanzchefin eines Chemieunternehmens, frustriert über mangelnde Möglichkeiten, ihre Karriere in einem anderen Unternehmen fortzusetzen, überrascht ihre Vorstandskollegen mit ihrem Vorschlag, das monatliche Meeting bei schönem Wetter in ein nahes Kloster auf dem Land zu verlegen, Schweigepausen und vegetarisches Essen selbstverständlich eingeplant. Der Einkaufsleiter wählt für seinen Mailandflug – ganz gegen seine Gewohnheit – einen Fensterplatz, weil das Wetter so schön ist. Und er genießt zwischen seiner Lektüre immer wieder einige Minuten, ausgefüllt nur mit Schauen auf Wolken, auf Berge. Er lässt seinen Gedanken freien Lauf und ist danach gestimmt, einen lange schwelenden Konflikt mit einem Kollegen zu klären.

7.5 Glück empfindet, wer sein Glückstalent pflegt

In meinen Coachinggesprächen erfahre ich, und die neuesten Forschungen zum Thema Glück und Lebensfreude bestätigen es, dass weder Geld, noch die Art der Aufgabe, die wir im Beruf erfüllen, noch Gesundheit uns dauerhaft glücklich machen, sondern *die Art und Weise, wie wir unser ganz persönlich verfügbares Glück, das Glück in unseren ganz persönlichen Umständen, in denen wir leben, wahrnehmen, bedenken, fokussieren, aussprechen und würdigen.*

Wir denken, wenn wir nur die richtige Aufgabe haben, wenn wir nur mehr Gestaltungsfreiraum besitzen, wenn wir nur mehr Sicherheit genießen, wenn nur die Konjunktur dreht, dann können wir glücklich sein. Tatsächlich ist es genau umgekehrt. Nicht unsere Situation macht uns glücklich, sondern wir machen unsere Situation zu einer glücklichen. Wenn wir für Lebensfreude besonders talentiert sind, oder unsere Fähigkeiten zur Lebensfreude gut trainiert haben, dann finden wir eher die richtige Aufgabe. Dann setzen wir uns die richtigen, die passenden Ziele. Dann geben wir uns an unsere Aufgabe hin. Dann sind wir glücklich. Glück ist ein Produkt unserer Aufmerksamkeit, unserer Gedanken, nicht von äußeren Umständen.

In seinem Bestseller „Die Glücksformel" fasst Stefan Klein die neuesten Erkenntnisse internationaler Experten zusammen. „Zu einer klugen Lebensführung ist nur fähig, wer seine Emotionen wahrnehmen, steuern und voraussehen kann. Glücksgefühle sind kein Zufall, sondern eine Folge der richtigen Gedanken und Handlungen – in dieser Auffassung stimmen die moderne Neurowissenschaft, die antike Philosophie und der Buddhismus überein ... Unser Augenmerk solle nicht in erster

Linie darauf liegen, die Umstände zu ändern, sondern uns selbst ... Unsere Wahrnehmung von Glück (hängt) weit mehr von der Weise ab, wie unser Gehirn empfindet, als von den äußeren Umständen."[39]

7.6 Lebensfreude im Businessalltag

Wie können Führungspersonen sich selbst so beeinflussen, dass sie ihre Freude im Businessalltag intensivieren?

Die schlechte Nachricht ist: Wir Menschen müssen ständig gegen negative Empfindungen ankämpfen, denn diese sind genetisch dafür prädestiniert, um des Überlebens willen intensiver empfunden zu werden. Schmerzempfindung, Angst, Futter- und Sexualneid, Dominanz und Aggression ... sichern unser Überleben, wenn sie im richtigen Moment unser Verhalten steuern. Die gute Nachricht aber ist: *Gefühle und Empfindungen sind beeinflussbar, sind lernbar und verlernbar.* Denn bewusste Gedanken können Empfindungen, Wahrnehmungen und Gefühle hervorbringen und formen. Dies ist auch die Essenz der Forschungen des Gehirnforschers Vilaynur S. Ramachandran. Er zeigt die Möglichkeit der Neuverdrahtung von Wahrnehmungsgewohnheiten und Gefühlen – zum Beispiel Wohlgefühl – im Gehirn.[40] Nicht durch Operationen oder jahrzehntelange Meditation, sondern durch schrittweise Einübung von neuen Wahrnehmungs- und Denkgewohnheiten, durch Selbstreflexion.

Das Geheimnis ist unsere Aufmerksamkeit.

Worauf Sie Ihre Aufmerksamkeit richten, da wird etwas verstärkt, da beginnt etwas zu wachsen. Wenn es Ihnen also gelingt, sich immer öfter und immer länger mit dem JETZT zu befassen, dem Augenblick positive Aufmerksamkeit zu schenken, bewusst Ihre Umgebung wahrzunehmen: Ihren Körper, Ihren Atem, den Meetingraum, die Temperatur, Ihre Stimme, Stimme und Aussehen Ihrer Gesprächspartner usw. dann verschwinden Sorge und übermäßiges Befassen mit Vergangenem und Zukünftigem. Die wachsende Konzentration auf das JETZT, die dann in Ihrem Leben eine immer größere Zeitspanne einnimmt, ist eine wichtige Technik, die durch regelmäßige Meditation sinnvoll trainiert und gestützt wird.

Glück ist tatsächlich nur in der Gegenwart zu haben!

Aufmerksamkeit heißt, in diesem einen Moment hellwach und bewusst zu sein. Uns intensiv auf das eine zu konzentrieren, was wir gerade jetzt denken, tun, empfinden, bewirken. Unsere Wahrnehmung wie mit einem 10.000-Watt-Scheinwerfer auf uns selbst, unser Umfeld und unsere momentane Aktivität zu lenken. Uns darin völlig zu versenken. Auf die Aktivität unseres Geistes, die Anspannung oder Entspannung unserer Muskeln, unsere Bewegungen, unsere Handlungen, die Gefühle, die wir in uns selbst auslösen, ganz bewusst zu achten.

Wie können wir unsere Denkgewohnheiten, und damit unser Wohlbefinden manipulieren? Was Kinder instinktiv tun, was die großen Weltreligionen schon immer

---

[39] Stefan Klein; Die Glücksformel, Hamburg 2002, S. 87

[40] Vilaynur S. Ramachandran; Die blinde Frau, die sehen kann. Rätselhafte Phänomene unseres Bewusstseins, Reinbeck bei Hamburg, 2001

wussten, was die erfolgreichsten Erfinder und Unternehmer ganz selbstverständlich über alle Widerstände hinaus getragen hat, das hat heute die Wissenschaft nachgewiesen. Unsere Aufmerksamkeit ist reine *Konzentration*. So wie sich in unseren Unternehmen nur dort etwas verändert, wo unsere Aufmerksamkeit hinfließt, so können wir unsere Gedanken steuern und verändern, wenn wir unsere Aufmerksamkeit entsprechend trainieren. Wir alle sind Manager unserer eigenen Aufmerksamkeit. Durch extremes Aufmerksamkeitstraining wie exzessive Meditationsübungen können sogar extreme Ergebnisse erzielt werden. Aber wir wollen keine Jogis oder Shaolin Virtuosinnen werden, sondern Virtuosinnen und Virtuosen im Management, gelassen, frei, mit großer Autorität und außerordentlichem persönlichem Wirkungsgrad, und vor allem, mit Freude. Wir können unsere Freude heute beleben und wachsen lassen.

Die Belohnungen dieser Art Aufmerksamkeit auf das JETZT sind höchst attraktiv: exzellente Urteilsfähigkeit, klare Prioritäten, höchste Präsenz und persönliche Wirkung, Souveränität und Gelassenheit. Das Gefühl guter Kontrolle und kontinuierlichen Fortschritts, Freude an der Arbeit, Lebensfreude.

Wenn letztlich aber nur die Gegenwart gefühlsmäßig formbar ist, wenn nur in der Gegenwart positive Empfindungen im Gehirn verdrahtet werden können, was bedeutet dies für die Managementtätigkeit? Ist es nicht viel einfacher, unsere Aufmerksamkeit in der Freizeit zu entwickeln?

Forscher wie der Ungar Mihalyi Csikszentmihalyi, der sich seit Jahrzehnten an verschiedenen Universitäten dem Phänomen des Glücks widmet, räumt mit diesem Vorurteil auf. *Lebensfreude wird viel häufiger und intensiver bei der Arbeit als in der Freizeit erlebt!* Selbst einfache Fließbandarbeiter erleben während der Arbeit doppelt so häufig Flow als in der Freizeit.[41] Aus unserer Arbeit mit Top Führungskräften, die ja das – äußere – Glück genießen, Tätigkeiten mit vergleichsweise viel Gestaltungsfreiraum zu haben, wissen wir, dass diese sogar *besonders leiden*, wenn es ihnen nicht mehr gelingt, ihre Arbeit mit Freude zu verrichten. Und die Freizeit leidet dann darunter auch.

Csikszentmihalyi zeigt, mit welchen persönlichen Ritualen wir unsere Fähigkeiten trainieren können, unser Denken und Fühlen zu beeinflussen und in unserer beruflichen Tätigkeit möglichst oft Flow zu erleben[42]:

1. Ziele setzen,
2. Sich vertiefen,
3. Aufmerksamkeit auf die Tätigkeit richten,
4. Lernen, sich an der unmittelbaren Erfahrung zu freuen.

7.7 Lebensfreude macht Karriere

Eine andere Frage, die ich in Coachingprozessen mit meinen Klienten bearbeite, ist: Wenn Aufmerksamkeit immer auf das JETZT gerichtet sein soll, wie vereinbaren wir das mit unseren beruflichen Aktivitäten? Wir sind andauernd mit der Vergan-

[41] Mihalyi Csikszentmihalyi; Flow, Das Geheimnis des Glücks, Stuttgart 1998, S. 210
[42] Csikszentmihalyi, ebenda, S. 274 ff

genheit und der Zukunft befasst, in Form von Projekten, Entscheidungen, Controlling Daten, Prognosen, Business Plans, Visionen. Ist damit Lebensfreude ausgeschlossen?

Keineswegs. Die Kunst besteht darin, sich gleichzeitig auf die Aufgabe zu konzentrieren, die in der Vergangenheit oder Zukunft angesiedelt sein mag, und auf sich selbst zu achten. Ich bin die Akteurin und gleichzeitig beobachte ich mich wie im Film. Ich handle, entscheide und gleichzeitig nehme ich wahr, wie ich handle und entscheide. Ich spreche mit einer Klientin und gleichzeitig richte ich meine Aufmerksamkeit darauf, wie ich mich dabei fühle. Ich sitze im Meeting und nehme meine Atmung wahr, die Luft um mich herum. Ich konzentriere mich auf den Wettbewerb und gleichzeitig ist mir bewusst, dass es mir Freude macht.

Wenn ein Geschäftsführer bei einer Verhandlung auf diese Weise ganz bei sich selbst bleibt und gleichzeitig ganz bei seiner Aufgabe und seinen Gesprächspartnern, wächst sowohl die Chance für intensives Glückserleben und die Chance auf Erfolg seiner Verhandlung. Als Hintergrund-Coach in kritischen Verhandlungssituationen erlebe ich sowohl, wie viel Lustpotenzial im Durchsetzen und Ausbalancieren von komplexen Lösungen mit intellektuell anspruchsvollen Partnern steckt, als auch die Verhandlungsvorteile, die sich mein Klient verschafft, wenn es ihm gelingt, in ruhiger Konzentration und höchster Aufmerksamkeit für den Moment zu bleiben. Er bewegt sich dann mental simultan auf verschiedenen Ebenen:

- auf der Ebene des Verhandlungsgegenstandes und der Argumente,
- auf der Landkarte des Verhandlungs-Gegenübers (seine Abhängigkeiten, seine Stärken und Schwächen, sein Auftrag, seine Denkweise),
- auf seiner eigenen Landkarte,
- auf der Ebene der emotionalen Dynamik, die sich zwischen den Beteiligten entwickelt.

Und er bleibt ruhig und distanziert. Er ist nicht in der Gefahr, auf Grund seiner eigenen, ihm unbewussten Emotionalität ein falsches Signal zu geben, ein falsches Stichwort aufzugreifen. Als Coach erfahre ich, dass ein Manager, eine Managerin dann die eigenen Chancen bei Verhandlungen nicht realisieren kann, wenn er/sie sich nicht ganz im Klaren ist über die eigene emotionale Verstrickung. Erfolg kommt nur durch innere Klarheit und positive Gestimmtheit.

Stellen Sie sich den Europa-Finanzchef eines US Konzerns vor, Herrn Kellermann, in seinem Gespräch mit dem amerikanischen CFO, Mr. Grieve (der die Konzernfinanzen in USA verantwortet). Letzterer will den Investoren der Wallstreet bei einem kurzfristig durch die neue Chefin des Investor Relations Teams anberaumten Analysten-Lunch mit aktuellen Zahlen verdeutlichen, wie erfolgreich die Personalkosten in Europa gerade gesenkt werden. Herr Kellermann muss die Zahlen aber zunächst mit seinem Europa-Board abstimmen und vorab auch noch den Europa- und den Länder-Betriebsräten präsentieren, die dies sonst als Vertrauensbruch werten würden. Rein sachlich gesehen eine Situation ohne Ausweg – von denen es im Top Management tagtäglich viele gibt.

Herr Kellermann beginnt sich zu ärgern: „immer wieder dieser Mr. Grieve, er müsste mittlerweile wissen, dass das in Europa einfach so nicht geht. Weil er selbst so schwach ist, gibt er den Druck an uns weiter. Er könnte auch gleich Phantasiezahlen an seine Investoren rausgeben ..." Immer wenn er „drauf und dran ist sich zu ärgern", legt er zunächst gewohnheitsmäßig eine kurze Pause ein – zwei Minuten. Sein persönliches Ritual. Er hat gelernt, sich in solchen Situationen gezielt zu entspannen – Atmung und Gesichtsmuskulatur zeigen das deutlich. Er holt eine Postkarte mit der Fotografie einer Rose aus der Schublade und folgt den Anweisungen, die er auf der Rückseite notiert hat – seine persönlichen positiven „Souveränitäts-Anker" für Situationen wie diese:

- Laut lesen: das Zen-Gedicht …

  Spring has its hundred flowers
  Autumn its many moons.
  Summer has cool winds,
  Winter its snow.
  If useless thoughts do not
  Cloud your mind,
  Each day is the best of your life.
  (von Wu-Men-Hui-Kai, 1183–1260)
- 3 x folgende Atemübung machen:
  7 Sekunden lang einatmen, 7 Sekunden die Luft anhalten,
  7 Sekunden lang ausatmen, 7 Sekunden die Luft anhalten.
- Zitieren:
  Geht es um Leben und Tod? – Nein
  Geht es um Deine und die Sicherheit Deiner Familie? – Nein
  Geht es um Krieg und Frieden? – Nein
  Geht es um meinen beruflichen Erfolg oder Mißerfolg? – Nein
  Um was geht es?
- Die Frage beantworten, um was es geht.
- Veranlassen, was nötig und möglich ist.
- Jemandem für Hilfe und Unterstützung danken.
- Planen, wie ich mich selbst belohnen möchte.

7.8 Flow-Erleben: Das Ideal von Arbeitsfreude

Manchmal gelingen Aufmerksamkeit und Konzentration vollkommen mühelos, ganz ohne bewusste Anstrengung. Wenn man sich ganz und gar *in eine Aufgabe versenkt*, scheinbar *gar nichts mehr* in sich und um sich herum wahrnimmt. Dann geschieht es von selbst, was von meinen Klienten als göttlicher Funke beschrieben wird. Der ungarische Glücksforscher Mihalyi Csikszentmihalyi bezeichnet es so: „Jemand, der sich (in dieser Intensität) auf eine Tätigkeit konzentriert … erfährt ein Paradox: Er fühlt sich nicht mehr als eigenständiges Individuum, doch sein Selbst wird stärker."[43] Laienhaft ausgedrückt, schwingt hier unser Nerven- und Gehirn-System in eine positive Selbststeuerung hinein. Alle Anstrengung verschwindet, die neuen Verdrahtungen im Gehirn entstehen von selbst, ohne die Mühe der Aufmerksamkeit.

---

[43] Csikszentmihalyi, ebenda, S. 278

Wir sehen es, wenn Kinder spielen oder Künstler arbeiten. Wir spüren es, wenn wir einen Text schreiben und die Stunden im Fluge vergehen. Wenn wir von einer Arbeit aufstehen und uns lebendig und erfrischt fühlen. Wenn Versenkung mühelos gelingt, wie bei einem sportlichen oder spielerischen Wettkampf.

Csikszentmihalyi forscht seit Jahrzehnten über das Phänomen Glück. Er ist für uns von besonderer Bedeutung, weil er das Glück in der Arbeit gesucht und gefunden hat. Von ihm stammt die Beschreibung des „Flow"-Phänomens: „Diese Phasen des Ringens um die Bewältigung einer Herausforderung werden allgemein als die erfreulichsten Momente des Lebens betrachtet."[44] „Ringen" bedeutet hier: Die Aufgabe muss im so genannten Flow-Kanal liegen, zwischen Angst und Langeweile.[45] Sie muss zu bewältigen sein, also darf sie keine Angst erzeugen. Sie muss eine Herausforderung darstellen, also darf sie nicht zu langweilig sein. Weitere Bedingung für Flow-Erleben ist das subjektive Gefühl der Selbststeuerung. Glücksmomente des Vertrauens tauchen auf: das Vertrauen in unsere einzigartige Brillanz, unsere individuelle Genialität; wir empfinden Geborgenheit und Zugehörigkeit, jenseits von Vergleich, Leistung und Kontrolle.

7.9 Das Aufmerksamkeits-Ritual für Manager

Flow ist nicht etwas, das man „hat" oder „nicht hat". Es ist kein Patentrezept, sondern ein individueller Lernprozess, in dem durch Selbstwahrnehmung, Experimentieren und Üben zunehmend mehr Vertrauen und mehr Glücksgefühle erreicht werden können. Manche Menschen lernen, diese unbezahlbare Ressource wirksam zu nutzen, andere verschwenden sie. Das Kennzeichen eines Menschen mit Kontrolle über sein Bewusstsein ist seine Fähigkeit, Aufmerksamkeit willentlich auf etwas zu richten, sich nicht ablenken zu lassen, und sich so lange zu konzentrieren, bis eine Aufgabe erledigt ist und nicht länger. Jemand, der dies vermag, genießt gewöhnlich seinen normalen Tagesablauf. Und hier geht es nicht um Freizeit.

Um diese kostenlose, dauerhaft befriedigende Möglichkeit der Lebensfreude in ihrer Aufgabe möglichst oft genießen zu können, empfehle ich meinen Klientinnen und Klienten:

- Ihre Aufmerksamkeit und wache Wahrnehmung für ihre eigenen Gedanken und Gefühle immer weiter zu entwickeln.
- Ihre Wertschätzung und Konzentration stets auf den jetzigen Moment, die jetzige Situation zu richten.
- Ihre Fähigkeit zur Versenkung in eine Aufgabe zu erkennen und zu pflegen.

Das ideale und wirksamste Aufmerksamkeitsritual ist die tägliche Meditation.

Eine Unternehmerin berichtet, dass, seit sie täglich zweimal 20 Minuten schweigend auf einem Bänkchen vor der Wand sitzt und sich auf ihre Atmung konzentriert, sie ihre Nervosität und Zukunftsangst verloren hat. Sie wirkt ruhiger, konzentrierter und entschiedener. Sie sagt von sich, dass sie ihr Leben seither intensiver genießen kann und viel besser schläft. Ihre Mitarbeiterinnen und Mitarbeiter sind durch die

[44] Csikszentmihalyi, ebenda, S. 19
[45] Csikszentmihalyi, ebenda, S. 107

intensive Aufmerksamkeit, die wie Langsamkeit aussieht, durch den besseren Überblick und die neue Gelassenheit ihrer Chefin zunächst verwirrt, aber dann tritt der unvermeidliche Effekt der Stimmungsübertragung ein, sie werden ruhiger, mutiger und sicherer. Ein messbarer Effekt ist, dass man weniger Überstunden macht und mehr leistet, im Innen- wie im Außendienst.

Zur Meditation braucht man zunächst die Akzeptanz dieser für westliche Gemüter mitunter sehr fremden „Nicht-Tätigkeit", und man braucht eine gute Anleitung. Als Ersatz können regelmäßige Entspannungstechniken dienen, kontemplative Zeiten, die damit verbracht werden, mit Ruhe und Langsamkeit und äußerster Bewusstheit im Hier und Jetzt – ohne Ambition – zu laufen, auf einem Instrument zu spielen, zu malen, zu gärtnern, oder auch einfach „herumzuhängen" und zu „trödeln". Aktive Hobbies wie Leistungssport, Wettkämpfe, Sprachen lernen, Reisen, Schach spielen oder das Konsumieren von Musik, Büchern und Fernsehen etc. beschäftigen den Geist dagegen sehr zielgerichtet oder impulsreich, und oftmals mit hoher Affinität zur beruflichen Tätigkeit. Dagegen ist zwar nichts einzuwenden, es dient aber nicht vorrangig dem Zweck des Aufmerksamkeitstrainings.

Ein weitgehend noch unbekanntes, aber hochwirksames individuelles Ritual zum Aufmerksamkeitstraining ist das Schreiben von „Morgenseiten". Julia Cameron empfiehlt in ihrem Buch „Der Weg des Künstlers" [46] diese einfache Technik: Sofort nach dem Aufwachen schreiben Sie drei Seiten voll. Alles, was Ihnen in den Sinn kommt, ohne Bewertung. Nichts Wichtiges, nichts Logisches, keine Geschichte, das Wichtigste ist, dass Sie ununterbrochen schreiben, ohne die kleinste Pause. Delegieren Sie das Schreiben einfach an Ihre Schreibhand. Manchmal stehen da Sätze wie: „... jetzt fällt mir nichts mehr ein außer der Telefonliste für heute: Herrn Juhner, Herrn Dr. Dieb und Frau Rericht anrufen ... ich muss daran denken, ein Geschenk für Melanie zu besorgen. Schreiben ist langweilig. Ich schreibe und schreibe und schreibe und jetzt kommt mir der blöde Gedanke ..." Was geschieht? Es ist eine ähnliche Technik wie die Meditation. Sie machen sich Ihre inneren Empfindungen und Gedanken bewusst, Sie begleiten Ihre Gefühls- und Gehirntätigkeit simultan als Beobachter. Wenn Sie diese Übung konsequent vier Wochen lang machen, garantiere ich Ihnen, dass sich Ihre Wahrnehmung deutlich verändert: die Wahrnehmung von sich selbst, Ihrer Umgebung, von anderen Menschen. Sie werden aufmerksamer, Ihnen fällt das Alltägliche auf, das Sie niemals vorher bemerkten. Sie fangen an, Ihr Verhalten zu verändern, mehr Möglichkeiten des Denkens, Verhaltens, Entscheidens zu entdecken. Sie verändern vielleicht Ihre Gewohnheiten. Sie nehmen vielleicht Ihre „Lieblingsfeinde" plötzlich ganz anders wahr. Sie lachen mehr. Sie verstehen sich selbst besser. Sie erleben Dinge bewusster und sind insgesamt gelassener.

Ein gemeinsames Ritual zum Aufmerksamkeitstraining kann sein, ein Meeting nach einer Stunde für drei Minuten zu unterbrechen und jeden notieren zu lassen:

1. Wie erlebe ich unser Meeting jetzt gerade?
2. Was finde ich großartig?
3. Was hätte ich gern anders?

---

[46] Julia Cameron; Der Weg des Künstlers. Ein spiritueller Pfad zur Aktivierung unserer Kreativität, München 2000

4. Was möchte ich davon nach der Pause ansprechen?
5. Was möchte ich nach der Pause anders machen?

Auch ohne dass darüber gesprochen wird, wird sich die Stimmung der Teilnehmenden verändern, und damit der Verlauf des Meetings. Man wird aufmerksamer und ruhiger.

Wenn Sie als Top Manager dieses Training konsequent durchführen, dürfen Sie sich darauf freuen, dass Sie sich selbst immer besser kennen lernen, Ihrem Erfolg leichter vertrauen werden, Ihre Lebendigkeit und Energie spüren und genießen, Ihre Intuition trainieren und so soft signals schneller und klarer erkennen und berücksichtigen können. Ihre Urteilsfähigkeit wird sich verbessern, Ihre Ausstrahlung wird präsenter, Ihre Mitmenschen werden beflügelt.

Das ist die Methode der Weltmeisterinnen und Weltmeister im Management.

7.10 Lebenskunst als Wachstumsimpuls

Wilhelm Schmid, Philosoph, Dozent und Autor in Berlin, bezeichnet in seinem Buch „Schönes Leben – Einführung in die Lebenskunst“ die autonome Lebensführung als ultimative Lebenskunst.[47] „Fern davon, ‚leicht‘ zu sein, ist die Lebenskunst die Arbeit an der eigenen Autonomie, auch die Hilfestellung hierzu für Andere. Dass Lebenskunst von manchen leichthin für ‚etwas Oberflächliches‘ gehalten wird, ist auf den Umstand zurückzuführen, dass sie in moderner Zeit kein Gegenstand ernsthafter Reflexion mehr war.“ Lebenskunst hat essentiell mit der Frage zu tun, ob das Leben, das wir leben, „unser eigenes“ ist, wo wir doch von so vielen Faktoren abhängig leben, wir uns doch gerade im Berufsleben so ausgeliefert fühlen.

Lassen Sie mich Ihnen eine Lebenskünstlerin im Management beschreiben. Sie zeichnet sich dadurch aus, dass sie gerade in ihrem Beruf ein erfülltes Leben führt. Sie ist gründlicher als andere, da sie ihre Arbeit und ihr Leben zu reflektieren sucht. Sie ist weitblickender als andere, da sie den Horizont der Vielfalt gemachter und möglicher Erfahrungen sieht, sie ist leidenschaftlich und abgeklärt zugleich. Sie ist voller Anfänger-Geist, neugierig genug, um immer wieder spannende, ungewisse Erfahrungen zu riskieren; eine, die sich ständig auf dem Lernpfad befindet. So steht sie mitten im Leben und ebenso weit außerhalb, um die Dinge und sich selbst von außen zu sehen. Scheitern, Fehler, Schicksalsschläge erleidet sie wie alle anderen auch, mit Schmerzen und Selbstzweifeln. Jedoch führt sie ihre Grundeinstellung schneller wieder zu Gelassenheit zurück. Sie lernt.

Natürlich empfiehlt es sich nicht, von Lebenskunst im Beruf mit allzu viel Pathos zu sprechen. Denn zum einen ist sie nicht das, was wir je sicher besitzen werden, sondern das, was uns häufig fehlt und das wir immer wieder suchen und entdecken müssen; zum andern zeigt sich Lebenskunst eher im Kleinen, im Alltag. Etwa daran, wie wir eine kleine Kränkung verarbeiten, einen kleinen Fehler, oder daran, wie wir eine kleine Freude genießen: ohne Schmerzen die Treppe hinauf zu eilen, eine

[47] Wilhelm Schmid; Schönes Leben? Einführung in die Lebenskunst, Frankfurt am Main, 2000, S. 7

heiße Tasse Tee, einen interessanten Gedanken. Als Managerin, als Manager dies zu lernen ist ein dauernder Prozess.

Dieses Lernen ist nicht delegierbar.

Eine völlig neue Haltung des Managements ist gefragt: des Staunens und Entdeckens, des Lernens von Anderen. Jahrzehnte haben Manager nur lernen lassen. Die aufregendste Entwicklung der letzten Jahre ist die Erkenntnis, dass sich heute grundlegende Veränderungen zu mehr Wachstum in Unternehmen nur realisieren lassen, wenn die Frauen, die Männer an der Spitze bereit sind, sich überraschen und inspirieren zu lassen.

James Rogers, CEO und Chairman der Cinergy Corporation, einem der zu seiner Zeit führenden und äußerst erfolgreichen amerikanischen Stromlieferanten: „Dies bedeutet, dass sich nicht nur unser Unternehmen verändern, sondern auch wir Manager uns persönlich neu erfinden müssen. In diesem neuen Umfeld als Führungspersönlichkeit Erfolg zu haben, das ist die Veränderung, auf die ich mich freue. Ich müsste lügen, wenn ich behaupten würde, dass nicht auch ein Anflug von Angst dabei ist, aber die Aufregung überwiegt bei weitem."[48]

Bei Themen wie Culture Change, Unternehmensfusionen, Expansion in neue Regionen der Welt nutzt die exzellente Führungsperson heute in erster Linie ihre eigene Emotion und Intuition, begeisternde Wirkung auf Menschen, die der eigenen Aufmerksamkeit und Lebensfreude entspringen.

7.11 Die Bedeutung von Geld

Im Zusammenhang mit dem Thema Lebensfreude ist sehr häufig von Geld und Luxus die Rede. Ein CEO wird beneidet, weil er regelmäßig für seine Weihnachtseinkäufe mit der Concorde nach New York fliegt. Materielle Fülle und Sicherheit werden als Voraussetzung für gesteigerte Lebenslust angesehen. Aus vielen Coaching-Prozessen mit sehr wohlhabenden Menschen weiß ich jedoch, was auch die Forschung bestätigt: Geld ist ein Medium, eine Projektionsfläche, es macht weder glücklich noch unglücklich. Es kann Lebensfreude steigern oder mindern oder sich neutral auswirken.[49] Sicher ist, dass die Kompensation von Gefühlen durch Materielles krank machen kann. Andrew Carnegie ist Anfang des zwanzigsten Jahrhunderts einer der reichsten Männer Amerikas. Er predigt in seinem Buch (erschienen als Schriftensammlung in Zürich im Jahr 2000: „Die Wahrheit über Reichtum und Geld") nur eines: Großzügigkeit und Spendenfreudigkeit als Mittel zum Glücklichsein.

Viel mehr Geld als gerade jetzt zu haben, macht laut neuesten Forschungsergebnissen nur glücklich, wenn es plötzlich, von einem Moment zum andern, geschieht. Und wie jede materielle Verbesserung im Leben, verblasst dieser Lebensfreude-Effekt schneller als vorher erhofft. Vorfreude ist auch hier intensiver als Nachfreude ... „Das Alte Testament beschreibt die Leere, die König Kohelet empfand, nachdem er so viel Besitz und Genüsse erreicht hatte, dass er alle seine Vorgänger übertraf: ‚Doch dann

---

[48] Zitiert nach focus, hrsg. Egon Zehnder International, 01/2001, S. 30

[49] Studie „The Quality of American Life", zitiert nach Csikszentmihalyi, a.a.O., S. 69

dachte ich nach über alle meine Taten, und über den Besitz, für den ich mich bei diesem Tun angestrengt hatte. Das Ergebnis: Das ist alles Windhauch und Luftgespinst … Da verdross mich das Leben'".[50] Die andere Richtung schlägt Hans im Glück ein, der nach jedem Tausch, nach jeder Neuerwerbung eigentlich wieder die Entlastung sucht, und schließlich vergnügt ohne allen Besitz dasteht.

Geld ist eine äußerst subjektive Kategorie. Als ich in den Neunzigerjahren Seminare und Vorträge zum Thema Geld gehalten habe, fragte ich die Teilnehmenden: Was ist für Sie *persönlich* viel Geld? Die Antworten lagen zwischen einem und 10 Milliarden Dollar. Wenn ich als Coach erforsche, was Geld für Unternehmerinnen und Unternehmer, Top Managerinnen und Manager bedeutet, erhalte ich vielfältige Antworten: Macht, Zeit, geronnene Lebenszeit, Bildung, Freiheit, Status, Sicherheit, Konsumgenuss, Privilegien, Liebe, Tausch, Sünde, Schuld, das Böse, Luxus, Zugehörigkeit, Gesundheit, Chancen, Geben und Nehmen, Spiel, Risiko, Spaß, Erotik, Ästhetik, der Atem der Wirtschaft, notwendiges Übel … Das sind die häufigsten Antworten. Für den Schweizer Geldexperten und Berater Peter König, der u.a. Konferenzen und Seminare zu Geld- und Geschäftspartnerschaften anbietet und von dem ich viel über die Magie und Wirklichkeit des Geldes lernen konnte, ist Geld reine Psychologie, ein Spiegel der Persönlichkeit.[51] Um das persönliche Einkommen und Vermögen für die eigene Lebensfreude zu nutzen, empfiehlt er, das Geld im eigenen Besitz dankbar zu würdigen, positiv zu bewerten, großzügig davon abzugeben und jede freiwillige Ausgabe bewusst zu genießen.

Mitglieder des Top Managements verfügen – verglichen mit dem Rest der Bevölkerung – objektiv über besonders große finanzielle Ressourcen. Obwohl der Vergleich sie nicht glücklich macht, schauen sie doch häufiger auf die wenigen sehr vermögenden Inhaber und Erben von Unternehmen und Beteiligungen statt auf Personen mit weit weniger Vermögen. Sie reduzieren damit ihren Genuss des vorhandenen Luxus.[52] Lebensfreude-Training hat aber mit gedanklicher Disziplin zu tun. Jedes Privileg sollte bewusst ausgekostet werden: Das Wohnen in einer guten Nachbarschaft, die exklusive Schule für die Kinder, der hohe Standard des alltäglichen Lebens, Urlaube in den schönsten Regionen der Welt, beste medizinische Versorgung; dienstliche Privilegien wie den eigenen Aufzug in den zwanzigsten Stock, ein persönlicher Fahrer etc. Ich habe Vorstandsvorsitzende großer Konzerne erlebt, deren Privilegien traurigerweise erst in dem Moment wirklich in ihr Bewusstsein vorgedrungen waren, als sie sie schon fast verloren hatten. Als sie alt wurden, in Rente gingen und nun anderen davon vorschwärmen konnten: die Einladung zum Heli-Skiing durch den Präsidenten – in der Smoker's Lounge im Grand Hyatt in Hongkong mit Namen begrüßt zu werden – der Logenplatz in Wimbledon …

7.12 Genuss- und Privilegien-Rituale

Empfehlenswert ist es daher, von „Mehr-Geld-Ritualen" zu „Intensiver-Genießen-Ritualen" zu gelangen, durch die höchste Aufmerksamkeit für den JETZT-Moment,

---

[50] Stefan Klein, a.a.O., S. 135

[51] Peter König, Money as Mirror: Projections Upon an Empty Slate, in World Business Academy Perspectives Vol. 8. NO. 2. 1994, Berrett-Koehler Publishers

[52] Vgl. auch Paul Watzlawick, Anleitung zum Unglücklichsein, München 1983

unsere reichen Ressourcen und Privilegien. Denn Führungspersonen an der Spitze der Organisationen

- sind vitale, stabile und selbstbewußte Persönlichkeiten.
- Sie werden stets ernst genommen und ihnen wird zugehört.
- Sie werden verwöhnt und umsorgt, alles wird so aufbereitet, dass *sie* Zeit und Mühe sparen.
- Sie haben große Einflußchancen auf die Menschen, auf das Umfeld, auf die wirtschaftliche Zukunft des Unternehmens.
- Sie haben sehr große private Einkommen und können sich einen hohen Lebensstandard leisten, Luxus und Lebensfreude in vollen Zügen genießen.
- Sie haben die hochrangigsten Kontakte, treffen die interessantesten Zeitgenossen, nehmen an aufregenden Veranstaltungen teil.
- Sie sind eingebunden in die community of Top Executives mit allen Informationen, Lernchancen und Privilegien.
- Sie können große Träume und Visionen realisieren.

Auf diese Weise ökonomisch und narzisstisch gut genährt, stehen ihnen alle Möglichkeiten der Lebensfreude offen. Seelisch gesunde Chefinnen und Chefs genießen ihr Leben und pflegen ihre Gefühle von Dankbarkeit und Großzügigkeit. Sie geben von ihrem Geld und Know how an andere ab: Sie sponsern Künstler, spenden für Benachteiligte, fördern interessante Projekte, übernehmen die Mentorenrolle für jüngere Managementtalente.

Um die eigene Begeisterung und Lebensfreude in Wachstumsimpulse für das Unternehmen zu verwandeln, sollte jedes Tätig-Sein, jede Minute Zeit und jeder verdiente Euro die Spitzenführungskraft innerlich zufrieden machen. Kein Top Manager sollte davon träumen müssen, mit seinem Gärtner die Rollen zu tauschen: damit er im Sommer die Rosen in seinem Garten riechen, mit dem Hund spielen, auf der Terasse sitzen, die warme Erde in seinen Händen fühlen und an einem normalen Dienstag Mittag mit seiner Frau zusammen ein kühles Glas Limonade trinken könnte. Und in Wirklichkeit nur seine Termine kennen, zu beschäftigt sein, um es sich gut gehen zu lassen; zu skrupulös, um zu genießen; zu sparsam, das verdiente Geld auszugeben; zu ungeschickt, seine Optionen auszunutzen.

Lebensfreude ist das Elixier, das Unternehmerinnen und Unternehmer, das Spitzenführungskräfte täglich genießen müssen, aus vernünftiger Verantwortung für sich selbst und für das Unternehmenswachstum. Ihre gute Laune und ihr Optimismus übertragen sich auf die Mitarbeitenden und Teams. Ihre Kreativität und Frische kommt jeden Tag der Führungsarbeit, den Entscheidungen und Verhandlungen zugute.[53]

Mit sinnvollen Routinen und Ritualen kann die Führungsperson ihre finanziellen Ressourcen und Statusprivilegien noch besser nutzen und genießen:

- nicht nur im Flughafenhotel der fernen Stadt die Verhandlung führen, sondern jeweils eine Sehenswürdigkeit dort besuchen oder am Flussufer spazieren gehen – die Sekretärin macht den Zeitplan,

[53] Dies war das Ergebnis zweier Diskussions- und Seminar-Veranstaltungen für Führungspersonen aus Konzernen und Mittelstand der Dorothee Echter Unternehmensberatung. November 2002: „Die Entdeckung eines neuen Gefühls im Management. Die Lebensfreude." Juli 2003: „Leadership, Lebensfreude und Dranbleiben.", beide in München.

- das Restaurant für das Business Diner nicht nur nach Lage und Preis, sondern auch nach der persönlichen Vorliebe für ein Ambiente und eine bestimmte Küche wählen lassen,
- bei Konferenzen und Seminaren im Hotel jeden Tag eine Stunde für eine – vorab gebuchte – persönliche Wellness Aktivität nutzen,
- attraktive Einladungen mit halb-privatem Charakter unbedingt annehmen – eine Business Aktivität dafür streichen,
- jeden Monat die eigene Position im Unternehmen und die eigene Bekanntheit dafür nutzen, einer interessanten Persönlichkeit zu begegnen,
- die Sekretärin bitten, täglich frische Früchte und Blumen bereitzustellen sowie ein schönes Gedicht in die Tagesmappe zu legen,
- das Privileg des Fahrens mit Chauffeur nicht nutzen, um zu telefonieren, sondern die Landschaft anzuschauen und die Lieblings-CD zu hören,
- trostlose Hungerstiller wie Flugzeug-Snacks kategorisch ablehnen – Sie können es sich leisten, für erwählte Genüsse zu sorgen, notfalls eine Dose Kaviar mitzunehmen ...

Nur wenn Sie gut für sich selbst sorgen, sind Sie mental fit und können Entscheidungen von hoher Qualität treffen. Plagt Sie das schlechte Gewissen, weil es so vielen Menschen so viel schlechter geht? Ihnen wie auch den Armen in der Welt ist am besten gedient, wenn Sie Ihre Privilegien in vollen Zügen genießen und gleichzeitig gut gelaunt und äußerst großzügig von Ihrem Geld spenden. Niemand profitiert, wenn Sie Ihre persönlichen Chancen auf Genuss und Wohlbefinden ungenutzt vorbeiziehen lassen.

Die größten Privilegien erhält man jedoch weder für Geld noch für erbrachte Leistungen, sie sind ebenso unverdiente wie vergängliche Geschenke. Und sie stehen uns allen einfach zur Verfügung. Ein Sonnentag, ein Kunstwerk, ein gutes Gespräch, ein bequemer Stuhl, eine heiße Tasse Tee, das Gefühl, gesund und leistungsfähig zu sein. Die schönsten Privilegien entstehen allein durch unsere Fähigkeit zu genießen. Wenn wir sie auf diese Weise wahrnehmen, bereichern sie unser Leben und stimulieren Dankbarkeit und Großzügigkeit.

7.13 Rituale des Dranbleibens

Gelassenheit und Distanz zur eigenen Aufgabe ist die Voraussetzung für Lebensfreude, Kreativität und Leistung. Der Münchner Psychoanalytiker und Autor Wolfgang Schmidbauer eröffnet uns Einblicke in die Kunst des „Dranbleibens", wie wir unsere Ziele mit Gelassenheit erreichen können: Die in Pausen erzielte Gelassenheit bezeichnet er als die „Dehnungsfuge zwischen mir und meiner Aufgabe".[54] Was macht Gelassenheit aus? Sie ist nicht nur die Kunst, kleine Pausen einzubauen und ebenso ernst wie den nächsten Termin zu nehmen, sondern hat auch mit der Akzeptanz von Misserfolgen zu tun. Und – für manche von uns noch schwieriger – mit der Akzeptanz von Durchschnittlichkeit. Wolfgang Schmidbauer spricht geradezu von einer Durchschnittsphobie von Führungskräften. Sie wollten in allem, auch in Unwichtigem, perfekt sein: „Wer an einem starren Bild seiner Aufgabe klebt und

[54] Wolfgang Schmidbauer; Dranbleiben. Die gelassene Art, Ziele zu erreichen. Freiburg 2002, S. 119

sich nicht von ihr distanzieren kann, gerät unter so hohe Belastungen, dass seine Motivation zerbrechen kann. Eine Altenpflegerin, die sich vorstellt, alle Bewohnerinnen müssten durch ihre Arbeit glücklich, zufrieden und zugewandt werden, wird schnell ausbrennen ... Sie kann nur dann an ihrer Aufgabe dranbleiben, wenn sie akzeptiert, dass sie viele der Gepflegten nicht glücklich machen wird. Sie muss realistische Ziele finden und ihre kindlichen Ideale verabschieden. Sie wird dann zum Beispiel erkennen, wie wichtig die Aufgabe ist, auch Unzufriedene zu betreuen und jede Person, für die sie Verantwortung trägt, nach ihren Kräften zu unterstützen. Sie wird auch lernen, sich nicht aufzuopfern, sondern mit ihrem Arbeitgeber und ihrem Team in einen stabilen Austausch zu treten, in dem Erholung und Freizeit ebenso ihren Platz haben wie Engagement und Entwicklung."[55]

Auch in Schmidbauers Beispiel vom „Aufschieber" erkennen wir jemanden, der nicht optimal mit seinen Ressourcen, mit seiner Zeit, umgeht: „Der Aufschieber gleicht einem Mann, der eine Mauer bauen soll, aber von jedem einzelnen Baustein erwartet, dass dieser bereits die ganze Mauer ist. Da dies nicht der Fall ist, wirft er ihn weg und greift nach dem nächsten. Die kleinen Schritte, die – aneinander gereiht – das große Werk ermöglichen, können nur dann geleistet werden, wenn jeder von ihnen in seinem eigenen Recht akzeptiert wird. Der Aufschieber hungert so nach einem Erfolg und fürchtet sich so sehr vor dem Misserfolg, dass er sich nur einen explosiven Durchbruch aus der Vorbereitung in das Endergebnis vorstellen kann."[56]

Und dann lässt er nicht locker, macht keine Pause. Gefragt, was sie am meisten motiviere und glücklich mache, antworten diese Führungskräfte: der Erfolg. Klingt gut, ist aber falsch, weil der Erfolg selbst uns nicht zufrieden macht, sondern nur der aufmerksame und genussreiche Weg zum Erfolg. Jeden kleinen Baustein erkennen, würdigen, benennen, genießen. Glück gibt es, wie wir bereits festgestellt haben, immer nur in der Gegenwart.

Wir leiten daraus für den Zusammenhang von Lebensfreude und Managementleistung ab, dass es notwendig ist, *aufmerksam zu bleiben für den kleinen Beitrag*. Wir müssen Rituale gestalten, in denen der kleinste Fortschritt benannt und gefeiert wird, wir müssen unser Talent zum Dranbleiben entwickeln. In einer Business Unit von Gore, dem hochinnovativen amerikanischen Unternehmen für technische Fasern (zum Beispiel Gore-Tex), sah ich im Foyer einen riesigen Plexiglas-Zylinder, halb voll mit bekritzelten Tischtennisbällen. Man erklärte mir das Ritual: Ist der Zylinder voll, sei das Monats-Vertriebsziel erreicht. Jeder Ball stehe für einen größeren oder kleineren Verkaufserfolg und trage den Namen eines Mitarbeiters oder einer Mitarbeiterin, dem/der dafür gedankt worden sei.

Einer der häufigsten Lebensfreude reduzierenden Faktoren, den ich als Coach im Management beobachte, ist das Gegenteil von Dranbleiben: Verschieben. Lebensfreude wird auf später, auf Freizeit, auf Urlaub vertagt, auf die Familie, auf Mitarbeiter, auf Konsum, auf Status-Symbole delegiert ... Wir alle kennen das TGIF-Syndrom: thank god it's friday! Schon am Donnerstag nachmittag wird im Radio die Parole ausgegeben: Durchhalten, bald ist Wochenende. Lebensfreude und Ausstrahlung erreichen wir aber nur, wenn wir uns auf den Augenblick konzentrieren und ihn langsam, intensiv, aufmerksam wahrnehmen. Sieben Tage die Woche.

---

[55] Schmidbauer, ebenda, S. 120

[56] Schmidbauer, ebenda, S. 46

8 Zeit-Rituale im Management

8.1 Zeitsouveränität

Viele Führungskräfte können sich schon nicht mehr an die Zeit erinnern, als der Arbeitstag der Führungskraft um acht Uhr anfing und um achtzehn Uhr aufhörte, da man am Werktag arbeitete und am Feiertag feierte. Heute stehen zwischen Business Breakfast und Business Diner zwischen zwei und sechs Meetings auf der ausgefeilten Agenda, Tag und Nacht, rund um den Globus. Hin- und Rückfahrten werden für Telefonate, Wartezeiten für den Abruf von E-mails, Abende und Sonntage für das Lesen von wichtigen Informationen, Nächte für die Kommunikation mit Partnern aus anderen Zeitzonen genutzt. Die Verfügbarkeit des Managers, der Managerin für geschäftliche Kommunikation dehnt sich unaufhaltsam aus, auch in die intimsten privaten (Zeit-) Räume hinein, so dass unklar wird, ob sie sich gerade im privaten oder im geschäftlichen Modus befinden.

In meinen Coachingberatungen geht es immer auch um Zeit. Die nicht vorhandene Zeit für die strategischen Prioritäten und zum Nachdenken und Ausruhen. Von vielen Führungspersonen werden die längerfristigen oder die persönlichen Ziele auf eine imaginäre spätere Zeit verschoben: „das mache ich, wenn ich mehr Zeit habe". Jedoch, es gibt nicht mehr Zeit. Heute nicht, später auch nicht. Das habe ich in früheren Veröffentlichungen die „Zeitillusion des Managements" genannt. Zu dieser Zeitillusion gehört es auch, Zeitmanagement-Seminare zu besuchen. Warum? Weil nach dem Seminarbesuch zunächst 100 Vorgänge, e-mails, To-Do,s gesichtet werden müssen, und schon ist die neue Arbeitstechnik auf dem Stapel von 50 Action Items verschwunden. Nach Aufräumaktionen oder einer „Optimierung der Terminplanung" strömen in die gewonnenen Freiräume sofort neue Wellen von Arbeit hinein. Zudem gibt es Druck von der Familie: zu Hause ist die Situation nicht nachvollziehbar, die Familie schimpft auf den „Workaholic". Man reagiert mit Schuldgefühlen und guten Vorsätzen. Mit der Frage *„Wie kann ich das alles schaffen?"* ist man verloren, bekommt ein schlechtes Gewissen, Schlafstörungen und Herzprobleme. Die mangelnde Zeit hat die Lebensfreude genommen. Als Coach weiß ich, dass es mit zu den schwierigsten Projekten im Leben einer Führungsperson gehört, sich aus der jahre- oder jahrzehntelang gelebten kollektiven Zeit-Sklaverei zu befreien. Das selbstgeschnürte Korsett scheint Halt selbst dann zu geben, wenn es zu eng zum Atmen geworden ist.

Auch das Phänomen der Dauer-Aufmerksamkeit des Umfeldes trägt dazu bei, dass Zeit im Leben der Personen an der Spitze eine andere Dimension erhält. Ihre Zeit scheint so viel wertvoller, so viele Angriffe von allen Seiten auf den Terminkalender finden täglich statt – die vom Sekretariat abgewehrt, priorisiert, gesteuert werden – dass die knappe Zeit die eigene Wichtigkeit dokumentiert, das Ego nährt.

Die Qualität vieler exzellenter Managerinnen und Manager zeigt sich mir als Coach heute auch darin, wie sie ihre Zeit – jenseits von Agenden und Zeitmanagement –

als ihr persönliches Eigentum betrachten und nutzen. Souverän die eigene Zeit zu gestalten, drückt sich aus in ihrem Lebensgefühl: Ich habe genügend Zeit. Ich finde Zeit zu träumen, zu reflektieren, zu lesen, mich von der Natur, von Kunst, von intensiven Begegnungen bewegen zu lassen, auch einmal Zeit vergehen zu lassen, die ich eigentlich „nicht habe", oder nicht bei wichtigen Meetings zu erscheinen. Das sind die Downspeeding-Virtuosen des Top Managements. Sie erleben, dass sie die besten Ideen in Ruhezeiten haben. Sie haben verstanden, dass eine der wichtigsten Aufgaben darin besteht, den eigenen Geist entspannt arbeiten zu lassen:

- aufnahmebereit zu sein, scharf wahrzunehmen was geschieht, die Lage ganzheitlich zu beurteilen,
- der Intuition Raum zu geben, Empfindungen mit Analysen und Visionen zu verknüpfen,
- gedanklich Entwicklungen vorwegzunehmen und zu bewerten,
- Visionen aus dem Innern aufsteigen zu lassen, zu verwerfen, weiterzuentwickeln.

Sie haben einen leeren Schreibtisch und führen selbst Regie, was sie wann tun. Ihre Disziplin zeigt sich *nicht* darin, dass sie stets alle Terminverpflichtungen einhalten. Sie haben sich von der Vorstellung des perfekten Managens gelöst. Es gibt keine „Politik der offenen Tür", weil die stetige Verfügbarkeit für Anliegen Anderer nicht zu den Kernaufgaben gehört. Die operativen Führungskräfte hervorragender Unternehmerinnen und Unternehmer sind es gewohnt, selbst zu entscheiden – dass man sich voll auf sie verlässt.

Ganz anders, wenn das Gefühl der Zeit-Knappheit überhand nimmt. Solche Personen mit starkem Hang zum Perfektionismus fühlen sich gehetzt und unter Druck, den Angriffen der Kunden und Vorstände auf den Terminkalender ausgeliefert, wie der Hamster im Rad. Aufgaben nicht erfüllen zu können, verletzt unbewusst ihre Vorstellung vom perfekten Selbst. Die Idee, „es möglicherweise nicht zu schaffen", ist äußerst kränkend und wird immer wieder bekämpft mit dem Credo: wenn ich mich nur noch mehr anstrenge … wenn ich nur einmal ein paar Tage Ruhe habe … dann schaffe ich es doch. Als Vorbilder übertragen sie das Lebensgefühl von Knappheit, Hinterherlaufen, Hektik und Dringlichkeit auch auf ihre Mitarbeiterinnen und Mitarbeiter. Als Top Management Coach sehe ich, dass dieses Verhaltensprogramm zu Fehlern und Misserfolgen führt, und dass es darum geht, die unrealistischen Idealvorstellungen dieser Klientinnen und Klienten behutsam aufzulösen, Ohnmachtsgefühle als „normale" Empfindungen zuzulassen und verloren geglaubte Ressourcen zu mobilisieren: Entspannung, Lebensfreude, Kreativität, Vertrauen.

Exzellente Führungspersonen unterscheiden sich heute tatsächlich von mittelmäßigen dadurch, dass sie gelernt haben, souverän mit ihrer Zeit umzugehen und dass sie sich den nötigen zeitlichen Raum für Prioritäten und für sich selbst schaffen. Dies wird in Zukunft ein wichtiges Kriterium für Professionalität in den Top Rängen sein. Man gehört nur dann zur Elite, wenn man seine Situation realistisch einschätzt, ohne Illusionen, und wenn man sich Inspiration, Humor, Lebensfreude, Distanz und Träume bewahrt. Wenn man Zeit hat, Impulse aus Kunst, Literatur, Natur, Familie und aus Mußezeiten zu nutzen.

Das Geheimnis liegt im JETZT-Moment und in der autonomen, disziplinierten Entscheidung darüber, wie ich diesen Moment meines Lebens verbringe.

8.2 JETZT-Moment und Zeit-Autonomie

Der Philosoph Seneca erhebt in seiner Schrift „Von der Kürze des Lebens" den Augenblick zur kostbarsten Ressource überhaupt: „Wer das Leben *lang* haben will, erreicht dies nicht durch eine wie auch immer geartete Verlängerung des Lebens, sondern nur durch eine zeitliche Erweiterung des geistigen Horizonts … eine Verdichtung des Lebens in der jeweiligen Gegenwart …"[57]

Wie wir wissen, ist das Zeitempfinden äußerst relativ und subjektiv leicht beeinflussbar. Fragen Sie einen Juristen, der im Staatsexamen durchgefallen ist, was ein Jahr bedeutet, oder eine 90-jährige, oder einen 6-jährigen. Um den Wert eines Monats zu erfahren, fragen Sie eine Mutter, die ihr Kind zu früh auf die Welt gebracht hat. Den Wert einer Woche erklärt Ihnen der Herausgeber einer Wochenzeitung, den Wert der Stunde die Verliebten, die darauf warten, sich zu sehen. Um den Wert einer Sekunde zu erfahren, fragen Sie jemanden, der einen Unfall überlebt hat … der Millisekunde: eine 100-Meter-Läuferin, die bei den olympischen Spielen die Silbermedaille gewonnen hat.

Not twice this day
Inch time foot gem
This day will not come again
Each minute is worth a priceless gem.

Master Takuan (1573–1645)

(Diesen Tag gibt es nicht ein zweites Mal
Jeder Zoll, jedes Maß der Zeit – ein Edelstein
Dieser Tag wird nicht wiederkehren
Jede Minute ist uns wie ein unbezahlbarer Diamant. [58])

Intensität wird dadurch erreicht, dass wir den Augenblick dehnen: „In der jeweiligen Gegenwart ist ein Anfang zu machen, um dem Leben eine Wendung zu geben und mit der Realisierung von Möglichkeiten zu beginnen. Die Gegenwart allein ist die Zeit der Veränderung, sie ist jedoch auch der große Engpass der Zeit, denn die Möglichkeiten müssen durch dieses Nadelöhr der Zeit hindurch, um Wirklichkeit werden zu können. So reich die Möglichkeiten sein mögen, die zur Realisierung hin drängen, so arm an Gelegenheiten hierfür ist jede Gegenwart; welche Möglichkeit in der Gegenwart realisiert wird, ist noch dazu oft eine Frage des Zufalls … Während sich auf der einen Seite die Möglichkeiten stauen, die das Leben noch hat, solange die Schere der Zeit sie nicht entscheidend dezimiert, häuft sich auf der anderen Seite die abgelebte Wirklichkeit, die zur Vergangenheit wird."[59]

Oder mit anderen Worten: Die Lebenszeit vervielfältigt sich für diejenigen, die sie bewusst, mit allen Sinnen, und *autonom*, jeden Moment nach der eigenen Entscheidung, gebrauchen.

Autonomie in diesem Sinne ist etwas sehr praktisches und hat mehr mit Disziplin und Bewusstheit als mit Philosophie zu tun. Auch der Dalai Lama sagt: Die eigentlichen Geheimnisse auf dem Weg zum Glück sind Entschlossenheit, Anstrengung

---

[57] In: Wilhelm Schmid, ebenda, S. 72
[58] Übersetzung durch die Verfasserin
[59] Wilhelm Schmid, ebenda, S. 73

und Zeit. Autonomie heißt, selbst über seine Zeit und sein Leben zu entscheiden, immer und überall. Wenn Sie am Wochenende auf Ihrem Sofa sitzen und die Zeitung lesen, um sich zu entspannen, und Sie gleichzeitig ständig daran denken müssen, dass jetzt eigentlich ein guter Zeitpunkt wäre, die Garage aufzuräumen – dann bedeutet ‚autonom': Entscheiden Sie sich! Denn wenn Sie weiter so hin- und hergerissen dasitzen, können Sie weder gemütlich auf dem Sofa sitzen und die Zeitung genießen und Kraft schöpfen, noch wird die Garage aufgeräumt. Sie enden unzufrieden und erschöpft. Ihre Energiereserven schwinden, ohne dass Sie etwas bewegen. In der Betriebswirtschaftslehre nennt man das Verschwendung.

Wenn Sie im Büro einen Vorgang zur Hand nehmen, kurz darauf schauen, und ihn dann wieder weg legen, weil sie gerade jetzt nicht genug Zeit haben, um ihn zu bearbeiten, haben Sie Aufmerksamkeit vergeudet, ein negatives Gefühl entstehen lassen, und sich selbst Energie entzogen, und dabei ist der Vorgang keinen einzigen Schritt weitergekommen. Ich habe für mich selbst und mit meinen Klientinnen und Klienten jahrelang daran gearbeitet, was die besten, produktivsten, energiesparendsten, erfrischendsten und erfreulichsten Zeitrituale sind, denn Zeit ist heute neben Aufmerksamkeit die knappste Ressource im Management. Die einzige Arbeitstechnik, die wirklich funktioniert, ist die: Mit voller Aufmerksamkeit, bewusst im Hier und Jetzt, eine Entscheidung treffen, jedesmal.

8.3 Konstruktive Zeit-Rituale

Schaffen Sie sich Rituale, die Ihre Haltung zur Zeit allmählich positiv verändern!

Üben Sie die beschriebene autonome, gelassene Haltung als Ritual ein:

- Fangen Sie mit kleinen Schritten an.
- Definieren Sie zunächst vormittags und nachmittags jeweils eine halbe Stunde als Übungszeit.
- Arbeiten Sie normal weiter, aber entscheiden Sie jede Minute bewusst, was Sie mit dieser Minute tun möchten ... welchen Vorgang Sie bewegen möchten, auf welche Weise ... was Sie wem mitteilen möchten.
- Legen Sie niemals wieder einen Vorgang weg, den Sie in der Hand hatten – übertragen gilt das auch für e-mails, für Ideen – ehe Sie nicht entschieden haben, was der nächste kleine Schritt ist, der damit geschehen soll. Wenn Sie nur den geringsten Zweifel hegen, ob Sie sich überhaupt damit beschäftigen wollen, werfen Sie die ganze Sache ohne Zögern in den Papierkorb – löschen Sie die Datei.
- Entscheiden Sie sich bewusst, zum Beispiel für die Pause, für die Entspannung, und halten Sie es bis zum Ende der entschiedenen Zeit durch, ohne an die Arbeit zu denken.

Viele Managerinnen und Manager haben irgendwo einen Stapel von Fachaufsätzen oder Büchern oder Zeitschriften liegen, oder nehmen in ihrer Aktenmappe dauernd irgendwelche Unterlagen mit vom Büro nach Hause, von zu Hause wieder mit ins Büro und so weiter ... um sie später, eventuell, oder ganz bestimmt, zu lesen, zu bearbeiten. Dann kommt etwas dazwischen, vielleicht die Entspannung. Dann das schlechte Gewissen ... Das sind die Unentschiedenheiten, die das Leben der überverantwortlichen Führungscharaktere zusätzlich schwer machen. Entscheiden Sie:

wegwerfen oder sofort lesen! Denn: Die Zeit wird nicht mehr. Es ist nur eine Illusion, dass wir Dinge „später tun", wenn wir „mehr Zeit haben". Es ist das Gift, das die Lebensfreude immer weiter reduziert, das Gift der guten Vorsätze.

Geben Sie Ihre Zeitillusionen Schritt für Schritt auf!

Wir alle neigen zum Verschieben der Lebensfreude auf den Urlaub, auf die Rentenzeit, auf die Freizeit. Wie wir gezeigt haben, ist auch dies eine Illusion, denn das Leben vergeht, und die Lebensfreude mit ihm. Ziehen Sie heute die Konsequenz aus der Erkenntnis, die Sie schon lange haben: Dass nämlich Ihre Aufgaben sowieso nicht zu schaffen sind. Heute nicht, morgen nicht und übermorgen auch nicht. Es geht nicht darum, dass Sie Ihre Aufgaben schaffen, sondern es geht um Ihre Lebensfreude, die Ihre Umgebung infiziert und Ihr Unternehmen in die Wachstumszone bringt. Sie können guten Gewissens Ihre Zeit-Illusionen aufgeben, und Ihre persönlichen Zeitrituale grundsätzlich verändern, am besten jetzt gleich:

- Identifizieren und eliminieren Sie Ihre persönlichen Zeit-Illusionen, zum Beispiel:
  - weg mit dem Stapel Fachzeitschriften am Nachttisch, der – ungelesen – beim Zubettgehen und beim Aufstehen Ihr schlechtes Gewissen stimuliert. Entweder sofort lesen oder in den Papierkorb, denn morgen gibt es schon wieder Aktuelleres,
  - die To-Do-Listen in Ihren Timern und Programmen, die gelben Zettel am Pinboard: gleich erledigen oder ebenfalls wegwerfen,
  - Utensilien Ihres Hobbies, die Sie schon seit Jahren nicht mehr benutzt haben: jetzt sofort, heute abend, hervorholen und „anwenden" – oder verschenken.
- Streichen Sie Aktivitäten, z.B. ein Drittel aller Ihrer persönlichen Aufgaben und Gespräche. Entscheiden Sie, Dinge *nicht zu erledigen*, jetzt nicht und später auch nicht, und auch *nicht teilzunehmen an wichtigen Meetings.*
- Delegieren Sie ein weiteres Drittel Ihrer Aufgaben, auch wenn Sie heute überzeugt sind, dass diese dann nicht so gut erledigt werden.
- Verschieben Sie Dringendes.
- Werfen Sie von den restlichen zu bearbeitenden Unterlagen alles das weg, was Sie vier Wochen lang nicht in der Hand hatten und was Sie nicht sofort erledigen können.
- Beschäftigen Sie sich dagegen *dauernd,* d.h. mehrmals täglich, mit Ihren drei wichtigsten beruflichen und Lebenszielen und den dazu gehörenden Aktivitäten. Schreiben Sie sie auf, kontrollieren und würdigen Sie mindestens wöchentlich die Fortschritte.

Nehmen Sie Ihre persönlichen Kunst- und Natur-Rituale sehr ernst!

Sie wissen selbst, wie gut Ihnen freie Zeit tut, die Sie ganz für sich haben. Warum nehmen Sie Ihre diesbezüglichen „Termine mit sich selbst" nicht ernst? Schließlich geht es um Sie, um Ihre Lebensfreude, um die Inspiration und Wachstumsimpulse, die Sie Ihrem Unternehmen schulden. Planen Sie Zeit ein für Kunst und Natur, die Sie sich zur Gewohnheit machen. Halten Sie diese kleinen persönlichen Rituale genau so strikt ein wie die Aufsichtsratssitzung oder die Reise nach Shanghai.

Warum ist Kunst so wichtig? Bilder und Musik fangen den Moment ein und dehnen ihn aus, und so wird ja Lebensfreude intensiviert, wie wir gezeigt haben. Auch das Erleben von Natur hat einen ähnlichen Effekt. Natur wertet nicht, sie sagt nicht „Du bist gut, Du bist schlecht, Du musst besser sein …“, sie sagt nur: „Du bist“, und führt damit auf den JETZT-Moment zurück.[60]

Beispiele von Kunst- und Natur-Ritualen, die Top Führungspersonen für sich selbst und teilweise auch für die Menschen in ihrer Umgebung geschaffen haben:

- täglich ein Gedicht in der Postmappe oder ein „daily-zen“ (ein kleines Zen-Gedicht) als E-mail,
- täglich zwei Minuten Kontemplation mit einem Bild aus einem Kunstband,
- wöchentlich 30 Minuten im Museum,
- täglich drei Minuten den Baum oder Himmel vom Bürofenster aus betrachten,
- eine Pflanze in das Bürozimmer stellen, mit echter Erde, die Sie ganz bewusst selbst gießen und pflegen. Wenn Sie mutig sind, sprechen Sie mit ihr,
- am Samstag ein Spaziergang,
- im Auto klassische Musik statt Telefonate,
- jeden Monat ein Konzert,
- abends Musik hören statt Fernsehen.

8.4 Die Essenz von Lebenskunst im Management: Pausen-Rituale

Wilhelm Schmid stellt in den Mittelpunkt seiner Lösungsoptionen für ein selbstbestimmtes, glückliches Berufsleben den Moment des Innehaltens. Die Kultur der Pause zu entwickeln, gehört mit zu den erfolgreichsten Rezepten in unseren Coachingprozessen. Die erzwungene Untätigkeit beschert nicht nur neue Energie, sondern beim kreativen Innehalten kommen uns neue Ideen und Entwürfe. Nur die Pause schenkt uns neue Distanz. Ohne Pause hat der „glückliche Zufall“ keine Chance, entwickelt sich nicht die Kunst, eine neue Idee quasi zufällig entstehen zu lassen. ‚Dr. Zufall‘ hat zu allen Zeiten große Entdeckungen hervorgebracht: Als sich Archimedes ca. 200 vor Christus in seine Badewanne setzte und das Wasser überschwappte, lief er nackt hinaus und schrie „heureka – ich habs gefunden!“: warum Schiffe schwimmen und andere Körper versinken, die Auftriebsgesetze des Wassers. Röntgenstrahlung (Wilhelm Conrad Röntgen, 1895), Teflon (Roy Plunkett, 1938), Goretex-Faser (Bob Gore, 1968) sind weitere Zufalls-Entdeckungen, die wir den Pausen und der Distanz verdanken.

Die relativ neue Wissenschaft vom Zufall nennt drei Bedingungen, unter denen der Zufall sein segensreiches Werk verrichten kann, während wir im Lehnstuhl sitzen: Erstens muss man sich leidenschaftlich mit der Materie befasst haben, zweitens, muss man aufmerksam und achtsam alles wahrnehmen, was um einen herum geschieht, drittens muss man Augenblicke des Nachlassens, der Pause, des Träumens und Entspannens einfügen.

Erfolgreiche, souveräne Managerinnen und Manager kreieren individuelle Pausenrituale:

[60] Diesen Gedanken betont der renommierte psychologische Vordenker und Autor Wolfgang Schmidbauer in seinen Vorträgen.

- während der Fahrt zum Büro keine Telefonate, kein Radio etc.,
- im Flugzeug immer einen Fensterplatz buchen: 20 Minuten nur schauen,
- unmittelbar vor dem Betreten der eigenen Wohnung/des eigenen Hauses am Abend zehn Minuten allein spazieren gehen,
- im Büro jede Stunde einmal aufstehen und zum Fenster gehen und zehn Atemzüge zählen,
- den Gang zur Toilette nutzen, um nur zu schlendern und abzuschalten,
- eine spezielle Pausenecke im Büro einrichten (Sessel, Sofa) und sie vormittags und nachmittags je fünf Minuten nutzen,
- auf Reisen jede Stunde einmal die Augen schließen und drei Minuten lang an eine besonders schöne Landschaft denken,

und gemeinschaftliche Pausenrituale:

- nach dem Mittagessen fünf Minuten meditieren oder zusammen an die frische Luft gehen,
- für Mutige: statt Aufzug fahren die Stiegen gehen und die Stufen laut mitzählen,
- vor jedem Meeting die Anwesenden auffordern, die ersten beiden Minuten miteinander zu schweigen,
- während des Meetings jede Stunde das Fenster aufmachen, kurz durch den Raum gehen, evtl. die Plätze tauschen,
- einen Schweigeraum mit Kunstwerken einrichten, in dem nicht gearbeitet werden darf, den aber jeder täglich kurz besuchen soll,
- offizielle Pausenzeiten einrichten – Motto: Arbeiten verboten!

8.5 Entschleunigung durch Schweige-Rituale

Wer nicht schweigen kann, kann nicht führen.

Oft ahnen Top Manager gar nicht, welche Ideen- und Leistungsexplosionen durch Entschleunigung erzielt werden können, bevor sie es nicht selbst ausprobiert haben. Schweigen spielt dabei eine ganz besondere Rolle. Meine Erkenntnis als Coach ist, dass der hektische, der Angst vor Kontrollverlust entspringende, teils geradezu wütende Sprechzwang moderner Top Manager die häufigste Management-Neurose überhaupt ist. Warum Neurose? Weil die Dauersprecher sich ihres Verhaltens und der destruktiven Auswirkungen überhaupt nicht bewusst sind, und weil sie sich damit offensichtlich selbst schaden. Die Bottom-up- oder 360-Grad-Feedback-Verfahren zur Beurteilung von Führungsqualitäten durch Mitarbeiter, Kollegen, Kunden u.a. zeigen, dass die Chefs (weniger: die Chefinnen) sich für gute Zuhörer halten, während ihre Mitarbeiterinnen und Mitarbeiter das Gegenteil beklagen. Wenn Chefs Unverständnis oder Widerspruch befürchten, versuchen sie dies durch Dauerreden in Zustimmung und Begeisterung umzuwandeln, selbstverständlich vergeblich. Die Zwangszuhörer gehen auf Distanz, fühlen sich abgewertet – jeder redet schließlich gern über sich und seine Ideen. Was vermieden werden sollte, entsteht gerade durch dieses Verhalten: Unverständnis und Widerspruch. Was den Chef wiederum dazu bringt, noch mehr zu erklären und so weiter. Ein klassischer Regelkreis sozialen Verhaltens.

Zugewandtes, konzentriertes Zuhören öffnet dagegen den Gesprächspartner, erzeugt Vertrauen, Sympathie und Glaubwürdigkeit. Scheinbar kostet Schweigen wertvolle Zeit, in Wirklichkeit geht mit Schweigen alles schneller. Wenn in einer Gesprächsrunde 30 oder mehr Sekunden ohne Peinlichkeit miteinander geschwiegen werden kann, ist dies immer ein Zeichen von Vertrauen und Übereinstimmung. Das folgende Thema kann dann in Aufmerksamkeit und gegenseitiger Wertschätzung besprochen werden

Schweigen im Beisein Anderer ist Disziplin und Wertschätzung, und ist eine Botschaft: sorgfältig mit dem Wort, mit dem Gespräch umzugehen. Der erfolgreiche Top Manager, die erfolgreiche Top Managerin muss sich nicht zu jedem Thema äußern. Er/sie ist Vorbild, spricht, wenn es um positive Entwicklung geht, um die Vision, um die wichtigsten Ziele. Durch Schweigen zu nicht wichtigen, nicht dringenden, oder Abwesende betreffenden Themen werden am wirksamsten Prioritäten gesetzt. Durch Nicht-Beteiligen an Gerede und Gerüchten wird am besten signalisiert, wie man miteinander umgehen möchte. In einem Unternehmen gibt es eine Leitlinie zur Zusammenarbeit, und einer von sieben Punkten ist: „Wir sprechen nicht negativ über Abwesende". Dieses Ritual sei zur Nachahmung empfohlen.

9 Individuelle Erfolgsrituale der Champion's League

9.1 Das Top Management Ritual

Als Management Coach und intime Kennerin der Wirtschaftseliten habe ich über viele Jahre in Hunderten von Gesprächen erfahren, dass weder fachliche *noch* Führungsleistung für die Karrieren im obersten Level eine Rolle spielen. Das „objektive" Feedback-Verfahren, in dem die Top 100 Manager eines Weltkonzerns durch die jeweiligen Mitarbeiterinnen und Mitarbeiter zu beurteilen waren, hatte für zwei Führungskräfte negative Urteile der Direct Reports erbracht. Der Vorstand sprach über das Ergebnis. Im einen Fall voller Mitgefühl: „dessen Mitarbeiter möchte ich nicht geschenkt – der Arme – dem müssen wir helfen, da müssen wir einige aus der Truppe entfernen". Im andern Fall voller Häme: „der hat wirklich ein Führungsproblem, der kriegt seine Leute nicht in den Griff". Selbstverständlich werden objektive Daten gedeutet und interpretiert, gute Performance garantiert nicht gutes Erscheinungsbild, schlechte Performance verursacht keine Image-Schäden. Die Kriterien für Förderung, Berufung, Trennung, Höhe der Kompensation (erst recht der Abfindung) liegen jenseits aller Kennzahlen.

Die Ideologie von Rationalität, Objektivität und messbarer Managementleistung in der Wirtschaft ist ein ebenso hartnäckiges wie irrationales Hindernis für Spitzenkarrieren, wenn man – oft gegen die eigene Wahrnehmung – an diesem Glaubenssatz festhält. Zwar erkennen und belohnen Mentorinnen und Vorgesetzte, Förderinnen und Personalentwickler die fachliche und Führungsleistung, vorzugsweise dann, wenn die Ergebnisse mit dem eigenen Vorurteil und dem Image der Beurteilten übereinstimmen. Ein Blick auf die eigene Karriere zeigt jedoch überdeutlich, dass die eigentlichen Erfolgsfaktoren unabhängig von der eigenen Leistung existieren. Man glaubt zwar nur zu gern, Erfolg auf der Basis guter Ergebnisse zu haben. Solange, bis jemand trotz gleicher oder schlechterer Leistungen schneller Karriere macht. Bis jemand „ohne jede Ahnung von Branche, Führung, Management", der oder die sich aber auf die Entwicklung von wertschätzenden Beziehungen zu hochkarätigen Personen versteht, ebenfalls vorbeizieht.

Solche abweichenden Wahrnehmungen werden als Ausnahmen abgetan oder bilden, wenn sie sich häufen, den Grund für Resignation, Zynismus und Abwertung des gesamten Systems. Wenn die kognitive Dissonanz zwischen geglaubter „Leistungsgerechtigkeit" und beobachteten „Beziehungskarrieren" zu offensichtlich wird, kann sich das sehr negativ auf die Stimmung im Unternehmen auswirken. Ich selbst habe erlebt, dass in den Neunzigerjahren in einer Versicherung Millionen für die „objektive" Auswahl und Förderung von kompetenten internen Führungs(nachwuchs-)kräften ausgegeben wurden. Mit ausgefeilten Methoden und „Talent-Messungen" in Assessment Centern, mit wissenschaftlichen Analysen der Biographien, mit komplexen Karriere-Pfad-Konzepten, mit regelmäßigen, aufwändigen Vorgesetzten-Beurteilungen etc. hat man diejenigen ausgesucht, die auf bestimmte Zielpositionen im Management berufen werden sollten, und alle anderen „verbindlich" davon ausgeschlossen. Zunächst ist dann für eine der attraktiven Zielpositionen ein junger Mann von extern ohne jede Prüfung eingestellt worden, gleich danach der Protégé eines Vorstandsmitglieds, der keine guten Noten in den Assessment Centers erzielen konnte, ebenfalls. Mit diesen Entscheidungen war der Vorstand sofort unglaubwürdig, die betriebsverfassungsrechtlichen Organe hatten fortan viel Unterstützung darin, die Auswahl- und Förderprozesse in Frage zu stellen. Dies geschieht, wenn die objektiven und die subjektiven Auswahlkriterien dissoziiert, nicht integriert und abgestimmt, angewendet werden. Die subjektiven Kriterien sind den objektiven Maßstäben immer überlegen.

Es gibt keine Leistungseliten – außer als einzelne Ausnahmefälle. Dies wurde gerade jüngst wissenschaftlich untermauert. Michael Hartmann[61] untersuchte umfangreiches empirisches Material, über 50 Jahre hinweg: Warum, wie macht jemand Karriere? Für unsere Zwecke, nämlich die Erfolgsgeheimnisse der Top Manager zu enthüllen, ist ein Nebenprodukt seiner Beweisführung (dass die Ursachen keinesfalls in der messbaren Leistung liegen, sondern hauptsächlich mit der sozialen Herkunft zu tun haben) besonders interessant. Er untersucht nämlich in statistischen Korrelationen und in zahlreichen Interviews mit Executive Searchern und Vorstandsmitgliedern, wie Vorstände von DAX-Unternehmen rekrutiert werden, und kommt zu dem Schluss, dass es die Selbstverständlichkeit im Zugehörigkeits- und Erfolgsgefühl ist, die den Ausschlag gibt. Seine Interviewpartner formulieren es so[62]:

- „Das war eine reine Typentscheidung, weil der Junge als Typ gut war, aber vom Geschäft hat der ja überhaupt keine Ahnung gehabt."
- „Es ist immer wieder erstaunlich, dass letztlich Besetzungen *(von Vorstandspositionen, Anm. d. Autorin)* deutlich aus dem Bauch heraus erfolgen."

Wer eine Spitzenkarriere anstrebt, kommt entweder aus der richtigen Familie (oberste soziale Schicht, Großbürgertum), oder er tut so, als käme er aus der richtigen Familie: ist selbstbewusst, souverän, strahlt Optimismus und Leichtigkeit aus, kennt die Erfolgscodes (Benimm, Kleidung, Allgemeinbildung, alle Do's und Dont's) und die richtigen Leute, ohne sich starr an alles halten zu müssen.

Diese Erkenntnis wirklich anzunehmen, ist für viele Managerinnen und Manager schmerzhaft, vor allem, wenn sie selbst sehr hart gearbeitet haben. Wertet sie doch gerade jenes Kriterium ab, durch das man selbst glaubt, so weit gekommen zu sein: Leistung. Kein anderer Karrieregrund ist so positiv akzeptiert wie individuelle Leistung, und mit ihrer bewiesenen Irrelevanz müsste man sich selbst vermeintlich zu den (abgelehnten) „politischen" Menschen in Unternehmen zählen, zu den Schaumschlägern Schleimern, Schwätzern, Verkäufern ... Bestärkt werden die Leistungsgläubigen zudem von fast ausnahmslos allen Vorstands- und Aufsichtsratsmitgliedern der Wirtschaft. Sie halten die Leistungs- und Messbarkeitstheorie aufrecht,

- aus Gewohnheit,
- um die eigene Machtposition zu legitimieren und den eigenen Lebensweg positiv zu deuten,

---

[61] Michael Hartmann: Der Mythos von den Leistungs-Eliten – Spitzenkarrieren und soziale Herkunft in Wirtschaft, Politik, Justiz und Wissenschaft, Frankfurt/Main 2002

[62] Hartmann, ebenda, S. 119

- weil sie selbst fest daran glauben,
- weil sie sehr intensiv und viel arbeiten,
- weil sie glauben, sonst alle Leistungswilligen, die die Unternehmen dringend brauchen, zu entmutigen,
- weil sie wenig Konzepte und Worte haben, um „das andere", die Hidden Agenda, zu erklären.

Was sind also die wirklichen, unausgesprochenen Erfolgsfaktoren im Top Management?

9.2 Erfolgsfaktoren der Business Elite

Als systematische Beobachterin von Top Karrieren weiß ich aus praktischer Perspektive, was die Eliteforschung nahe legt: dass die soziale und emotionale Nähe zu anderen erfolgreichen Personen und Zirkeln der Wirtschaftseliten die Chancen auf eine Top Karriere maßgeblich beeinflusst. Dazu gehört in erster Linie die familiäre Herkunft. Hartmann[63] zitiert als Veranschaulichung seiner wissenschaftlichen Ergebnisse die auf den Punkt gebrachte Aussage des „Headhunters Eberhard Bremeier – sein Vater war im Übrigen Vorstandsmitglied bei Siemens –, der in einem Artikel der Wirtschaftswoche vom 22. Februar 2001 feststellte: ‚Leistung ist kein Differenzierungsmerkmal der Elite mehr, wohl aber die soziale Herkunft'". In seinen empirischen Forschungen weist Hartmann nach: „Je höher die Position in der Wirtschaft ist, desto größer ist auch das Gewicht der sozialen Herkunft. Der Zugang zur Wirtschaftselite im engeren Sinne (Spitzenpositionen in Großkonzernen, Anm. d. Autorin) bleibt weitgehend für den Nachwuchs des gehobenen und (noch stärker) des Großbürgertums reserviert." Seine Forschungen, die sich auf Führungskräfte in den Jahren 1955, 1965, 1975, 1985 und 1995 beziehen, legen nahe, dass sich diese Tendenz in den letzten Jahrzehnten noch verschärft hat. Natürlich gibt es Ausnahmen, aber wir sprechen hier vom Normalfall.

Diese Ergebnisse könnten niederschmettern. Als Soziologin und Coach weiss ich jedoch, dass viele der Erfolgsfaktoren, die den „großbürgerlichen" Kindern durch ihre Erziehung vermittelt wurden, lernbar sind. Das Privileg der Sprösslinge aus Elitefamilien ist, dass bei ihnen die Erfolgsfaktoren und viele Beziehungen zu Entscheidungsträgern von vornherein vorhanden sind, die sich Andere erst erarbeiten müssen.

9.3 Der Unterschied zwischen mittlerem und Top Management

Für Top Managerinnen und Top Manager in den Konzernen sind diese Tatsachen häufig sehr fremd. Sie wurden nicht ausgebildet, sie wurden nicht belohnt oder ermutigt, interdisziplinäre hochkarätige Kontakte zu suchen und zu pflegen. Sie glauben, dass ihre Karriere auf der Anpassung an vorgegebene Leistungsziele bestünde, wie es ihnen an der Universität, im Auswahlprozess durch Interviews, in diversen Assessment Centers oder auch beim Einstieg in die Firma suggeriert wurde. Das

[63] Hartmann, ebenda, S. 17

Top Management zeichnet sich aber durch eigene, ganz spezifische Erfolgskriterien aus. Erfolgreiche Top Managerinnen und Top Manager bewältigen einen Paradigmenwechsel. Sie besitzen ein originäres, wenn auch oft unausgesprochenes Selbstverständnis und Erfolgsgefühl. Die folgende Darstellung basiert auf der systematischen Analyse von zahlreichen Karriere-Erfolgen. Es handelt sich um Managerinnen und Manager, die erfolgreich den Schritt in die oberste Liga gemacht und sich dort etabliert haben.

„Leistungs-Modus" des mittleren Managements	***„Kommunikations-Modus" des Top-Managements***
die Aufgaben im Blick	die Personen und Netzwerke im Blick
selbst brillant sein wollen	andere glänzen lassen, andere verpflichten
Arbeit, Leistung erbringen	Affinität, dazugehören, Einfluss gewinnen
Ergebnisse, Termine Reagieren, Außensteuerung	Erfolgsgefühl Maßstäbe setzen
Hektik, hohes Tempo	Langsamkeit und Gelassenheit
Erfüllen, leisten	die absolute Autorität sein
auf dem Erreichten aufbauen	auf Beziehungen aufbauen
Vorgehen ist logisch, Schritt für Schritt	Vorgehen ist stimmungsmäßig, jeden Tag neu
kurzfristig: wie schaffe ich heute diese Aufgabe? Stimmt jedes Detail? Werde ich 5 Mio plus oder minus machen?	langfristig: wer wird mich in 3 Jahren noch in guter Erinnerung haben? Auf wen kann ich mich beim übernächsten Jobwechsel verlassen?
Was sind heute meine Prioritäten?	Wem kann ich heute etwas Gutes tun?

Wie zeigt sich Leistung im Topmanagement ?

Wirklich große Erfolge, zum Beispiel ein Unternehmens-Turnaround oder das Unternehmenswachstum in eine neue Dimension, zeigen sich vor allem mittel- und langfristig, oft erst nach Jahren exzellenten Leaderships:

- ein nachhaltig gutes Unternehmensergebnis – oft eines, das im kurzfristigen Planungsprozess gar nicht enthalten war,
- eine aussichtsreiche Startposition des Unternehmens in die Zukunft – Chancen und Ressourcen-Kontrolle,
- begeisterte, motivierte Führungskräfte und Angestellte, die genau wissen, wohin die Strategie führen soll und was ihre Rolle ist,
- eine gute Positionierung, gutes Ansehen des Unternehmens bei wichtigen Zielgruppen, bei den Shareholdern und in der Öffentlichkeit.

Wenn diese Entwicklungen offenbar werden, sind oftmals bereits die Nachfolger in Verantwortung. Die Zuordnung der Leistungen zur Person ist auf Grund der hohen Komplexität der Wirkfaktoren nachträglich sehr schwierig, wenn nicht unmöglich. Daher gilt: *Eine gute Managementleistung ist eine gut kommunizierte Managementleistung.* Was einem hervorragenden Manager, einer exzellenten Managerin nach dem

Weggang aus dem Unternehmen bleibt, sind die in der Zeit der Zusammenarbeit im Unternehmen gewachsenen persönlichen Beziehungen. Das Vertrauen: man wird sich aufeinander verlassen können, wenn man zukünftig Unterstützung benötigt. Zudem hat das persönliche „Branding" Bestand, über die Unternehmensgrenzen hinaus, die Kenntnis: So ist sie/er als Mensch, als Führungspersönlichkeit. Dafür steht diese Managerin, dieser Manager. Das hat sie/er Gutes in unser Unternehmen gebracht. Das sind ihre/seine Talente.

9.4 Erfolgsritual Networking

Leistung im Top Management ist objektiv nicht zu beurteilen. Tragfähig sind jedoch die vertrauensvollen, gut gelaunten, herzlichen Partnerschaften, an die man sich gern erinnert. Diese Erkenntnis klingt banal, ist jedoch entscheidend für den Karriereerfolg. Die freundschaftlichen Partnerschaften im Business sind es, die die nächste, besser bezahlte Position vermitteln, die immer weitere Kontakte eröffnen, die Informationen und Unterstützung fließen lassen.

Was gehört zum Lernprogramm für ambitionierte Managerinnen und Manager? Was sollte man tun, wenn man den Sprung in die Wirtschaftselite erfolgreich bewältigen möchte?

Besonders diejenigen, die nicht aus einer entsprechenden Familie kommen, haben als absolutes Pflichtprogramm: die Nähe zu sehr erfolgreichen, hochkarätigen Persönlichkeiten, zu Elitefamilien und Elitezirkeln aus Wissenschaft, Politik und Wirtschaft herzustellen und zu pflegen. Entscheidend für Spitzenkarrieren ist es, diese Verbindungen zu halten, die auf Freundschaft, Vertrauen und gegenseitiger Nutzenstiftung basieren. Quantität und Qualität dieser Kontakte sind gleich wichtig. Diese Netzwerke fördern die öffentliche Bekanntheit und die Positionierung der „Mitglieder" in der relevanten Community of Practice mit einem deutlichen Branding oder einer positiven Mission, und werden umgekehrt durch sie gefördert. Wenn wir die Möglichkeit der Zugehörigkeit zu oder Einheirat in eine Elitefamilie einmal außer Acht lassen, wie gelingt es dann Aufsteigern (aus der Unter- oder Mittelschicht), z.B. Wissenschaftler/innen, Erfinder/innen, Künstler/innen, Ärzt/innen, Sportler/innen und Manager/innen, die etwas ganz besonderes *leisten* und damit die Öffentlichkeit auf sich aufmerksam machen, sich einen dauerhaften Status an der Spitze zu sichern? Aus meiner jahrelangen Beobachtung der Karrieren dieser hochbegabten Spezialistinnen und Spezialisten sind es

- die Fähigkeit, zu sehr erfolgreichen Personen emotionale Nähe herzustellen und ausschließlich positiv zu kommunizieren,
- die Fähigkeit, zusammen mit sehr erfolgreichen Personen entspannt, souverän, heiter und zugewandt zu sein – Lebensfreude in der Zugehörigkeit zu empfinden und zu signalisieren, so dass man gerne mit ihnen zusammen ist.

Wiederum klingt dies sehr einfach, die Umsetzung ist jedoch für viele hochbegabte, streng leistungsorientierte, anpassungsbereite Menschen schwierig. Wie stellen sie es an, andere zu mögen und von anderen gemocht zu werden, die so viel erfolgreicher sind, dabei souverän, locker, authentisch zu bleiben? Als Coach ist meine Empfehlung: sobald es schwierig wird, gehen Sie innerlich einen Schritt zurück, entspannen Sie sich und kümmern sich primär um Ihre eigene Lebensfreude. Ihnen soll es gut gehen, das ist die Basis.

Sobald es den Leistungsorientierten gelingt, herzlich und souverän mit der Elite zu kommunizieren, werden sie eingeladen und ihre Kontakte multiplizieren sich. Ein Gesellschaftskolumnist schildert das Phänomen in seiner eigenen Sprache: „Jede Stadt hat ihren Zirkel, und daraus rekrutiert sich die Champions-League. Die pflegen ihr Gesellschaftsleben mehr denn je – aber darüber lesen Sie nichts. In München sind das vielleicht 500 Leute, in Hamburg und Berlin jeweils auch ... Wenn die Gloria von Thurn und Taxis heute Abend ein Fest gibt, macht sie das selbst, ohne Caterer, mit ihrem Regensburger Koch. Oder Herr Kirch richtet mit seinem italienischen Privatkoch ein Abendessen aus. Die zähle ich zu den 500 – und das passiert jeden Tag." [64]

In einem bescheideneren Rahmen gehört dazu, dass man nicht nur eingeladen wird, sondern auch selbst Gäste hat, zum Beispiel sympathische Kollegen, Geschäfts- und Netzwerkpartner zum Essen nach Hause, in ein gutes Restaurant, zu Opernaufführungen einläd. Es kommt dabei nicht auf hohe Preise und exklusive Einrichtungen, sondern auf die persönliche Athmosphäre, die Zusammenstellung der Gäste und die liebevolle Zuwendung für jede und jeden Einzelnen an.

Welche Networking Rituale sind es, die mich erfolgreich machen?

Es geht nicht darum,

- mit allen wichtigen Personen, die man kennenlernt, Kontakte zu knüpfen – seien sie einem sympathisch oder nicht, stimme man mit ihren Werten überein oder nicht,
- möglichst viel Zeit mit Prominenten zu verbringen,
- die Kunst des small talk zu lernen und gute Mine zum bösen Spiel zu machen,
- vom Fach- zum Eigenmarketing-Experten zu mutieren,
- von einem Kongress zum andern zu eilen, Business Cards zu sammeln und in die Adressdatei/Wiedervorlage zu übernehmen.

Die Basis erfolgreichen Networkings ist die eigene authentische Persönlichkeit. Die eigenen Werte, Vorlieben und Lebensfreude ernst zu nehmen. Das zu tun, was einem gut tut. Die existierenden Networking-Rituale sind so vielfältig, dass man leicht auswählen kann – und es gibt noch viel Raum für Neu-Erfindungen:

- Einladungen zum Abendessen bei sich zu Hause,
- Geburtstagskarten und Weihnachtsgeschenke,
- Business-Veranstaltungen wie Konferenzen, Führungstagungen, Vorträge, internationale Meetings,
- halb informelle, halb Business-Events wie Golfturniere, Opern- und Presse-Bälle, das Thanksgiving Dinner der US-Botschaft, der Gedenk-Gottesdienst für einen Politiker etc.,
- Einladungen in das griechische Ferienhaus,

[64] Michael Graeter, zu dieser Zeit (2001) der bekannteste Gesellschaftsreporter Deutschlands, in einem Spiegel-Interview, zitiert nach Hartmann, a.a.O., S. 41

- Wohltätigkeits- und ehrenamtliche Engagements und Events,
- sehr beliebt: Einladungen – in ein originelles oder ganz neu eröffnetes Restaurant, zu Veranstaltungen, zu einem Kaffee auf dem Messestand, zu einer interessanten Preisverleihung – es sind keine Grenzen gesetzt,
- einen Kreis zu initiieren und zu etablieren, der sich um ein bestimmtes Thema oder um eine bestimmte Zielgruppe dreht: die weltweit anerkannten Ritual-Experten, die Hobby-Astronomen, die Ex-China-Expates (Expates oder Expatriates = Manager, die zeitweise für ihre Unternehmen im Ausland tätig waren), Alumni-Kreise etc.

Besonders karrierewirksam ist es, diese Rituale über eine längere Zeit hinweg aufrecht zu erhalten bzw. zu wiederholen, und sich damit ein Networking-Brand, eine besondere Positionierung zu erarbeiten. Die traditionellen Teilnehmer des Rituals werden ermutigt, ab und an ganz bestimmte neue Personen einzuführen, so dass immer weitere Kreise erschlossen werden. Fluktuation ist durchaus erwünscht, denn auch die „Ausgeschiedenen" bleiben als Netzwerkpartner erhalten.

Ein sehr schönes Beispiel für ein kreatives Networking-Ritual bietet eine Münchner Kollegin. Sie ist eine leidenschaftliche Operngängerin, und das Münchner Opernhaus hat sich in den letzten Jahren einen sehr guten künstlerischen Ruf erarbeitet. Sie hat einen Münchner Opernkreis gebildet und ihr besonders sympathische Kunden, Auftraggeber, Kollegen und private Freunde eingeladen, sich anzuschließen. Sie organisiert und leitet die gemeinsamen Opernabende und stellt auf ihre ganz eigene, herzliche Art eine begeisternde, heitere Athmosphäre her, die auch dann fortbesteht, wenn sie selbst gar nicht dabei ist. Neben dem Genuss wächst die Opernkompetenz kontinuierlich, und die Gespräche werden immer fachmännischer. Ich habe das große Glück, dazu zu gehören, und habe schon viele interessante Menschen kennengelernt. Mein Zugehörigkeitsgefühl ist so groß, dass ich gewiss nicht zögern würde, jedem Mitglied dieses Kreises einen Gefallen zu tun oder einen beruflichen Rat zu geben, mit Freude. Die Initiatorin hat sich damit in ihrer authentischen Persönlichkeit auch außerhalb des beruflichen Rahmens gezeigt, sie gibt ihrer Freude an der Musik Ausdruck, ihrer Lebensfreude, und bietet eine Plattform für die gegenseitige Wertschätzung und berufliche Förderung.

Ein ganz anderes Beispiel ist der von mir 1995 gegründete Kreis von Frauen in Top Human Ressources Funktionen in Unternehmen im deutsch-sprachigen Raum: weibliche Personalvorstände, Geschäftsführerinnen mit der HR Kompetenz, Arbeitsdirektorinnen und Personalleiterinnen. Ich habe alle Frauen persönlich, mit Briefen und Telefonaten, angesprochen und überzeugt, habe die Erfahrungsaustauschtreffen in verschiedenen Städten und Unternehmen organisiert, Expertinnen und Experten als Impulsvortragende eingeladen, und mir für den informellen Teil jeweils etwas Besonderes ausgedacht. Obwohl das eigentliche Ritual, nämlich die „offiziellen Treffen" mit Agenda etc., schon seit 2 Jahren nicht mehr existiert, ist die herzliche Verbundenheit geblieben. Schnell und unbürokratisch und mit einem guten Schuss Humor kommen wir an alle Informationen und Kontakte heran, erfahren zum Beispiel, welche offenen Positionen, interessanten Veranstaltungen und potenziellen Aufträge es gerade gibt. Wenn man in Zürich, Düsseldorf, Hamburg oder Wien zu tun hat, leidet man abends keine Langeweile.

9.5 Strategisches Networking

Soziale Nähe und vertrauensbetontes Networking ist nicht nur ein Kriterium für *persönlichen* Erfolg, sondern überlebenswichtig für das Unternehmen – mit steigender Bedeutung in der Zukunft.

David Bosshart und Karin Frick, Trendforscher des renommierten Gottlieb-Duttweiler-Institutes in Zürich, schreiben: „Das Individuum bleibt die vorderste Instanz, der Dreh- und Angelpunkt der Gesellschaft. Doch die Aufmerksamkeit hat sich verschoben: weg von individuellen Besonderheiten und Einzigartigkeiten hin zu einem Netz von Beziehungen, die sich in einem Individuum verbinden. Eine wachsende Unzufriedenheit des befreiten Individuums führt zur Rückkehr alter Stammesrituale unter Hightech-Voraussetzungen. Neo-Tribes *(moderne Stammeszugehörigkeiten mit eigener Sprache und eigenen Erkennungs-Codes, Anm. d. Verf.)* und Communities werden immer mehr zur zentralen Ressource für Orientierung, Wissen, Unterhaltung und Sicherheit. Marketing wird Societing." [65]

Für die Besetzung von Positionen an der Spitze erwarten Aufsichtsräte bzw. Gesellschafter und Aktionäre heute deshalb mit Recht strategische Networkingkompetenz. Für Executive Searcher scheint diese Kompetenz sich bei der Suche nach Top Potenzial zur wichtigsten überhaupt zu entwickeln, ob sie es denn „Beziehungen", „Relationship Management", „gute Chemie", „Branchenkenntnis" oder „Affinitätsfaktor" nennen. Unternehmen erwerben mit einer neuen Spitzenkraft zugleich ihr bzw. sein hochkarätiges Netzwerk. Jeder weiß, dass sich leichter und schneller etwas erreichen lässt, wenn man möglichst viele Personen kennt, die mit Informationen weiterhelfen und Kontakte herstellen können. Bei der Expansion nach Japan … bei der Einsicht in wichtige politische Vorhaben … beim Erwerb einer neuen Facility … bei der Suche nach einem günstigen indischen Lieferanten … beim Lobbying in Brüssel … bei der Genehmigung einer Fusion durch die Wettbewerbsbehörden … Leistungsideologen verachten „Klüngel", und „Vitamin B", wollen ihre Freunde nicht für die Firma „ausnutzen". Als Führungscoach verfolge ich jedoch seit langem, wie diese zentrale Fähigkeit zum *Unternehmens*erfolg beiträgt. Und von „Ausbeutung privater Beziehungen" kann gar keine Rede sein, im Gegenteil: die meisten erfolgreichen Unternehmer und Führungspersonen sind froh, helfen zu können, dadurch wird die gegenseitige Verpflichtung verstärkt und alle profitieren.

Die zentrale Bedeutung des Networking für den Unternehmenserfolg zeigt sich auch darin, dass Unternehmen den alten Bereich der Public Relations ausweiten und die gezielte, vertrauensvolle Kommunikation zwischen Schlüsselpersonen intern und extern sowie die imagebildende affektive Positionierung in bestimmten Netzwerken zur Chefsache machen. So erhöht sich in den letzten Jahren auch offiziell der Stellenwert von Kommunikation mit

- Mitarbeiterinnen und Mitarbeitern,
- Lieferanten,
- wichtigen externen Personen,
- gesellschaftlichen Institutionen,

[65] David Bosshard und Karin Frick: Megatrends und Gegentrends, Trends und Gegentrends in Wirtschaft, Gesellschaft und Konsum, in: GDI Aktuell, www.gdi.ch/publikationen/trendlab

- anderen Unternehmen,
- Aktionären,
- der Öffentlichkeit.

Nicht zuletzt wegen der gestiegenen Publizität und Wichtigkeit des Börsenwertes als Erfolgsindikator gilt höchste Priorität für „relationship management". Es sind neue Berufsbilder wie Investor Relations Manager entstanden, auch für Beratungsunternehmen, die persönliches Networking und Imagebildung fokussieren.

9.6 Die Stärke schwacher Bindungen

Durch den amerikanischen Soziologen Mark Granovetter[66] wurde schon von 30 Jahren beschrieben, was in meinen Netzwerkveranstaltungen und Coachingprozessen heute sehr deutlich ist: strategisches Networking – soziale Kontakte, die den eigenen und den Unternehmenserfolg optimal vorantreiben – beruht auf der „Stärke schwacher Bindungen" – auf *vielen losen, aber freundlichen* Beziehungen *in ganz unterschiedliche Kreise hinein*: Politik, Wissenschaft, verschiedene Branchen und Szenen, Medien, Prominenten- und Künstlerkreise. Wichtig ist, dass man über seine Verbindungen an möglichst vielen unterschiedlichen Netzwerken partizipieren kann, vor allem an den dort vorhandenen Informationen. Schnelligkeit und Effektivität des Informationsflusses ist abhängig von den Brücken zwischen den einzelnen Gruppen. Dies belegt aktuell ein weiterer amerikanischer Soziologe, Ronald S. Burt[67], in seiner Arbeit über die Verbreitung und Umsetzung guter Ideen in Unternehmen. Interdisziplinäre lockere Netzwerke sind danach engen Kontakten in der eigenen Abteilung weit überlegen. Wenn man sich, befördert durch Bekanntheit und Gewohnheit, auf das eigene Team konzentriert, entstehen ‚strukturelle Löcher' zwischen Netzwerken. In der Beurteilung der Verbesserungsvorschläge schnitten aber gerade diejenigen Manager am besten ab, die solche Löcher überbrücken. Sie haben im Durchschnitt das höhere Gehalt und machen schneller Karriere."[68]

Dieses Wissen können Sie sich zu Nutze machen, wenn Sie Empfehlungen und Informationen brauchen. Suchen Sie etwa eine neue Position, so rate ich, sich mit vielen unterschiedlichen Netzwerkpartnern in Verbindung zu setzen und Ihren Wunsch gezielt dort zu plazieren.

9.7 Freundschaften im Business

Selbstverständlich sind auch langjährige, enge Bindungen für Manager lebenswichtig. In Zeiten verlorener Arbeitsplatz-Sicherheit und Unternehmensheimat sind Vertrauen und Freundschaft sogar neue Buzzwords, neue Werte des Top Managements. Freunde können einander vertrauen und fördern sich gegenseitig. Wer bei Fusionen überlebt, das lässt sich am Soziogramm der Sympathie und Verbundenheit weit eher

[66] Mark Granovetter, The Strength of Weak Ties, American Journal of Sociology, 78, 1973, zitiert nach Regina Mönch, Von Frisören lernen, in FAZ, 28.4.2003

[67] Ronald S. Burt, The Social Origins of Good Ideas, Ms. Januar 2003, http⁄gsbwww.uchicago.edu/tac/ronald.burt/research/SOGI.pdf -zitiert nach Regina Mönch, s. Fußnote 68

[68] Regina Mönch, Von Frisören lernen, in FAZ, 28.4.2003

ablesen als an Leistungen und Erfolgen der Vergangenheit. Man informiert, stützt, empfiehlt, beauftragt diejenigen, mit denen der affektive Kontakt stimmt.

Networking, Freundschaft und Korruption wird in der Außensicht des Top Managements gerne vermischt. Aus meiner Erfahrung als Top Management Coach weiß ich allerdings, dass der Grat zwischen Freundschaft auf der einen und Abhängigkeitsbeziehungen (Korruption, Erpressung und Erpressbarkeit) auf der anderen Seite nicht so schmal ist wie angenomen. Vertrauen und Freundschaft bestehen autonom, auch ohne Geld. Sie beruhen auf Souveränität, Affinität und positiven gemeinsamen Erfahrungen. Man informiert, fördert und nutzt sich gegenseitig, ohne große Summen Geldes, ohne gemeinsame „Leichen im Keller". Erpressbarkeit und Erpressung beruhen aber gerade nicht auf Vertrauen, sondern auf Angst und Gier.

Das Freundschafts- und das Abhängigkeitsprinzip der Eliten wird von außen häufig nicht getrennt, beides wird negativ als „Amigo-Prinzip" oder Korruption gebrandmarkt. Ich habe sogar erlebt, dass „Amigos", die in Wirklichkeit nur durch gemeinsame finanzielle und Machtinteressen zusammengehalten werden, *selbst meinen*, sie seien Freunde (was für sie offenbar das gleiche ist wie Verbündete in feindlichem Umfeld), und das nach außen auch so darstellen. Hans Leyendecker beschreibt in der Süddeutschen Zeitung vom 2.5.2003 unter dem Titel „Zwei Männer mit Hang zu Verschwörungstheorien" die Beziehung zwischen Leo Kirch und Helmut Kohl und sitzt dieser Verwechslung offenbar ebenfalls auf:

„Dass Kohl und Kirch dicke Freunde sind, weiß die Öffentlichkeit spätestens, seitdem Kirch im Jahr 2000 Kohl bei einer Spendenaktion eine Million Mark zukommen ließ. Aber kam es bei Kirch noch auf eine Million Mark an? Es gibt auch sonst noch Fragen: Hat der misstrauische Kohl wirklich einen Freund, dem er sich rückhaltlos anvertrauen würde? Und hat Kirch einen Freund, den er in Geheimnisse einweihen könnte? Einer, der die beiden gut kennt, sagt, sie würden vermutlich glauben, Freunde zu sein. Das reiche. Beide verbinde ein ‚wertkonservativer Hintergrund'. Anfangs hat Kohl dem Münchner misstraut ... Vielleicht haben sie an diesem Abend (von dem vorher die Rede war, Anm. d. Verf.) einige ihrer Gemeinsamkeiten entdeckt: Beide sind gläubige Katholiken. Beide haben immer gerackert und es aus kleinen Verhältnissen nach oben geschafft ... Kirch und Kohl neigen beide zu Verschwörungstheorien ... Beide haben ein Gespür für Gefolgstreue und ein Elefantengedächtnis für Verrat. Wer zu den ‚Kohlianern' gehört, genießt Schutz und hat Vorteile, muss aber treu und loyal sein. ..."

Die „Allianz des Schweigens und Teilens" des Unternehmers Kirch wird auf der gleichen Seite von Hans-Jürgen Jakobs so beschrieben: „Kirchs System fußte auf einer einfachen Regel: Wer sich seinen Unternehmen verpflichtet fühlte wurde belohnt – wer nicht, wurde gemieden." Das wusste allerdings schon Herr Macchiavelli ... Hier werden einfache Regeln bloßer Machtausübung beschrieben, nicht Freundschaft.

Befreundete Manager müssen kein Geld anwenden, um Loyalität zu kaufen. Sie kritisieren sich und setzen sich auseinander. Sie *möchten, dass der Andere erfolgreich ist.* Freunde stammen aus ganz unterschiedlichen Lebensbereichen, können verschiedene Interessen und Wege verfolgen. Sie bestärken sich gegenseitig darin, ihre Werte zu hinterfragen und immer wieder ganz neue Ideen und Menschen kennenzulernen. Freundschaft bedeutet für sie nicht, andere abzuwerten und sich abzuschotten, sondern neugierig zu bleiben.

10 Gefühlsrituale und Management-Souveränität

Herz ist zwar Kult in der Konsum- und Medienwelt, im Business haben Gefühle nach der Managementlehre des letzten Jahrhunderts nichts zu suchen. „Emotionalität" wurde dort gleichgesetzt mit negativen Regungen wie Neid, Aggression, Dominanzstreben, Ego-Sucht und Misstrauen. Sie wurde von Managern der alten Schule gern bei anderen diagnostiziert und als verbale Waffe benutzt: „Sie sind zu emotional!". Heute brauchen wir allerdings emotionale Vorbilder, exzellente, authentische Manager und Managerinnen. Eine souveräne Führungspersönlichkeit gesteht sich selbst ein: „Ich bin ein Gefühlsmensch – bei wichtigen Entscheidungen habe ich die Fakten und Daten nur genutzt, um meiner inneren Stimme Fragen zu stellen und ihrer gewiss zu werden. Ich habe im Grunde immer meinen Gefühlen vertraut und das hat sich bewährt".

Es kommt darauf an, Emotionen bei sich selbst zu entdecken, nicht bei andern festzustellen und zu brandmarken. Diese Erkenntnis der eigenen Intuition und Spontaneität ist nicht immer einfach, denn das Selbstbild der Erfolgreichen täuscht oftmals gerade große Rationalität vor. Gefühle waren zwar schon immer vorhanden, selbst in hochbürokratischen Verwaltungen und hochwissenschaftlichen Instituten, aber über sehr lange Zeit hinweg geächtet. Erst heute, da sie an die Grenzen der Rationalität gelangen, befassen sich auch hartgesottene Zahlenmenschen im Business wieder unbefangener und auf positive Weise mit ihrem Seelenleben.

Nach einem intensiven Coachingprozess ist dies häufig der erste Schritt zu tiefgreifenden Veränderungen, die im Persönlichen beginnen und positiv auf das Unternehmen ausstrahlen. Meine Klientinnen und Klienten, die sich zunehmend emotional berühren lassen wollen, stellen fest, wie ihre Denk- und Wahrnehmungsbarrieren und rationalen Glaubenssätze aufweichen, wie sie sich öffnen und ohne Angst authentisch und glaubwürdig agieren können. Wie ihre negativen Urteile und Abwertungen gegenüber anderen verschwinden. Die gewonnene positive persönliche Ausstrahlung fördert bei Mitarbeiterinnen und Mitarbeitern spürbar Offenheit, Vertrauen und Zugehörigkeitsgefühl zum Unternehmen. Alle Experten sind sich einig: Die Menschen im Unternehmen möchten, dass ihre Gefühle ernst genommen werden, denn sie investieren ihre Gefühle in die Aufgabe. Wenn die Führungsperson dies erkennt und danach handelt, gewinnt sie an Glaubwürdigkeit, das Team und das Unternehmen gewinnen an Lebendigkeit und Schwung.

10.1 Emotionale Offenheit erzeugt Vertrauen

Eine Führungspersönlichkeit, die sich als eigenwilliges Individuum anderen öffnet, die Charakter zeigt, die mit Mut und Humor in den Dialog geht, ist Beispiel gebend. Sie erleichtert es ihren Mitarbeiterinnen und Mitarbeitern, Entscheidungen auch emotional mitzutragen und dann Strategien viel nachhaltiger zu verfolgen. Temperamentvolle, authentische Führungspersonen machen das einzigartige und nachvollziehbare individuelle Moment in ihrem Führungsstil deutlich. Wenn Manager glauben, ohne Regungen führen zu können, wirken sie entpersonalisiert, undurchschaubar, bürokratisch, bedrohlich. Gefühl und Offenheit schaffen Sicherheit, nicht Rationalität und Objektivität. Die objektiven Sicherheiten schwinden: morgen kann alles anders sein als heute. Erfolg ist nicht mehr mit Zahlen und Fakten belegbar. Die Mitarbeitenden im Unternehmen wollen dann vor allem die menschliche Verbundenheit spüren. Das entlastet von Perfektionismus und ermutigt sie, sich selbst mit Kopf und Herz für den Weg in eine ungewisse Zukunft zu engagieren.

Grundlage für emotionale Offenheit ist emotionale Intelligenz: *seine eigenen Gefühle zu verstehen* und anzunehmen. Wer sich als frei von Emotionen betrachtet, macht einen doppelt schweren Fehler: er verkennt seine eigene Natur und er versteht nicht die Wirkung, die er auf Andere erzeugt. Daniel Goleman, der Pionier der emotionalen Intelligenz, hat durch Untersuchungen in fast 200 internationalen Großunternehmen belegt, „dass emotionale Intelligenz als Grundvoraussetzung erfolgreichen Führens unverzichtbar ist – und das gilt vor allem für die Unternehmensspitze. Ausbildung, analytische Fähigkeiten und Kreativität, auf die bisher das Hauptaugenmerk gerichtet wurde, spielen demgegenüber eine untergeordnete Rolle. Nur wer seine eigenen Gefühle ebenso wie die anderer Menschen versteht, ist in der Lage, seine Mitarbeiter so zu steuern, dass die Unternehmensziele erreicht werden.“[69] Es sind die Gefühle, die im Wirtschaftsleben die entscheidende Rolle spielen. Keine Zahl, keine Information, keine Entscheidung kann unser Gehirn ohne emotionale und bildhafte Assoziationen aufnehmen, geschweige denn verarbeiten. Es ist nicht in der Lage, digital zu arbeiten, d.h. Zahlen als Zahlen zu merken. Unwillkürlich und blitzschnell werden Daten mit emotionalem Gehalt angereichert – oder sofort vergessen.

Demgegenüber steht, teilweise immer noch unerschütterlich, das Rationalitäts- und Objektivitätsdogma der alten Managementlehre. Es erlaubt Spitzenmanagern, die eigenen Gefühle zu verleugnen, so als gäbe es sie gar nicht, sie im Reich des eigenen Unbewussten zu lassen. Von dort aus führen sie ein destruktives Eigenleben, denn Gefühle lassen sich zwar verleugnen, aber nicht abschalten. Sie drücken sich umso mächtiger und unkalkulierbarer aus: In der Körpersprache, zwischen den Zeilen von Briefen und Präsentationen; als „Ton, der die Musik macht“, als „Chemie zwischen zwei Personen“, und auch im privaten Bereich in Attacken von unverständlicher, weil unkontrollierter Panik, Angst, Ohnmacht und nächtlichem Grübeln.

Als Coach empfehle ich meinen Klientinnen und Klienten, persönliche Rituale zu entwickeln, um sich ihre Gefühle bewusst zu machen und mit ihnen wie mit einem guten Freund und Ratgeber zu leben. Die Lernrituale sind so unterschiedlich wie die Führungscharaktere: sie reichen von regelmäßigen Familien-Unternehmungen mit Feedback, wie man sich gegenseitig erlebt hat; über Meditation, Selbsterfahrungsgruppen und Teamentwicklungsseminaren bis hin zu Persönlichkeitstests. Eine sehr gute Möglichkeit, mehr über seine eigenen Stimmungen und Gefühle zu erfahren, die im Verborgenen beeinflussen, und den Umgang mit ihnen zu trainieren, ist das positive Ritual des Management Coaching.

---

[69] Goleman, Daniel, u.a. in „Emotionale Intelligenz – zum Führen unerlässlich“, in: Harvard Business Manager 3/1999

10.2 Emotionales Lernen durch Coaching

So sehr unerkannte Gefühle den notwendigen Lernprozess des Top Managements hindern, so bedeutungsvoll ist die Erweiterung des Denk- und Verhaltensrepertoires, sobald die generelle Abwertung von Gefühlen bei sich selbst und bei anderen relativiert werden kann. In einem guten Coachingprozess werden positive Beispiele für Gefühle, die immer vorhanden sind, entdeckt und gewürdigt:

- Welche gefühlsmäßigen Momente werden später einmal als Wende- und Höhepunkte Ihres beruflichen Erfolgs in Ihren Memoiren stehen?
- Die besten Entscheidungen – wurden Sie mit dem Kopf oder auch mit dem Bauch gefällt?
- Die besten Talente – spielte Intuition bei der Auswahl eine Rolle?
- Die spontane Lagebeurteilung in einer Krisensituation – trug Ihre gefühlsmäßige Einschätzung dazu bei, die Faktoren richtig zu bewerten?
- Intrigen, Gerüchte, sich ankündigende Unzufriedenheiten und Konflikte – welche Rolle spielte Ihre gefühlsmäßige Wahrnehmung beim Erkennen der soft trends?

Coach und Coachee suchen gemeinsam nach Momenten der positiven Emotionalität. Auf die Frage nach einer geschäftlichen Situation, die sie emotional berührt hat, antworteten meine Klientinnen und Klienten

- als sich mein Vorgesetzter, ganz gegen seine Gewohnheit, bei mir entschuldigte,
- als es ganz still wurde, nachdem das Team sich stürmisch selbst applaudiert hatte, um ein hart erkämpftes, spektakuläres Ergebnis zu feiern,
- als die Tochter des Unternehmensgründers ihre Dankbarkeit und ihren Respekt dem Vater gegenüber in einer wundervollen Rede zum Ausdruck brachte,
- als unser Personaldirektor eine sehr liebevolle Beileidsanzeige für einen langjährigen Mitarbeiter formulierte,
- als ich sah, wie unser CEO seinen Freund und Kollegen, unseren Sales Director, sichtlich gerührt, mit Tränen in den Augen, verabschiedete.

Das sind Erinnerungen, die im Coachinggespräch dazu dienen, auch abgebrühte Manager Wärme und Ganzheit, die positive Kraft der Gefühle (wieder) empfinden zu lassen. Erinnerungen, in denen der Weg für ganz neue Erfahrungen frei wird: dass nämlich ohne Rührung kein Abschied, kein Neubeginn, keine Veränderung erfolgreich sein wird.

Erfahrene, erfolgreiche Führungskräfte wissen heute, dass Logik und Rhetorik nicht ausreichen, um Begeisterung zu wecken. Sie möchten heute, in den permanenten, schwierigen Veränderungsprozessen, Gefühle wie Vertrauen, Offenheit für Veränderungen, Selbstbewusstsein oder Sympathie erzeugen. Wer indes solche Empfindungen bei Anderen hervorrufen will, ohne sich selbst auf seine eigenen Empfindungen einzulassen, bekommt die gegenteilige Reaktion: Misstrauen, Rückzug, Abwertung und Enttäuschung. Menschen spüren, dass sie manipuliert werden. Das Geheimnis von Rührung ist: Bewegen kann nur der, der selbst bewegt ist.

Wie kommen Top Managerinnen und Top Manager mit ihrer Sensibilität und Intuition in Kontakt und lernen sie besser kennen, würdigen, einsetzen? Dies genau ist die Chance, die in einem guten Coachingprozess steckt: auch unangenehme Empfindungen wie Ohnmacht, Ärger, Neid und Eifersucht als selbstverständlich zu werten und nicht als negative „Emotionalität", die eigene Ängste auslöst oder anderen vorgeworfen wird. Emotionen dienen als Ressource: als Frühwarnsystem, als Sensor und Antenne, als Schutz vor Fehlern, als Quelle von Erkenntnissen über mich selbst und die Welt, als Ansporn zu lernen. Nicht Gleichmut, Neutralität oder Vernunft, sondern die Höhen und Tiefen von Emotionen sind es, die Lust auf das Leben, auf genussvolle Erfolge, auf Veränderungen und wertvolle Beziehungen wecken. Sie steigern die Entdeckerfreude, den Stolz auf Erreichtes, die Neugierde und die Lebensfreude potenziell nicht nur bei sich selbst, sondern – das Top Management hat Modell-Funktion – auch bei allen Führungskräften und Teammitgliedern.

10.3 Das Geheimnis der selektiven Authentiziät

Es ist natürlich nicht erfolgversprechend, Gefühle impulsiv und unkontrolliert auszuleben. Im Steering Commitee den Projektverantwortlichen ungefiltert den eigenen Stress, die eigene Unsicherheit oder auch die persönliche Zuneigung zu zeigen, wirkt kontraproduktiv, ebenso wie das Verlassen der Höflichkeitsregeln in der Aufsichtsratssitzung, wenn der Vorstand seinem Ärger lauten Ausdruck verleiht. Dies verunsichert und verletzt die Angesprochenen. Gefühle stehen dann dem Erfolg im Wege, wenn sie nach Belieben und ohne Disziplin oder Selbstreflexion nach außen getragen werden. Mitarbeitenden und Kollegen gegenüber nur positive Gefühle zu äußern, und die negativen zwar bei sich selbst wahrzunehmen, aber nicht mitzuteilen – das ist die schwierige Kunst der selektiven Authentizität oder emotionalen Intelligenz, die für die meisten von uns nur mit gutem Training und viel Selbstreflexion zu erlernen ist.

Nur Führungskräfte, die ihre Gefühle kennen und beherrschen, verhalten sich angemessen, ohne Panik, und sind in der Lage zu der vertrauensvollen und affektiv-positiven Kommunikation, die wir als Anforderung an erfolgreiche Spitzenkräfte formuliert haben. Auf der Basis der Kenntnis und positiven Wertung der eigenen Gefühle äußert sich die erfolgreiche Managerin, der erfolgreiche Manager ehrlich und authentisch. Sie sagen nicht, dass sie vom Ergebnis begeistert sind, wenn sie in Wirklichkeit Zweifel haben. Sie suchen aber in ihren Empfindungen auch das positive, zustimmende Gefühl, die Empathie, die Würdigung und Dankbarkeit, und drücken es aus.

10.4 Emotionale Souveränität

Die gefühlvolle Persönlichkeit – so das Vorurteil – ist nicht souverän, und Souveränität ist das Ideal der Führungsperson auf ihrem Weg in die Champion's League. So sind viele dazu bereit, sich bis zum Äußersten anzustrengen, damit sie unangestrengt wirken. Dies ist der pubertäre und illusionäre narzisstische Wunsch, stets „cool" zu wirken. Wer jedoch seine Gefühle unterdrückt, wirkt gerade unecht und angestrengt, also nicht souverän.

Erfolgreiche Unternehmerinnen und Unternehmer, Top Managerinnen und Top Manager verstecken sich nicht. Eine Schwäche darf sichtbar werden, gerade das ist ihre Stärke. Das sind die Männer und Frauen, die wir als „Persönlichkeiten" bezeichnen: die Tiefschläge als Tiefschläge nehmen, traurig, hilflos oder verzweifelt sind, sich dann um 17 Uhr zum Golfen verabschieden, um sich zu erholen. Sie dokumentieren Gelassenheit und Selbstsicherheit, weil sie auf sich selbst Acht geben, sich nicht verbiegen.

Wie wird man souverän?

Souveränität ist die vielleicht wichtigste innere Eigenschaft, um die Sie sich bemühen sollten, wenn Sie eine Top Karriere anstreben. Schauspielern, sich verstellen – das ist allerdings nicht gemeint. Die Anforderungen an Ihre Psyche im Business sind heute so groß, dass selbst ein professioneller Schauspieler nicht einen Tag lang souverän wirken könnte, ohne wirklich innerlich souverän zu sein. Vielmehr sei empfohlen, die *innere Unabhängigkeit* zu trainieren:

1. gut auf sich selbst zu achten, die eigenen Gefühle und Bedürfnisse ernst zu nehmen, persönliche Lebensfreude-Rituale zu entwickeln,
2. sich die eigenen Abhängigkeiten einzugestehen,
3. sie bestmöglich zu reduzieren,
4. persönliche Sicherheitsrituale zu entwickeln.

10.5 Souveränität gewinnt, wer Krisen meistert

Auch durchaus unsouveräne Manager erscheinen nach außen häufig als selbstbewusste, unabhängige Personen, und nicht selten sind sie selbst davon überzeugt es zu sein.

„Mir kann nichts passieren. Mein Engagement, meine guten Leistungen und meine Ergebnisse für das Unternehmen sind die Basis für meine zukünftige Entwicklung. Ich habe mir einen Namen in der Comunity of Practice gemacht, meine Kollegen und Partner schätzen meinen Führungsstil, ich bin ein gefragter Referent für Veranstaltungen und erhalte regelmäßig Anrufe von Personalberatern. Für den Fall der Fälle ist mir eine ordentliche Abfindungssumme sicher – Äußerlichkeiten wie Status, Macht, Titel bedeuten mir sowieso nicht viel." Dieser Manager fühlt sich sicher, aber als Coach weiss ich, dass Abhängigkeit gerade da auftaucht, wo wir es nicht vermuten. Denn wir haben jahrelang gelernt, unsere Schwächen zu kompensieren, und das hat uns erfolgreich gemacht. Die Schilderung des – keinesfalls in seiner Existenz bedrohten – gekündigten Vorstandsmitglieds, der morgens immer noch aus dem Haus geht, weil er die Fragen und das Mitleid der Nachbarn fürchtet, ist keine Erfindung, ebensowenig wie der Finanzvorstand von Mercedes in den Neunzigerjahren, der nach seiner Entlassung eine schwere Depression erlitt und Suizid beging. Das sind keine Einzelfälle.

Wenn aber die berufliche Krise erfolgreich bewältigt wurde, ist die Führungsperson gereift und auf größere Aufgaben vorbereitet, das berichten mir übereinstimmend erfolgreiche Managerinnen und Manager:

- Sie schätzen die persönlichen und Geschäftsrisiken realistischer ein.
- Sie haben Techniken und Rituale entwickelt, in bedrohlichen Szenarien einen kühlen Kopf zu behalten.

Als Beraterin empfehle ich den Unternehmen, bevorzugt solche Managerinnen und Manager einzustellen, die bereits persönliche und berufliche Krisen erlebt und gemeistert haben.

10.6 Die eigene Abhängigkeit erkennen

Jeder Manager, und *jede* Managerin sollte damit rechnen, entlassen zu werden, freiwillig oder unfreiwillig einige Zeit ohne Job zu leben, *und dann einige schmerzliche Erkenntnisse realisieren zu müssen*:

- dass sie von Schmeichlern und Feiglingen umgeben waren,
- dass sie nur auf Grund ihrer Position interessant und begehrt für Externe und Head Hunter waren,
- dass sie nicht wissen, wie sie sich in offizieller Runde vorstellen sollen – ohne Job, Titel, Visitenkarte,
- dass sie kaum ohne Sekretärin überleben können, die ihnen die „niederen Arbeiten" abnimmt,
- dass sie ihre Freizeit weder genießen noch nutzen können, und eigentlich, wie ein Workoholic, nur einen Wunsch haben: so schnell wie möglich eine neue Aufgabe zu bekommen,
- dass sich auch bei ihnen Job-Entzug anfühlen kann wie Liebes-Entzug, ausgeliefert, mit tausend Messern im Bauch.

Die meisten etablierten Führungspersonen halten sich selbst für eine Ausnahme, können es sich nicht vorstellen, so lange, bis es passiert. Die Depression ereilt die Managerin, den Manager nach einer Trennung vom Unternehmen, die Unternehmerin, den Unternehmer nach Verkauf oder Übergabe des Betriebs deshalb oft sehr überraschend. Der Auslöser für den Schmerz ist nicht das Fehlen von Geld oder Job, sondern die plötzliche Erkenntnis einer jahrelangen Selbsttäuschung, einer bis dato verleugneten persönlichen *Abhängigkeitssituation*. Zusätzlich verunsichert, dass sich Gefühle wie Selbstzweifel und Verlassenheit nicht durch gewohnte Managementtechniken reduzieren lassen.[70] Sie fühlen sich ohnmächtig, weil sie noch nicht über ein Repertoire für die Überwindung dieser Art persönlicher Krise verfügen. Die Symptome erinnern an Entzugserscheinungen von Süchtigen. Als Coach erfahre ich, was auch der Münchner Autor und Psychotherapeut Wolfgang Schmidbauer bei seinen Patienten beobachtet: Es führt in einer solchen Krisensituation kein Weg an systematischer Selbstreflexion mit einfühlsamer, professioneller Begleitung vorbei. Gut ist es, wenn man bereits vorher entsprechende Rituale und Gewohnheiten etablieren konnte: regelmäßigen Austausch mit einer Vielfalt von Menschen, die bereits persönliche Krisen bewältigt haben; geleitete Meditation, Coaching oder Psychotherapie.

---

[70] Dieses Dilemma wird anschaulich beschrieben in Richard Nelson Bolles Buch „Durchstarten zum Traumjob", Frankfurt/Main 1999, z.B. auf S. 81

10.7 Selbstreflexion

Der tiefgreifende Prozess des Akzeptierens der eigenen Abhängigkeit von Status, Anerkennung, Geld und Zuwendung führt zur Entdeckung von neuen persönlichen Denk- und Verhaltensmustern und eröffnet so ganz neue Optionen. Wer sich kennt, kann sich verändern. Er kann neue Sicherheitsrituale und Souveränitätsstrategien entwickeln wie

- regelmäßiges Feedback über die eigene professionelle und Persönlichkeitsentwicklung,
- Kennenlernen der eigenen unbewußten Steuerungsprozesse und Motivationen,
- Einübung von Vertrauen und Optimismus,
- Aktivieren von Freundschaft und Netzwerken,
- gewachsene Menschenkenntnis und Einfühlungsvermögen,
- stringentere Prioritätensetzung – was wirklich wichtig ist im Leben,
- ein breites Repertoire individueller Rituale für Lebensfreude und Gelassenheit.

Krisen sind ein guter Anlass für Selbstreflexion, noch besser ist es, bereits vorher, zum Beispiel sofort, damit zu beginnen, um Souveränität und Gelassenheit zu bewahren. Wenn Sie sich ausgiebig mit Ihren Stärken, Kompetenzen, Talenten, Ressourcen und Chancen befassen, werden diese wachsen, und mit ihnen Ihr Selbstbewusstsein und Ihr Optimismus. Ich empfehle dazu jeder Führungskraft, der eigenen Persönlichkeitsentwicklung regelmäßig Zeit zu widmen, mit einem Coach, mit einem Therapeuten, in hochkarätigen Seminaren, durch Lektüre.[71]

Regelmäßige Selbstreflexion außerhalb von akuten Krisen ist eine anspruchsvolle Forderung. Selbst erfahrene buddhistische Mönche berichten davon, dass sie täglich einen inneren Dialog mit ihren eigenen Ausreden führen, wenn sie früh aufstehen um zu meditieren. Es ist also normal und akzeptabel, wenn auch wir verführt sind, gerade heute nicht mit der Selbstreflexion anzufangen. Uns „Normalmenschen" wird diese Disziplinleistung nur gelingen, wenn wir uns selbst überlisten, unser Denken weitgehend ausschalten und unsere Kontemplation in ein festes persönliches Ritual einbinden. Beispiele sind:

- Ein Manager geht jeden Morgen direkt nach dem Aufstehen in ein eigens dafür bestimmtes, unmöbliertes, sparsam aber sorgfältig dekoriertes Zimmer und macht dort seine Tai Chi Übungen. Direkt danach genießt er eine Tasse Kaffee. Ohne Übungen bleibt es ein Tag ohne Kaffee.
- Eine Unternehmerin hat auf Reisen stets ihr Meditationskissen dabei und legt es abends an die Stelle, auf die sie morgens zuerst ihren Fuß stellt. Sie sagt morgens zu sich selbst: heute stehe ich mit dem richtigen Fuß auf. Dann meditiert sie, 5 Minuten, wenn sie in Eile ist, bis zu 25 Minuten, wenn sie genügend Zeit hat.
- Den Sonntagabend beschließt ein Physik-Professor mit einem Gedicht oder eine Kunstbetrachtung und einem Gespräch darüber mit seiner Frau.

---

[71] Die Wirkung von Seminaren und vor allem von Lektüre ist begrenzt. Da ich aber sicher von Lesern dieses Buches nach Empfehlungen gefragt werden werde, hier zwei Titel: Julia Cameron, Der Weg des Künstlers. Ein spiritueller Pfad zur Aktivierung unserer Kreativität, München 2000 und Barbara Sher, Wishcraft, Vom Wunschtraum zum erfüllten Leben. Den weiblichen Leserinnen sei mein Buch „Lust auf Erfolg – Karrierestrategien für Frauen", Econ Verlag 1994, empfohlen.

- Der Inhaber einer Anwaltskanzlei arbeitet jede Woche ein Kapitel des Buches „The Way of the Artist“ von Julia Cameron (siehe Fußnote Nr. 46) durch.
- Ein britischer Unternehmensberater besucht einmal pro Woche ein Intervisionsteam (eine kollegiale Supervisionsgruppe, man kann sie auch Peer-Coaching-Gruppe nennen).
- Eine Top Managerin in einem deutschen Konzern hat nach Abschluß ihrer zweijährigen Psychotherapie zur Bewältigung des Todes ihres Sohnes die Gewohnheit beibehalten, ihren Therapeuten in größeren Abständen zu besuchen, um mit ihm wichtige Ereignisse und Entscheidungen in ihrem Leben – beruflich und privat – zu diskutieren.
- Eine Unternehmerin geht, wann immer sie an einer Kirche vorbei kommt, in sie hinein und verbringt auf Kosten ihres nächsten Termins dort einige Minuten in Stille.

10.8 Persönliche Sicherheitsbereiche erweitern

In der Zeit, in der dieses Buch entstanden ist, im Jahr 2003, sind die sicherheitsverwöhnten deutschen Managerinnen und Manager zutiefst irritiert. „Geht nicht gibt's nicht“, „Nichts ist unmöglich“ – mit den Management-Glaubenssätzen der Neunziger- und ersten Jahre dieses Jahrzehnts wurden die Erwartungen der Shareholder und Börsianer durch den Start-up-Hype auf ein Traumniveau gehoben. Heute machen wir alle eine Erfahrung, die ich als Beraterin Willkommen heiße: Dass Grenzen, Brüche, Scheitern und Unmöglichkeiten im Wirtschaftshandeln sehr wahrscheinlich sind. Heute ist nicht mehr sehr vieles sicher. Anstrengung garantiert nicht den Erfolg. Exzellente Leistungen treiben die Kurse nicht nach oben. Letztes Jahr noch gefeierte Jungunternehmer stehen heute vor Gericht. Führungspersonen, von denen gestern noch niemand wusste, leiten solide, wachsende Unternehmen.

In unseren Coachinggesprächen wird es thematisiert: Wir leben in fordernden Managementzeiten, für die wir keine Erfahrungen sammeln konnten, für die es wenige Vorbilder gibt. Die Führungsarbeit muss heute täglich neu erfunden werden, mit einem „mehr Desselben“ können wir nicht erfolgreich sein. Zurücklehnen und Abwarten sind keine Alternativen, denn viele Unternehmen stehen vor einzigartigen Herausforderungen und oft geht es dabei um das Überleben der Organisation. Es ist unvermeidlich, Risiken einzugehen. Führungspersonen meistern die Aufgaben mit maximalem Zeiteinsatz, hohem fachlichen Können, globaler Mobilität und großer Anpassungsbereitschaft. Sie geben Orientierung, ohne selbst orientiert zu sein. Sie erfinden ihre Rolle täglich neu, sind Pionierinnen und Improvisationskünstler. Sie fühlen sich natürlich zusätzlich irritiert und enttäuscht, wenn dieser extreme persönliche Arbeitseinsatz, oft genug über die eigenen Kräfte gehend, krankmachend,[72] letztlich zu finanziellen und Statuseinbußen im Rahmen von Kostensparaktionen oder sogar zum Verlust des eigenen Arbeitsplatzes führt.

[72] Hartmut Volk: Anhaltende Unsicherheit und Verunsicherung macht krank, in verschiedenen Zeitschriften veröffentlichter Aufsatz ist auf Anfrage beim Autor zu erhalten: Hartmut.Volk@t-online.de.

Wie finden die derart geforderten und verunsicherten Führungspersonen neue Sicherheitsbereiche? Dazu habe ich im Laufe meiner Coachingarbeit gemeinsam mit den Klientinnen und Klienten in den letzten zwei Jahren einige grundlegende Thesen, Instrumente und Rituale entwickelt.

Zum ersten: *Sicherheit gibt es zunehmend nur noch individuell* – die kollektiven Sicherheitsmodelle in Staat, Gesellschaft, Unternehmen, Versicherungen sind gefährdet und unser Vertrauen darin ist erschüttert: der Generationenpakt, die Rentensicherheit, die Arbeitsplatzsicherheit, die Kranken- und Pflegeversicherungen.

Zum zweiten: *Sicherheit gibt es zunehmend nur noch im eigenen Innern*, nicht außen. Ich kann mich in der Frage der persönlichen Sicherheit wappnen: durch das Training meiner Fähigkeit, mobil, flexibel, erwartungslos und gelassen zu bleiben. So wäre ich auf alle Wechselfälle vorbereitet, im Bewusstsein, sie gestalten zu können. Das ist die Rückbesinnung auf einen Anfänger-Geist, der nichts selbstverständlich nimmt und für jedes kleine positive Privileg dankbar bleibt.

10.9 Persönliche Sicherheitsrituale

Ich rate meinen Klienten – neben dem Training der inneren Sicherheit und Unabhängigkeit – die Prüfung, Neubewertung und bessere Nutzung der vorhandenen persönlichen Sicherheits-Ressourcen: die eigenen Kompetenzen, die Familie, die Werte, das zur Verfügung stehende Geld, die Gesundheit und Lebensfreude, das Netzwerk. Dazu habe ich verschiedene Tools und Rituale entwickelt, die darauf abzielen, das eigene Branding und Networking stets weiter zu entwickeln, um so attraktiv für den Arbeitsmarkt zu bleiben und die Chancen zu erhöhen, schnell eine neue Aufgabe finden bzw. sich erfolgreich selbständig zu machen.

Vorausschauende Führungspersonen suchen sich einen Partner oder eine Partnerin, zum Beispiel einen **Personalberater, Coach, Kollegen oder Mentor**, mit dem sie gemeinsam alle 6 Monate ihr Kompetenz- oder Kurzprofil, ihr Karriere-Statement (wo will ich in 5 Jahren beruflich stehen?), ihren Lebenslauf und verschiedene Muster-Kontaktanschreiben formulieren, prüfen, optimieren.

Sie diskutieren miteinander, wie groß Ihre Bekanntheit und Ihr Netzwerk ist, welche wichtigen Entscheider von Ihrer Kompetenz und Ihrem Karriere-Statement wissen oder wissen sollten. Ziel ist es, immer mehr Ansprache von Personalberatern, immer mehr Einladungen zu Kongressen, zu Business Diners, zu Golfturnieren, als Redner bei Veranstaltungen, als Teilnehmer von Podiums-Diskussionen und Talk-Shows etc. zu bekommen. Ziel ist es auch, dass in dem besonderen Moment, in dem irgendwo auf der Welt der persönliche „Traumjob" einer Führungsperson zu besetzen ist, jemand sich an sie erinnert und sie informiert.

Dazu benötigt man **möglichst viele lockere aber herzliche Netzwerkbeziehungen** (vgl. die „Stärke schwacher Bindungen"). Das wichtigste moderne Sicherheitsritual ist das persönliche Netzwerk: Von wem können Sie in einer schweren Krise Hilfe erwarten? Wer in Ihrem Netzwerk sorgt für Ihren nächsten Job? Wer gibt Ihnen Informationen und Kontakte?

Sie sollten **Familie und Freunde** als Quellen der inneren und äußeren Sicherheit betrachten lernen, und nicht als Menschen, die von ihnen abhängig und zu versorgen sind. Letztere Sichtweise ist unter Führungspersonen sehr verbreitet. Sie müssen akzeptieren, dass Ehepartner/innen, Kinder und die eigenen Eltern durchaus in der Lage sind, sie in der schwierigen Aufgabe zu unterstützen, das nötige Geld zu beschaffen, und sei es durch die Reduzierung von Ansprüchen. Ich habe in den USA einen 50-jährigen Vertriebsmanager kennengelernt, dessen nicht berufstätige Frau Ärztin war, sie hatten drei über 20-jährige Töchter. Er konnte sich selbst nach seiner Kündigung und bei recht unsicheren beruflichen Aussichten nicht vorstellen, seine vier Damen zu bitten, auf Ihr teures Pferde-Hobby zu verzichten, geschweige denn, seine Frau zu bitten, wieder zu arbeiten. Das erhöhte seine Abhängigkeit erheblich. Mich hat erstaunt, dass er selbst niemals auf den Gedanken gekommen war, seine Familie als eine Ressource zu sehen, und dass er seine massiven Ängste vor dem Jobverlust, die ihn bis in den Schlaf verfolgten, nicht in Zusammenhang mit seiner grandiosen Vorstellung von sich selbst als einzigem Versorger der Familie in Verbindung gebracht hatte. Bis zum Zeitpunkt seiner Kündigung war ihm dieser selbst erzeugte Druck, das gesamte Familieneinkommen selbst erzielen zu müssen, nicht bewusst.

Mit einem Familienritual können Sie einer solchen Situation vorbeugen. Es bringt die Geldverdienenden in der Familie dazu, sich zu öffnen und über berufliche Situation und persönliche Ängste, über die Erwartungshaltungen und den Druck der Existenzsicherung ehrlich zu sprechen. Das praktikable Ritual ist der **monatliche familiäre Finanzreview**, gemeinsam mit den Kindern – auch wenn diese noch klein sind. Das Ritual spricht zu den Kindern deutlicher als jeder Sparappell und vermittelt gleichzeitig durch die Wiederholung und Selbstverständlichkeit Sicherheit. Der Einwand, dass sich die Ängste in schädlicher Weise auf die jüngeren Kinder übertragen könnten, zieht nicht: unangesprochene Ängste wirken auf Kinder noch viel verstörender. Mein Rat: Gewöhnen Sie sich an den Gedanken der familiären Mitverantwortlichkeit, üben Sie, ihren Befürchtungen Ausdruck zu verleihen, und anzunehmen, dass andere etwas für Sie tun können. Als mein Mann einmal arbeitslos und mein Sohn noch klein war und ich allein für das Familienbudget sorgte, hatte mein Freund und Mentor Wolfgang Schmidbauer für mich folgenden Rat: nicht nur den eigenen Vorratsschrank schön geschlossen halten, sondern gleichzeitig die Vorräte der anderen erkunden und nutzen.

Viele Managerinnen und Manager ergreifen die Chance, gerade in diesen Zeiten **einen mutigen Schritt in Richtung ihrer persönlichen Werte** zu planen und umzusetzen. So hat eine befreundete Schweizer Top Managerin den Schritt von ihrem absolut sicheren und höchstbezahlten Arbeitsplatz in eine schlecht bezahlte, aber in ihren Augen äußerst wichtige ökologische und politische Tätigkeit gewagt. Eine solche Entscheidung kommt nicht über Nacht. Sie reift in vielen Stunden ritueller Selbstreflexion und nach vielen familiären und kollegialen Gesprächen. Die persönlichen Werte zu reflektieren und das eigene berufliche Tun neu und stärker daran auszurichten ist ein attraktiver Trend, den meine Klientinnen und Klienten in den letzten Jahren und Monaten bestätigen. Führungspersonen übernehmen gerade jetzt wieder ehrenamtliche Engagements in den Kirchen und sozialen Institutionen. Dort lernen sie als heilsames Ritual neue Sichtweisen, Mitgefühl mit denen, die noch stärker unter der Rezession zu leiden haben als die Berufstätigen oder Arbeitslosen, und relativieren ihre persönlichen Krisen und Leiden.

Je länger Sie und Ihre Familie überleben können, ohne dass Sie persönlich einen einzigen Euro verdienen, desto größer ist Ihre individuelle finanzielle und innere Sicherheit. Mit jedem Euro, den Sie, Ihr Mann/Ihre Frau und Ihre Kinder sparen, erhöhen Sie Ihr Sicherheits-Niveau. Das Ritual des finanziellen Familien-Reviews im Beisein der Kinder wurde schon angesprochen. Persönlich habe ich davon enorm profitiert. Nach dem Verlust meiner letzten Position als angestellte Managerin war ich erleichtert festzustellen, dass wir unsere Lebensplanung immer sehr flexibel gehalten hatten: ein Haus zu besitzen und zu bewohnen, in dem wir einige von den eigengenutzten Räumen sofort vermieten und in anderen mein erstes Büro einrichten konnten; keinen aufwändigen Lebensstil mit goßen Autos, teuren Hobbies, Mitgliedschaften und Ferienhäusern zu pflegen; meinen Sohn halbwegs bescheiden erzogen zu haben; keine Abschreibungs-Immobilien oder Aktien zu besitzen. Ich halte persönlich Geiz durchaus nicht für „geil", wie ein Werbespruch nahelegt, finde es jedoch beruhigend, mich gelegentlich in der Kunst des Sparens zu üben, und stets **einen Überblick über potenzielle Sparreserven** zu haben.

11 Der menschliche Faktor – neu entdeckt

11.1 Konzentration auf die Talente der Menschen

Durch die Globalisierung der Märkte und die totale Verfügbarkeit von Information und Kommunikation hat die Komplexität des Wirtschaftens enorm zugenommen. Das Tempo des Wandels mit Firmenzusammenschlüssen, -abwicklungen und -neugründungen ist rasant gestiegen. Die Verantwortlichen handeln und entscheiden unter den Bedingungen von Undurchschaubarkeit und Unsicherheit von Erfolgsfaktoren. Die Chancen und die Risiken des persönlichen und des Unternehmenserfolgs sind groß. Die gezeigte Leistung scheint abgekoppelt vom Erfolg. Unternehmenserfolg kann bedeuten, dass gerade die dafür Verantwortlichen ihren Job verlieren, und umgekehrt, dass sie beim Scheitern der Unternehmens-Vision ein Millionenvermögen realisieren.

Die Anforderungen an das Management verändern sich kontinuierlich mit diesen Herausforderungen. Nur Persönlichkeiten mit hoher Ambiguitätstoleranz, Souveränität, mit großer innerer Stabilität sind dem gewachsen. Dauer-Irritation, Dauer-Lernen, Flexibilität und Mobilität sind nur möglich, wenn man eine sichere Heimat hat, wenn man in sich ruht. Die Persönlichkeiten an der Spitze der Unternehmen werden zum Dreh- und Angelpunkt der Orientierung, ihre Werte, ihre Ausstrahlung, ihre Erfahrungen, ihre Kompetenzen, ihre Vernetzung rücken in den Mittelpunkt des Interesses. Die Bewertung der Managementqualität ist immer öfter ausschlaggebend für eine Entscheidung für oder gegen einen Firmenkauf. In den Personalberatungen, die sich um die Besetzung der Top Positionen kümmern, werden die Methoden und Rituale immer ausgefeilter, diese erfolgversprechenden Eigenschaften zu „evaluieren“, zu messen, zu vergleichen, vorhersagbar zu machen.

Der Einfluss des Faktors „Management“ für den Unternehmenserfolg ist in den letzten Jahren zunehmend gewürdigt worden. Spektakulärer als die positiven Nachrichten sind die Berichte über Untersuchungen zu den Ursachen von Fehlschlägen. Dass zwei Drittel aller Fusionen wegen mangelhaften Managements scheitern, ist vielfach belegt. Die Münchner Unternehmensberatung Wieselhuber & Partner hat ermittelt, dass Führungsfehler auch die Ursache für die meisten Unternehmensinsolvenzen ist.[73]

Zu den Kriterien, die erfolgreiche von weniger erfolgreichen Führungskräften unterscheiden, gehört laut den vielbeachteten Forschungsergebnissen des Gallup Poll Instituts vor allem die Fokussierung auf die Begabungen und Talente der Menschen im Unternehmen [74], so zum Beispiel:

---

[73] Zitiert nach der Kolumne „SZ Management“ von Dagmar Deckstein im Wirtschaftsteil der Süddeutschen Zeitung vom 28.4.2003

[74] Gallup Poll/Marcus Buckingham, Curt Coffman: First, Break all the Rules, 1999 (regelmäßige Untersuchungen von tausenden von Führungskräften und Mitarbeitern/Mitarbeiterinnen, zitiert aus der Zeitschrift Brand Eins, 2/2001; eigene Zusammenstellung der Ergebnisse)

- Auswahl von Mitarbeitern und Mitarbeiterinnen nach Begabung, und nicht nur nach Erfahrung, Intelligenz oder Einsatzbereitschaft,
- Definition von erwarteten Ergebnissen, und nicht von vermeintlich richtigen Arbeitsschritten,
- Konzentration auf die Stärken der Mitarbeiter und Mitarbeiterinnen, und nicht auf die Schwächen,
- Förderung, indem man für Mitarbeiterinnen und Mitarbeiter den richtigen Platz in der Organisation findet und nicht in Kategorien von Hierarchie oder Aufstieg.

11.2 Zufriedene Menschen, erfolgreiche Unternehmen?

In den erfolgreichsten Unternehmen haben Führungskräfte demnach die Organisation um die Begabung der Mitarbeiter herum gestaltet. Die beste Motivation, so die Studie, und die besten Ergebnisse erhalten wir durch das Freisetzen der Begabungen der Mitarbeitenden. Wenn es um das Führungsverhalten von Spitzenkräften geht, die Rentabilität, Umsatz und Größe ihrer Unternehmen steigern möchten, lautet die Anforderung: Fokus auf die individuelle, positive Führung und Förderung des Individuums. Darin sind sich aktuelle Forschungsergebnisse weltweit einig: je autonomer die Menschen ihre Talente entwickeln und in ihren „Lieblingstätigkeiten" selbständig entscheiden und handeln können, desto zufriedener sind sie. Und je zufriedener sie sind, desto höher ist die Profitabiliät und die Produktivität.[75]

Es wird in der wissenschaftlichen Literatur als bedeutsam angesehen, die Talente der Mitarbeitenden zu fördern, sie in gute Stimmung zu versetzen und zur Selbständigkeit zu ermutigen

- weil die Komplexität der verschiedenen Aufgaben in ihrem Verantwortungsbereich keine Führungsperson heute mehr vollständig überblicken, geschweige denn bewältigen kann; jedes Teammitglied entwickelt deshalb sowieso einen eigenen inneren Kompass für Erfolgschancen und Lösungen und realisiert diese dann in der Zusammenarbeit mit anderen. Die Experten für ihre Aufgaben finden wir in den Teams, nicht an der Spitze der Bereiche und Abteilungen. Wir sehen diese Entwicklung am deutlichsten, wenn Mitarbeitende gegen die ausdrückliche Anweisung oder an den Empfehlungen ihrer Chefinnen und Chefs vorbei handeln und damit erfolgreich sind,
- weil Führungspersonen heute nicht mehr über Energie, Geld, Zeit verfügen, jederzeit für die Motivation und Arbeitsfreude der Mitarbeitenden zu sorgen. Ohnehin macht Arbeit besonders zufrieden, wenn man selbständig eine interessante Aufgabe lösen und gleichzeitig die eigenen Begabungen entwickeln kann,
- weil Unternehmen heute keine exzellenten jungen Talente mehr gewinnen und binden können, wenn diese nicht die Chance auf persönliche Weiterentwicklung erhalten.

Als Coach und jahrzehntelange Beobachterin des Top Managements kenne ich diesen Zusammenhang seit vielen Jahren genau, er ist lediglich neu in der Ausprägung und Bedeutsamkeit. Beste Entwicklungschancen und gute Stimmung der Menschen

[75] Vgl. Lynda Gratton, Living Strategy. Putting People at the Heart of Corporate Purpose. London 2000

im Unternehmen führen zum Unternehmenserfolg. Flow und Lebensfreude zu erzeugen, das sind die neuen Managementaufgaben. Sie werden einige etablierte Führungstechniken des letzten Jahrhunderts – wie exakte Zielvereinbarung und Kontrolle, Beurteilung und Kritik, Regelung und Sanktionierung – ergänzen und zurückdrängen, wenn nicht komplett ersetzen.

alte Führungsrituale	*neue Führungsrituale*
Aufgabendefinition und Einsatzplanung	Talentierte ihre Aufgaben suchen lassen
Zielvereinbarung	Lust auf den Erfolg zeigen/machen
kontrollieren	beachten, Aufmerksamkeit geben
loben und kritisieren	nur loben
Abläufe regeln	Kompetenzen geben

Auf den ersten Blick sieht dies wie ein Rückzug aus der Führungsaufgabe aus. In der Tat fragen mich viele Klienten und Klientinnen mit Führungsaufgaben: wozu bin ich denn dann noch da? Sind Visionen, Inspiration, Lebensfreude und Networking die „einzigen verbleibenden Aufgaben" für mich? Muss ich nicht selbst mit gutem Vorbild voran gehen, wenn in meinen Teams ebenso hart gearbeitet wird? Diese Befürchtungen sind aus der Gewohnheit und Abhängigkeit vieler Führungspersonen von ihrer traditionellen 12-Stunden-Hektik heraus sicher verständlich. Sie können sich kaum vorstellen, dass ein solch gewaltiges Arbeitspensum „durch Lebensfreude von allein verschwindet". Nicht bewusst ist ihnen, dass sie die Arbeitsmenge mit ihrer Arbeitsmethode teilweise selbst erzeugen. Dass vieles von dem, was sie tagtäglich bewältigen, überflüssig ist und den Mitarbeitenden unnötige Mehrarbeit aufbürdet. Wenn sie weniger und gelassener arbeiten würden, hätten auch ihre Teams weniger Arbeit, bei gleichem Erfolg.

Ein gutes Beispiel für schlechte Angewohnheiten leistungsbesessener Führungskräfte sind ihre Meetings. Ich kenne keine Managerin, keinen Unternehmer, der oder die mit Freude in Meetings geht. Alle meinen, es müsse eine Methode geben, in der schneller und gezielter und entspannter Ergebnisse erzielt werden. Einigkeit und Veränderungswiderstand sind selten so groß wie bei diesem Thema. Meetings bestimmen einen großen Teil der Management-Agenden, deshalb scheint es ein Rätsel zu sein, warum noch kein effizienteres Ritual erfunden wurde. Der Jesuit und Managementberater Rupert Lay hat diesen Aspekt auf den Punkt gebracht: „Wer mehr als 40 Stunden arbeitet, ist ein fauler Hund."[76] Ergebnisreiche, angenehme und zeitsparende Meeting-Rituale sind mit Sicherheit in Zukunft erfolgskritisch (siehe Kapitel 13).

Jede Managerin, jeder Manager hat die Möglichkeit, *nicht* an Meetings teilzunehmen und abzuwarten, was die verbleibenden Teilnehmerinnen und Teilnehmer daraus machen. Was Führungspersonen oftmals hindert, dies zu tun und in die Rolle des wohlwollenden Beobachters zu gehen, ist einerseits die Angst vor Kontrollverlust, andererseits befürchtete Sanktionen angesichts des Tabubruchs. Tabubrüche

[76] Rupert Lay im Gespräch mit Thiemo Heeg, Frankfurter Allgemeine Sonntagszeitung, 8.2.2003

gehören indes zum *positiven* unternehmerischen Repertoire der kreativen Zerstörung überkommener Regeln und damit zur Pflicht aller Verantwortlichen. Passivität, Nicht-Teilnahme kann Kollegen und Mitarbeitende ermutigen. Es ist der vertrauensvolle, optimistische Rückzug, der die Mitarbeitenden dahin bringt, selbst nachzudenken, Antworten zu finden, zu entscheiden und zu handeln. So „erziehen" gute Eltern ihre Kinder zur Selbständigkeit niemals indem sie ihnen die Gefahren im einzelnen erläutern, genau vorschreiben, was zu tun ist …

11.3 Nur ein Revival alter Ideen?

Zufriedene Menschen, erfolgreiche Unternehmen – das klingt altbekannt. Das ist es, worin sich Gewerkschaften und Sozialpolitiker, patriarchalische Unternehmer und moderne Personalentwickler schon immer einig waren: die Wichtigkeit des guten Betriebsklimas. Tatsächlich handelt es sich jedoch um eine revolutionäre Einsicht, *wenn* wir die wesentlichen Erkenntnisse zur Lebensfreude, zum Flow-Erleben in der Arbeit und zur Bedeutung der Rituale ernst nehmen.

Zufriedenheit in diesem Sinne

- hat nichts mit den Arbeitsbedingungen zu tun,
- hat nichts mit dem Einkommen oder mit Sozialleistungen, mit einer guten Cafeteria oder ergonomischen Arbeitsplätzen zu tun – so erfreulich dies auch sein mag,
- hat nichts mit der Sicherheit des Arbeitsplatzes zu tun,
- hat nichts mit erworbenen Ansprüchen und Unternehmensloyalität zu tun.

Führungskräfte wissen, dass die übertriebene Beachtung *dieser* Faktoren aus motivierten, selbständigen und vor allem gut gelaunten Teams eine verwöhnte, jammernde Angestelltenschaft machen kann.

Zufriedenheit in unserem Sinne bedeutet vielmehr,

- Freude an der Aufgabe,
- die Fähigkeit und Möglichkeit zur Konzentration und Versenkung,
- die eigene Begabung ausleben können,
- gute Stimmung durch Wertschätzung, Lob, Würdigung, Dankbarkeit,
- die Möglichkeit, Gefühle zu äußern und schwierige Situationen zu bestehen,
- sichtbare Souveränität, glaubwürdige Begeisterung der Chefin, des Chefs,
- Zugehörigkeit und Heimat im Unternehmen.

11.4 Stimmungsmanagement fängt bei mir selbst an

Dieses ist eine Managementlehre, die sich nicht delegieren lässt. Auf Andere zu schauen – eine Ebene tiefer, eine Ebene höher, auf die Kollegen nebenan – ist zwar üblich, sicher auch beim Lesen dieses Buches (wer ertappt sich nicht dabei zu denken: „das sollte mein Chef mal berücksichtigen"?). Wer aber vor allem andere sieht, hat die Botschaft nicht verstanden: Lebensfreude und Zufriedenheit beginnen immer bei *mir selbst*.

Was bedeutet das für *meine* Mitarbeiterführung? *Das Führungsritual muss mich ausfüllen, mich glücklich machen, wenn ich erfolgreich sein will.* Ein Manager, eine Managerin, die 12 Stunden täglich mit Berufsarbeit verbringt, sollte genau dort auch Lebensfreude finden, in der Führungsaufgabe. Viele Managerinnen und Manager wären lieber Fachleute. Von Klienten höre ich sehr oft – mit einem Augenzwinkern oder voller Sehnsucht – „das wäre schön, mal wieder ein richtiges Item zu entwickeln!"; „viel lieber würde ich dieses Konzept selbst schreiben als mir dauernd Präsentationen anzuhören"; „das war eine schöne Zeit, als ich noch mitten im Team arbeiten durfte".

In Unternehmen werden noch immer die besten Fachleute mit Führungsaufgaben betraut und befördert – mit fatalen Folgen. Es gibt weniger hervorragende Expertinnen und Experten und mehr schlechte, weil lustlose Vorgesetzte. „Karriere zu machen" scheint so attraktiv, dass vergessen wird zu fragen: Ist es das, was eine begabte junge Einkäuferin, was ein talentierter junger Controller wirklich will – Menschen führen? Sich in die Unternehmenspolitik einmischen? Seine Fachaufgabe aufgeben, für die sie/er Jahre seines Lebens geopfert hat, gern, freiwillig? Macht ihm das die meiste Freude? Oder sind es nicht vielmehr die Versprechen von Ansehen und Macht, von mehr Geld und Wichtigkeit, die sie/ihn verführen? Die Rituale von Auswahlprozessen, Assessment Centers, Management Portfolios, Bewerbungs-Interviews etc. prüfen nicht, *ob die Führungsaufgabe Freude macht*. Man setzt stillschweigend voraus, dass jeder Macht haben will. Aber diese Macht hat ihren Preis. Als Management Coach weiß ich, dass es nicht leicht fällt, die Fachaufgabe loszulassen, und der Rollenwechsel zum Lebens-Drama für die Betroffenen werden kann. Denn die so Geförderten lassen nicht los, erledigen heimlich ihre Fachaufgabe weiter mit. Sie schaffen den Übergang zur Führungsaufgabe nicht und scheitern.

Die bestehenden Rituale in den Unternehmen sind nicht geeignet,

- die Personen zu identifizieren, die mit Freude führen,
- die Experten als Experten zu würdigen und ihnen eine attraktive Alternative zur Führungsaufgabe zu geben,[77]
- zu bewirken, dass neue Vorgesetzte sich von der Fachaufgabe angemessen verabschieden,
- zu bewirken, dass sie sich mit der neuen Führungsaufgabe gut identifizieren.

11.5 Lust auf Führung?

So gibt es zu viele Vorgesetzte in den Unternehmen, deren hohe fachliche Kompetenz sie gerade an der Übernahme ihrer Führungsverantwortung hindert. Fachliche Erfolge sind für sie attraktiver und berechenbarer als Führungserfolge, denen die emotional anspruchsvolle und sehr langwierige Entwicklungsarbeit mit sich selbst und mit den anvertrauten Menschen vorausgeht. Freude an der Führung hat für Führungsqualität eine entscheidende Bedeutung, insbesondere dann, wenn es sich um die oberen und obersten Ränge im Management handelt.

---

[77] In den meisten großen Unternehmen gibt es die so genannte Fachlaufbahn. Der Anspruch, hochkarätigen Experten intern und extern ähnliches Renommé zu verschaffen wie den operativ führenden Kollegen, wird jedoch in keinem Unternehmen, das ich kenne, erreicht.

An Hand der folgenden typischen Aussagen, die ich aus Coachingprozessen mit Managerinnen und Managern in Konzernen und großen Unternehmen herausgefiltert habe, kann man prüfen, ob der Rollenwechsel von der Experten- zur Führungsrolle vollzogen wurde. Auf der linken Seite finden Sie Zitate über Führungspersonen, die der Fachaufgabe verhaftet geblieben sind.

Man sagt ...	Das bedeutet ...
„Er weiß unglaublich viel, zu ihm kann man immer kommen und um Rat fragen“	Er weiß alles besser; weil er es immer perfekt will, behält er sich die „Endfertigung“ unserer Ergebnisse vor. Wir können uns also beruhigt zurücklehnen und mittelmäßige Ergebnisse liefern.
„Die schwierigsten Aufgaben macht sie selbst“	Wenn's interessant wird, nimmt sie uns die Aufgaben weg. Wir dürfen nichts selbst ausprobieren, keine Fehler machen, sie traut uns außer Routine nichts zu. Hier gibt es keine Entwicklungsmöglichkeiten.
„Er ist über alles auf dem Laufenden“	Er kann keine Prioritäten setzen, zählt notfalls selbst das gelieferte Toilettenpapier nach. Er hat einen Kontrollwahn und wird deshalb mit seiner Arbeit nie fertig. Er ist der Flaschenhals des Bereichs.
„Sie hält uns beim Vorstand den Rücken frei“	Nie dürfen wir selbst beim Vorstand präsentieren, uns mit ihm auseinandersetzen. Uns erreicht keine ehrliche Kritik, da sie den O-Ton abmildert, angeblich, um uns zu schützen. Wir fühlen uns abgeschnitten und manipuliert. Wir lernen nichts.

Folgende Aufgaben machen denjenigen Freude, die aus vollem Herzen in die Führungsrolle wechseln:

- Visionen und Strategien erfinden und als Impuls zur Weiterentwicklung an das Team weitergeben,
- konkrete Entwicklung von Zielen, Kennzahlen und Kontrollmechanismen delegieren,
- Mitarbeitende entwickeln, so dass sie ihre Qualität stetig verbessern,
- Fachaufgaben weitergeben und sich inhaltlich nicht mehr darum kümmern, auch wenn die Erledigung noch nicht optimal ist,
- Begabungen erkennen und fördern, die positiven Fähigkeiten jeder Person im Bereich bestätigen und herausheben,
- Kontakt halten, Aufmerksamkeit und Wertschätzung zeigen für alle Mitarbeitenden und für das, was sie tun und erreichen – „Management by walking around“,
- Kontakt schaffen und halten zu wichtigen Personen im relevanten Umfeld – auch außerhalb Ihres Unternehmens,
- die Rahmenbedingungen der Arbeit des Bereichs ab und zu in Frage stellen,
- sich in die Unternehmenspolitik einmischen, Koalitionen schließen, Freunde finden, sich und den eigenen Bereich präsentieren,
- durch Rituale und indem man sich selbst in gute Stimmung versetzt, für eine intensive, kreative, begeisterte Stimmung im Team sorgen,
- inspirierende Menschen kennenlernen, interessante Veranstaltungen besuchen, auch außerhalb des beruflichen Kontextes,
- die eigene Führungsqualität stetig fortentwickeln, mithilfe von Trainings, Coachings und systematischem Feedback.

11.6 Das Stimmungsritual als Top Management Aufgabe

Stimmungsmanagement ist Top Management Aufgabe. Daniel Goleman, Richard Boyatzis und Annie McKee haben 2001 beschrieben, „wie Stimmungen übertragen werden"[78]: „Am raschesten setzen sich Stimmungen tendenziell von der Spitze eines Unternehmens aus nach unten fort, weil jeder den Firmenchef beobachtet. Von ihm empfangen alle ihre emotionalen Reize. Selbst wenn der Chef nicht ständig im Rampenlicht agiert – weil er zum Beispiel hinter gechlossenen Türen im oberen Stockwerk arbeitet –, so prägen seine Stimmungen doch seine direkten Untergebenen und durchdringen in einer Art Dominoeffekt die gesamte Firma." Sein Rat an alle Chefs: „Lächeln Sie – aber übertreiben Sie nicht!"

Ich möchte Ihnen meine Gedanken mit einer Fallschilderung veranschaulichen. Die Führungspersonen in einer namhaften, stark naturwissenschaftlich geprägten, internationalen High Tech Firma verstehen sich selbst als hochkarätige Fachleute, als wissenschaftliche Manager. Sie sind leidenschaftlich an Ergebnissen orientiert und arbeiten mit ihren Teams ungeduldig daran. Nichts anderes zählt außer Problemen und Ergebnissen: Verkaufszahlen, Prozessverbesserung, Produktionsanläufe, Cash Flow, Markteinführungstermin – als ginge es ständig um Leben oder Tod. Alles hat Priorität, obwohl man viel Zeit damit verbringt, die Prioritäten immer wieder neu zu gewichten. Es herrschen hohes Tempo und große Disziplin, die Menschen sind dauernd angespannt, übernächtigt und erschöpft. Die Manager (es gibt keine Managerinnen) sind großartige Experten, die sich auf der technologischen und kaufmännischen Ebene mit allen Mitarbeitern (es gibt wenige Mitarbeiterinnen) bis in Details hinein gut verständigen können. Erfolg ist fachlicher Erfolg, nicht persönlicher Erfolg. Man betrachtet sich als großes Fachteam ohne hierarchische Barrieren – merkt aber gar nicht, dass *niemand sich für die Zusammenarbeit und die Stimmung im Team* interessiert oder gar verantwortlich fühlt. Zeit hat man für die Schwierigkeiten, die ein Projekt gefährden, nicht für die Menschen, den eigentlichen Gegenstand von Führungshandeln. Selten gibt es Erfolge, die als solche benannt oder gar gefeiert werden, kaum bestimmen sie länger als 30 Sekunden ein Gespräch.

Dieses Unternehmen ist lange nicht so erfolgreich, wie es sein könnte, weil Heiterkeit und Leichtigkeit fehlen. Die Leader kümmern sich nicht um die eigene Lebensfreude und Gelassenheit, haben die nötige Distanz verloren. So haben sie eine sehr verzerrte Sicht ihrer eigenen Wirkung auf die Organisation. Sie führen den gemeinsamen Stress nicht auf ihr eigenes Verhalten, sondern auf die Marktsituation, auf die hohen Qualitätsansprüche ihrer Produkte, auf die „schwierigen Kunden" und auf Restriktionen in der „personellen Ressource" zurück.

Alle Mitarbeitenden in diesem Unternehmen investieren intensive persönliche Gefühle in ihre Tätigkeit, werden aber ständig scheinbar nur auf der intellektuellen Ebene angesprochen, mit fachlichen Themen. Wenn überhaupt Gefühle vermittelt und vom Top Management vorgelebt werden, dann sind diese häufig negativer Natur: Bedrohnung und Angst, Versagung, Abhängigkeit, Neid, Konkurrenz, Nervosität, Überforderung, Ungeduld, Zweifel, Aggressivität, Ärger (seltener: Ohnmachtsgefühl und Resignation). Positive Empfindungen wie Freude, Stolz, Unab-

[78] Goleman u.a.: Die Gefühlslage des Chefs – sie bewirkt Wunder oder Unheil. In: Harvard Business Manager 3/2002, S. 75 ff, Zitat auf Seite 80.

hängigkeitsgefühl, Mitgefühl, Dankbarkeit, Großzügigkeit, Zufriedenheit, Verbundenheit, Zuneigung sehen wir kaum, und auch keine Rituale, die diese positiven Emotionen erlauben und beleben.

Es ist kein Zufall, dass in diesem Unternehmen die Beziehungen zu den wichtigsten Kunden als sehr schwierig gelten. Diese Kundenunternehmen sind zwar von den hervorragenden Produkten des Unternehmens begeistert und teilweise abhängig, aber *persönlich* sind einige wichtige Vorstandsmitglieder der Kundenunternehmen mit denen des Lieferantenunternehmens seit langer Zeit regelrecht zerstritten. Das schafft nicht nur sehr viel Arbeit für das gesamte Managementteam und alle Mitarbeitenden, sondern auch eine große emotionale Belastung, da durch die Konflikte die Unternehmensexistenz langfristig in Frage steht. Die Aufgabe der Top Manager ist es, für alle Führungspersonen Entlastung zu schaffen, um de-eskalierende Unternehmens-Rituale zu gestalten, damit sich das nötige positive Klima entwickelt, welches in die Teams abstrahlt und vor allem die Möglichkeit schafft, auf die Kunden ganz neu, ganz frisch, unbelastet von jahrelangen Grabenkämpfen, zuzugehen.

Marge Schiller, neben David Cooperrider u.a. eine der Pionierinnen der Methode des „Appriciative Inquiry" (die damals in dem amerikanischen Unternehmen, für das ich arbeitete, für Veränderungsprojekte genutzt wurde[79]), erzählte mir vor einigen Jahren in New York von einer Autowerkstatt im Mittelwesten der USA, die als die beste des ganzen Landes galt, die mit den meisten zufriedenen Kunden. Der stets vergnügt wirkende Inhaber hatte in der Werkstatt überall Fotos und lobende Zitate der dankbaren Autobesitzer aufhängen lassen, deren Fahrzeuge in kurzer Zeit von freundlichen und kompetenten Männern repariert worden waren. „99 Prozent zufriedene Kunden" war sein Stolz und sein Motto. Jede Woche wurden neue begeisterte Kunden und originelle positive Zitate gesammelt. Die Meister und Mechaniker arbeiteten gelassen und heiter, waren stets gut gelaunt und freuten sich sogar, wenn sie nach Dienstschluss noch zu einem Kunden fahren sollten, um in seiner Garage eine Nachbesserung vorzunehmen. Denn dort wurden sie stolz wie Freunde empfangen, und die Nachbarn staunten.

Der neue Inhaber dieser legendären Werkstatt wollte alles noch besser machen. Ihn störte das eine Prozent nicht zufriedener Kunden und er engagierte eine Unternehmensberatung. Die Consultants fingen wie üblich mit einer Analyse der Fehler und Unvollkommenheiten an, um das Delta zum Soll herauszufinden. Man konzentrierte sich fortan auf die Schwachstellen, gab den Meistern und Arbeitern Fotos und Zitate der unzufriedenen Kunden, installierte Qualitätszirkel, damit Verbesserungsmöglichkeiten gefunden würden und setzte positive und negative Sanktionsmechanismen ein. Man suchte nach Fehlern und Missgeschicken, die jemals passiert waren, und analysierte sie. Prozesse, Verhalten, Personen wurden kritisiert. Die Stimmung sank. Und obwohl gute Lösungsansätze erarbeitet wurden, wurde die Atmosphäre angestrengt und hart. Innerhalb weniger Monate verlor die Werkstatt viele Kunden und einen Großteil ihrer Reputation.

[79] Joe Hall & Sue Hammond; What is Appriciative Inquiry? http:/lib1.store.vip.sc5.yahoo.com/lib/thinbook/whatisai.pdf. Siehe auch unter www.appriciative-inquiry.com. Eine Methode der Organisationsentwicklung, Organisationsforschung und -beratung, die sich ausschließlich mit Stärken und Ressourcen befasst; in Deutschland unter „AI" oder „Wertschätzender Unternehmensentwicklung" bekannt.

11.7 Die Wirkung von Kritik und Lob

Lob verändert Verhalten sehr wirkungsvoll in Richtung des gelobten (= gewünschten) Merkmals. „Lobe einen Mann für etwas, das er nicht kann – und er wird es bald beherrschen", sagte meine Großmutter Elisabeth, eine frühe Feministin … Ich persönlich habe als Vorgesetzte und als Coach in meiner 30-jährigen Berufserfahrung mit Lob wesentlich bessere Erfahrungen gemacht als mit Kritik. Kritik hat meine Partner und mich langfristig häufig ganz auseinander gebracht oder Konflikte eskaliert, obwohl ich als erfahrene und wertschätzende Kritikerin bezeichnet werde. Nach 30 Jahren Management- und Beratungserfahrung auch mit Menschen anderer Kulturkreise, folge ich einem spontanen Impuls zu kritisieren nur noch sehr, sehr selten. Sogar die Kritik gegenüber meinem Mann ist seltener geworden … ich folge meiner Großmutter und mache erfreuliche Erfahrungen. Meinen Klienten empfehle ich mit Erfolg, vollständig auf Kritik zu verzichten und statt dessen gar keine oder andere Beeinflussungsfertigkeiten anzuwenden, vorzugsweise Lob.

Kritik verändert Verhalten allenfalls diffus, und nicht selten in eine unerwünschte Richtung. Warum ist das so? Weil es nicht leicht ist, positiv wirksame Kritikgespräche zu führen. Wenn Kritik das Verhalten des Adressaten nachhaltig verändern und seine Kompetenz erweitern soll, muss der Kritiker sehr komplexe und nicht einfach zu realisierende Spielregeln berücksichtigen. In einem wirksamen Kritikritual sollte der Kritiker

- über sich selbst sprechen – was *ich* wahrgenommen habe, was *mir* nicht gefällt, wie *ich* etwas beurteile – statt über den Kritisierten – *Sie* haben dieses und jenes falsch gemacht, *Sie* haben dieses und jenes übersehen,
- über Wahrnehmungen und Feststellungen statt über Vermutungen und vermeintliche Motive sprechen,
- über die Sache statt über die Person sprechen,
- niemals vor Dritten kritisieren,
- niemals schriftlich kritisieren,
- positive Ziele aufzeigen statt appellieren, negatives Verhalten zu vermeiden,
- Zwecke der Kritik immer trennen: entweder, ich will ein verändertes Verhalten erzeugen, oder ich will zum Beispiel das Gehalt reduzieren. Beides zusammen gelingt nie!

Kritik verunsichert, der Kritisierte wird langsamer in seiner Tätigkeit und benötigt danach wieder Ermutigung und Orientierung, wofür im Unternehmensalltag häufig nicht die Zeit vorhanden ist. Lob stärkt dagegen das Selbstvertrauen und die Sicherheit, und das gelobte Verhalten kann immer schneller und fehlerfreier wiederholt werden. Kritik und Lob wirken wie self fulfilling prophecies, sich selbst erfüllende Prophezeiungen: sie werden nicht nur als Bestätigung der Vergangenheit verstanden, sondern wie eine Vorhersage. Der Kritisierte bleibt auf Fehlervermeidung fixiert und wird mit seinen Gedanken und in seinem Verhalten um mögliche Fehler herum kreisen. Erwiesenermaßen erhöht gerade diese Haltung die Wahrscheinlichkeit erneuter Fehler – ein Teufelskreis.

Gerade in Deutschland beobachte ich, dass Managerinnen und Manager aus Pflichtgefühl heraus erbarmungslos in ihrer Wahrheits- und Gerechtigkeitssuche sind und meinen, damit den Mitarbeitenden zu helfen, besser zu werden. Wertvolle Zeit und

Energie gehen verloren, man bringt sich selbst in schlechte Stimmung. Fehler zu benennen ist selbst dann dysfunktional, wenn sich das Unternehmen von einem Mitarbeitenden trennen möchte. Dass ein Angestellter und eine Aufgabe nicht zueinander passen, ist kein Grund, ihn zu demütigen und zu entmutigen. Will man ohne Komplikationen, Zeitverlust, Gerichtsprozesse und schlechte Stimmung auseinander gehen, sollte man zum Abschluss danken und nicht kritisieren. Leider zwingen unsere Gesetze uns dazu, wenn es keine „wirtschaftlichen Gründe" für eine Kündigung gibt, nach „Gründen in der Person" zu suchen. Besser wäre es, die Kündigung auch mit dem einfachen einseitigen Eingeständnis begründen zu können, dass die zu entlassende Person nicht zum Unternehmen, zum Team, zum Projekt passt. Und ihr dann zu helfen, eine neue Position zu finden, und sie möglichst großzügig zu entschädigen – in der wirtschaftlichen Lage Deutschlands im Jahr 2003 zugegeben keine ganz leichte Aufgabe. Selbstvertrauen, Optimismus und gute Laune sind die besten Voraussetzungen, die richtige, passende Aufgabe in einem anderen Unternehmen zu finden.

11.8 Vom Hochleistungssport lernen

Im Sport, wo Ergebnisse von Führungsstil und Coaching wesentlich leichter messbar sind, haben sich Methoden durchgesetzt, die mit ausschließlich positivem Feedback die Leistung positiv beeinflussen. Tennisspieler, die ihre Rückhand verbessern möchten, sehen sich im Training immer wieder Video-Sequenzen aus vergangenen Matches an, in denen sie grandiose Ballwechsel mühelos dominieren und sich in eine ideale Rückhandbewegung hineinsteigern. Ein Hundertmeter-Staffelteam arbeitet ausschließlich mit Coaches und Trainern zusammen, die im – durchaus fordernden, disziplinierten Trainingsablauf mit klar definierten Zielen – immer wieder, penetrant, die individuellen Stärken hervorheben und die Läufer ermutigen, sie sich auch gegenseitig zu bestätigen. Die großartigen Beispiele von Michael Schumachers Ferrari-Team und Jochen Schümanns Alinghi-Mannschaft wurden schon erwähnt (siehe Kapitel 7 „Lebensfreuderituale und Unternehmenswachstum"). Im Sportteil der Süddeutschen Zeitung schreibt Wolfgang Gärner Anfang 2003 über den wachsenden Erfolg des US-Skiteams.[80] Bemerkenswert ist, dass er dreispaltig ausschließlich positiv berichtet, offenkundig deshalb, weil seine amerikanischen Gesprächspartner, für deutsche Leser sehr ungewohnt, ausschließlich positiv über sich sprechen, egal, ob sie einen Erfolg oder einen Mißerfolg schildern: „Erstmals wir beide zusammen auf dem Podium – darauf haben wir lange gewartet". „Ich spreche seit fünf Jahren davon!". „Bode bringt die Leidenschaft zum Skifahren, für den Wettkampf und zum Siegen in die Gruppe. Er demonstriert so viel Selbstvertrauen, dass es ansteckend für das ganze Team wirkte". „Wir waren überzeugt, dass wir das Richtige tun – obwohl es in den letzten Jahren nicht so gut geklappt hatte". „An unserem Programm gibt es nichts auszusetzen. Was fehlt, ist ein bißchen Zielstrebigkeit, harte Arbeit und ein Tritt in den Hintern". „Es ist ein Kick, jemanden im Team zu haben wie Daron, der wirklich gewinnen will". „Ein Erfolg brütet den nächsten aus". „Es treibt mich an, dass sie so gut ist". „Es ist uns gelungen, ein Teamwork zu

[80] Wolfgang Gärner in der Süddeutschen Zeitung vom 18.1.2003, „Aufstand der Zauberlehrlinge"

schaffen, aus dem sich eine dynamische Energie entwickelt hat". „Wenn heute drei oder mehr unserer Jungs in einem Rennen punkten, muss das nicht unbedingt ein guter Tag für uns sein. Früher wäre es ein toller Tag gewesen". „Alle unsere Fahrer sind heiß – wenn dieses Gefühl sich festigt und sich alle anstecken lassen, dann kann was Großes draus werden".[81]

Hier wird alles richtig gemacht, um die Sportler auf künftig auf Erfolgskurs zu halten:

- positive Erwartungen pflegen,
- über Erfolge sprechen ...
- ... und immer wieder und noch immer mehr über Erfolge sprechen,
- Erfolge als Schritte sehen, die auf Vergangenem aufbauen,
- auch kleine Erfolge würdigen,
- Erfolge der Kollegen herausstellen,
- Stärken und Talente der Kollegen herausstellen,
- Erfolge feiern,
- sich als Team im eigenen Programm bestärken,
- mitreißende Slogans entwickeln,
- neben der guten Stimmung: „ein bißchen Zielstrebigkeit, harte Arbeit und ein Tritt in den Hintern" ...

Der renommierte amerikanische Psychologe und Berater Milton Erickson coachte Top Golfspieler bis an die Weltspitze, sowie Triathlonsportler bis hin zum Olympiasieg. Sidney Rosen schildert in seinem Buch „Die Lehrgeschichten von Milton H. Erichson"[82], wie erfolgreich Erichson damit war, jeden kleinsten Fortschritt enthusiastisch zu planen und zu feiern. Er „erlaubte" seinen Coachees, sich auch über einen einzigen gelungenen Golfabschlag zu freuen, Bronze statt Gold zu gewinnen oder sich in jedem Monat Training nur sehr wenig zu steigern.

Wir wissen, dass leistungsstimulierendes Stimmungsmanagement keinesfalls bedeutet, Ziele könnten ohne jede Mühe erreicht werden. Das größte Missverständnis wäre zu meinen, je mehr Disziplin und Anstrengung im Spiel seien, desto weniger Lebensfreude würden wir empfinden – und umgekehrt. Der Sport zeigt: Es ist kein Nullsummenspiel. Genau das ist die Meisterschaft, zu erkennen, wie beides eskaliert, so zu führen, dass beides eskaliert. Csiksentmihaly hat gezeigt, dass Flow sowohl Engagement und leidenschaftliche Hingabe an das Ergebnis als auch Entspanntheit und den höchsten Genuss bedeutet.[83] So wird Arbeit zum Spiel, und wenn Top Managerinnen und Top Manager das mit ihren Teams erreichen, dann sind sie selbst und ihre Unternehmen erfolgreich.

---

[81] Zitate von Sportlern und Trainern nach Wolfgang Gärner in der Süddeutschen Zeitung, s.o.

[82] Sidney Rosen; Die Lehrgeschichten von Milton H. Erickson, Salzhausen 2000, S. 124–131

[83] Siehe Fußnote 41

12 Mit neuen Führungsritualen den Unternehmenserfolg potenzieren

12.1 „The very humaneness …“

Lynda Gratton von der London School of Economics, eine der erfahrensten Human Resources Expertinnen und Unternehmensberaterinnen, fasst ihre Erkenntnisse so zusammen: „Over the years I have become increasingly aware that it is people who make great companies. But with this awareness has come a growing realization that by putting people at the heart of corporate strategy we must acknowledge the very humanness of this resource.“ [84] (Mit den Jahren ist mir zunehmend bewusst geworden, dass es die Menschen sind, die große Unternehmen ausmachen. Aber mit diesem Bewußtsein habe ich auch deutlicher realisiert, dass, wenn wir die Menschen in den Mittelpunkt der Unternehmensstrategie stellen, wir auch die besondere Natur dieser Ressource anerkennen müssen. – Übersetzung der Autorin.)

Was ist die „very humanness“, der ganz eigene Charakter der menschlichen Ressource, gegenüber anderen Ressourcen wie Kapital, Wissen, Technologie, Infrastruktur etc.?

Wie wir gesehen haben, brauchen Menschen in Unternehmen für ihre Kommunikation und Leistungserbringung heute vor allem eines: sinnvolle Rituale. Rituale entsprechen zutiefst und schon immer der menschlichen Natur. Wir brauchen Rituale, die

- unser Gefühl zum Klingen bringen – jenseits der Rationalität unsere Natur als Menschen ansprechen, gute Stimmung und Lebensfreude erzeugen,
- das individuelle Erfolgsgefühl ermutigen,
- miteinander vernetzen und Zugehörigkeit vermitteln,
- Stärken und Verdienste würdigen,
- Komplexität reduzieren,
- Veränderungen und Übergänge erleichtern und gestalten,
- negative Empfindungen erträglich machen,
- Sinn, Orientierung und Zugehörigkeit schenken.

Menschen als die beste und wichtigste Ressource anzuerkennen, heißt, dass wir die Bedingungen akzeptieren und umsetzen, die menschen-gerecht sind. Das Wissen dazu ist längst vorhanden – die Umsetzung zu gestalten ist die Aufgabe dieses Jahrzehnts.

[84] Lynda Gratton, Living Strategy – Putting People at the Heart of Corporate Purpose, London 2000, S. 3

12.2 Wandlung von Ritualen

Wie entstehen und verändern sich Rituale – kann man sie bewusst gestalten?

Die Entstehung von Ritualen kann nicht immer ganz zurückverfolgt und aufgeklärt werden – ein Rest von Geheimnis wird bleiben. Jede einzelne Wiederholung kann unterschiedlich verlaufen, besonders, wenn neue Personen an der Inszenierung teilnehmen. Manche Rituale bleiben über Jahrhunderte immer gleich – man denke an die Liturgien der christlichen Kirchen. Bei anderen Ritualen spielen subjektive Gefühle oder Interessen von Gruppen und Organisationen für die Gestaltung eine bedeutsame Rolle, so etwa für das Ritual des jährlichen Führungstreffens, und es wandelt sich von Jahr zu Jahr. Offenbar sind ganz unterschiedliche Entwicklungsgeschichten möglich:

- **die bewusste Inszenierung und Anordnung**, etwa militärische Paraden, minutiös gestylte Festakte oder, in den Unternehmen, ausgefeilte Vorgehensweisen der Mitarbeiterbeurteilung,
- **das spontane „Erfinden"**, wie kleine, immer wieder nach dem gleichen Muster ablaufende Bezeugungen von Wertschätzung bei persönlichen Treffen unter Kollegen oder der Applaus am Ende eines vertrieblichen Meetings, der irgendwann da war und dann für immer dazugehörte,
- **das jahrelange Wachsen** einer Liturgie oder einer unternehmenskultur-spezifischen Anrede oder Begrüßungsweise.

Ebenso unterschiedlich wie die Entstehung ist die Wandlung von Ritualen. Sie können im Laufe ihrer Existenz vielfach modifiziert werden – von den Teilnehmern, von den Anordnenden, bewusst oder unbewusst-spontan. Alles an ihnen kann sich ändern. Eroberer und Missionare haben sich die Plastizität von Ritualen schon immer zu Nutze gemacht. Sie besetzten nicht nur das Territorium, sondern auch die Kulte und Riten der Eroberten. Sie pfropften den vorgefundenen Ritualen den neuen Glauben, die neuen Inhalte, die neuen Bauten etc. auf. Unser Weihnachtsfest ist als Usurpation des heidnischen Sonnwendfestes entstanden und kultische Orte wurden im Laufe der Jahrhunderte von verschiedensten Religionen überbaut. Rituale scheinen unendlich formbar, obwohl es ja andererseits gerade ihre Natur ist, dass sie über einen gewisse Zeit hinweg immer auf gleiche Art wiederholt werden. Dennoch passen sie sich neuen Situationen und gesellschaftlichen Herausforderungen mühelos an. Das „You, mit Vornamen" als Anrederitual in amerikanischen Unternehmen wurde in einer deutschen Niederlassung zunächst zum „Sie mit Vornamen", dann zum „Du mit Vornamen". In einem anderen Fall wurde beides parallel benutzt, je nach Bereich oder Vertrautheit, und im dritten Unternehmen ging man gleich zum „Du mit Vornamen" über.

Die Wandlungsfähigkeit von Ritualen eröffnet sich jedem, der über einige Jahre hinweg die Besprechungsgewohnheiten in einer Organisation interessiert verfolgt. Es ist am Ende eines Wandlungsprozesses für den Laien, ohne wissenschaftliche Beobachtungsmethoden, kaum zu sagen, was der gleichbleibende Kern (vielleicht die Sitzordnung, vielleicht der Turnus, vielleicht die Redeordnung) und was Randelemente des Rituals sind (die Sinngebung, die Begrüßung, das Protokoll), ob es eine solche Trennung überhaupt gibt oder ob durch die Anpassungen ein gänzlich neues Ritual entstanden ist.

Weder der emotionale Wirkungsgrad noch die Lebensdauer der Rituale scheinen mit der Entstehungsgeschichte oder dem Grad der Wandlungen zu korrelieren. Wenn wir also wirksame, positive Rituale in den Unternehmen neu gestalten oder ändern möchten, gibt es kaum Restriktionen.

12.3 Leitlinien für die Gestaltung von neuen Ritualen

Unserer Kreativität sind also kaum Grenzen gesetzt. Das sind meine Empfehlungen für die Gestaltung:

Dem wirtschaftlichen Zweck dienen!

Selbstverständlich müssen wir den Charakter, die Tradition und den Zweck von Wirtschaftsunternehmen und die Besonderheiten der Menschen, die sich dort zusammenfinden, für unser Ritualdesign berücksichtigen. Aus den in den vorangegangenen Kapiteln geschilderten Erkenntnissen leiten wir für die Gestaltung von Ritualen speziell in Unternehmen ab:

- Menschen sind freiwillig im Unternehmen und erbringen freiwillig Höchstleistungen. Sie sollten freiwillig und gerne an einem Ritual teilnehmen.
- Rituale sollten deshalb auch nicht allzu starr, nicht ohne Gestaltungsmöglichkeiten für die Teilnehmenden sein.
- Rituale sollten Respekt vor den arbeitenden Menschen ausdrücken und zur Lebensfreude ermutigen.
- Rituale sollten Werte und Kultur eines Unternehmens spiegeln und den vorherrschenden wirtschaftlichen Zweck fördern.
- Rituale sollten den Teilnehmenden keine materiellen oder immateriellen Nachteile einbringen, etwa wenn sie private Zeit oder privates Geld investieren müssten.
- Rituale sollten nicht einzelne Kolleginnen oder Kollegen herabsetzen, bestrafen, isolieren.
- Rituale sollten nicht die ungleiche Machtverteilung zwischen oben und unten dokumentieren und zelebrieren.
- Rituale sollten die Teilnehmenden nicht in Fraktionen oder gegensätzliche Interessengruppen aufteilen.

Die spezielle Ritual-Wirkung entfalten!

Rituale sollten darüberhinaus selbstverständlich eine oder mehrere der positiven Funktionen entfalten können, zu denen sie in der Lage sind, und die wir im Kapitel „Was Rituale für das Management leisten können" beschrieben haben:

- Komplexität reduzieren,
- von Entscheidungsdruck entlasten,
- den Umgang mit schwierigen sozialen Situationen erleichtern,
- Sinn vermitteln,
- die Organisation (das Team, den Bereich) als soziale Einheit definieren,
- negative Gefühle reduzieren,

- positive Gefühle stimulieren,
- Heilung, Versöhnung und Integration fördern,
- Wandel und Übergänge erleichtern,
- Zugehörigkeit und Rollenidentität bestärken.

Die Wirkung durch Synchronisierung potenzieren!

Die Gestaltung und Wandlung von Ritualen ist nur zielführend, wenn alle Rituale im Unternehmen in eine emotionale und inhaltliche Richtung gehen. Sie dürfen weder kognitive noch emotionale Dissonanzen bei den Mitarbeitenden erzeugen.

Oftmals stellen wir bei der Untersuchung von Ritualen in Unternehmen fest, dass verschiedene Rituale widersprüchliche inhaltliche Missionen und emotionale Botschaften vermitteln. Das ist zum Beispiel der Fall, wenn das Zielvereinbarungs- und Beurteilungssystem andere Einstellungen, Werte und Verhaltensweisen belohnt als das Bezahlungs- oder Arbeitszeitsystem. Ein einfaches Beispiel: Das Beurteilungssystem belohnt ausschließlich erreichte Qualitätsmaßstäbe mit guten Karriere-Aussichten, das Bezahlungssystem belohnt Termintreue und Liefermenge mit einem finanziellen Bonus. Weltmeisterin kann ich nur in einer Disziplin sein. In unserem Beispiel entstehen kognitive Dissonanzen und ein Interessenkonflikt. Wenn die Firmen-Positionierung auf Individualisierung von Kunden-Ansprüchen im Luxus-Segment bei hohen Preisen liegt und eine hohe Identifikation mit dem Produkt erfolgen soll, ist das Bonus-Ritual dysfunktional.

Gestaltbare Ritual-Elemente erkennen und nutzen

Wenn wir Rituale verändern möchten, müssen wir die Elemente kennen, die in der Regel zu einem Ritual gehören. Allerdings ist keines dieser Elemente absolut zwingend, außer der gefühlsmäßigen Bedeutung für die Initiatoren oder Teilnehmer – der spezielle Zauber – und die Wiederholung. Es gehört Intuition, Erfahrung und Gefühl dazu, ein Ritual als solches zu erkennen, und erst recht, eines zu gestalten. Dies ist keine rein intellektuelle, sondern eine Aufgabe, die uns als „Gefühlsmenschen" fordert. Wir liegen richtig, wenn unser Gefühl Ja sagt. Wenn wir uns mit den Menschen im Ritual positiv verbunden fühlen.

Gestaltbare Elemente von Ritualen

- Name,
- Sinn,
- sich wiederholender Ablauf,
- spezieller gefühlsmäßiger Zauber (Freude, Zugehörigkeit, Rührung, Spannung etc.),
- definierter Teilnehmerkreis,
- definierte unterschiedliche Rollen,
- spezieller Ort,
- spezielle Zeit, Turnus, Anfang und Ende,
- Regeln,
- Sanktionen,
- Symbole.

12.4 Die vier Arten neuer Rituale

Wir werden im Folgenden die vier Grundarten von modernen Ritualen betrachten, mit denen die Führungspersönlichkeiten fortschrittlicher Unternehmen ihre Organisationen zum Erfolg führen.

1. **Steuerungsrituale** koppeln die Personen an der Spitze an die nachgeordneten Führungsebenen an. Mit ihnen kann der CEO seinen persönlichen Wirkungsgrad erhöhen, das Vorstandsteam gewinnt an Autorität und Glaubwürdigkeit, die neue Geschäftsführerin festigt ihren Status und spinnt ein soziales Netzwerk in die Organisation hinein – kurz, das Top Management stärkt seinen Einfluss nach innen und außen.
2. **Wachstumsrituale** ermöglichen jedem einzelnen Leistungsträger, jeder Leistungsträgerin im Unternehmen die optimale Entwicklung von Kompetenz und Arbeitsfreude. Vertrauen und Wertschätzung der Vorgesetzten sind die Basis, Lernen ist der Prozess, Arbeitsfreude und Höchstleistung sind die Ergebnisse.
3. **Veränderungsrituale** sorgen dafür, dass notwendiger Wandel von allen Beteiligten vorwärts getrieben wird. Bei hohem Tempo, unsicheren Erfolgs-Aussichten und großer Komplexität sind es Rituale, die durch positive soziale Verstärkungen Transparenz, Kontakt und Dranbleiben ermöglichen, Übergänge zu strukturieren, Abschiede erträglich zu machen, Neu-Orientierungen zu erleichtern.
4. **Stimmungsrituale** vermitteln Lebensfreude und Motivation und prägen eine erfolgsorientierte Unternehmenskultur, in der Rückschläge und Fehler gut verarbeitet werden können. Erfolg beginnt immer beim Erfolgsgefühl des Einzelnen! Selbstbewusstsein und Optimismus entwickeln sich mit Ritualen der Wertschätzung und Dankbarkeit.

Das folgende Tableau stellt die Charakteristika der vier Arten von modernen Ritualen dar und gibt einige Beispiele aus der Unternehmenspraxis. Die Übergänge von alten und neuen Ritualen sind fließend. Als neu gilt hier ein Ritual, das die Anforderungen des strategischen Stimmungsmanagements erfüllt. Eine Mitarbeiterbefragung als „altes Ritual" würde im Wesentlichen den „objektiven" Status Quo erheben, quantitative Daten vor allem zu Missständen ergeben, die dann gründlich analysiert und kommuniziert werden und in einem Maßnahmenplan münden. Als neues Ritual in unserem Sinne würde die Mitarbeiterbefragung dann gelten, wenn das Befragungsritual ein stimmungsvolles Interview wäre, in dessen Verlauf die Interviewten Gelegenheit erhielten, über sich selbst und das Unternehmen positiv nachzudenken. Es wären also Fragen nach positiven Erfolgen, nach Dank, nach guten Erfahrungen, nach Verbesserungsmöglichkeiten, persönlichen Wünschen und Visionen – ganz im Sinne der wertschätzenden Unternehmensentwicklung.[85] Und: wenn durch das Instrument der Mitarbeiterbefragung wiederholte, positive und heitere Kommunikation im rituellen Rahmen entstünde.

---

[85] Vgl. Fußnote 79

12.5 Vier Arten moderner Rituale mit Beispielen

Rituale …	Steuerungsrituale	Wachstumsrituale	Veränderungs- rituale	Stimmungsrituale
Hauptsächl. Beteiligte	Managementteam	Leistungsträger und Potenzial-Kandidaten; HR Management	Alle, die Veränderungen mit tragen und umsetzen sollen	Alle Menschen im Unterneh- men und in seinem Umfeld
Anlässe	Unternehmensstrategie Beratungsprojekte Informations- und Kommunikationsfluss Leistungsmanagement Arbeitsplatz Entlohnungssysteme Zeitsysteme	Kompetenz- und Talent- Diagnose Talentfindung und -bindung Personalentwicklung Lernen Kompetenz-Management Organisatorische Aufstellung Teamentwicklung	Fusionen, Käufe, Verkäufe Veränderungsvorhaben wie Umfirmierung und Privatisierung Start-up, Wachstumssprung Spar-Aktionen, Sanierung Schließung, Abwicklung Standortwechsel	Negative Erfahrungen Misserfolge, schlechte Prognosen Jammerkultur Aufbruchstimmung Culture Change: Flexibilisie- rung, interkulturelle Neu- Orientierung hohe Komplexität
Alte Rituale	Machtinszinierungen und Statussymbole, Hierarchie Klassische Meetings und Präsentationen Vorschlagswesen Unternehmensberatungs- projekte Labour Relations Management Bilateraler Führungsstil	Beurteilungen, Gutachten 360-Grad-Feedback oder Bottom-up-Feedback Management Audits Management Portfolios Assessment Centers, Tests Bewerbungs-Abwicklung Lob und Kritik Klassische PE, Trainings Jubiläen	Ritualisiertes Vorgehen der Geheimhaltung bei Fusionen Verkündigungs-Rituale Projektrituale, Steering Commitees, Workshops u.a. Beratungsrituale Budgetrunden OE-Ansätze Gruppenarbeit Ideenwettbewerbe	Bonuszahlungen finanzielle Kompensation Incentives, Geschenke Preisverleihungen Belobigungen Kamin- und Alkohol- Abende Mitarbeiterbefragungen Arbeitszeit-Modelle Betriebsausflüge, Seminare

Rituale …	Steuerungsrituale	Wachstumsrituale	Veränderungs-rituale	Stimmungsrituale
			Klassische Großveranstaltungen	
Neue Rituale	Qualitätsstandard-Rituale Informelle Kommunikationsrituale Pausen-Rituale Zuhör- und Schweige-Rituale Netzwerkrituale Teambildungsritual Team-Empowerment-Stil	Übergangs-Rituale für Trainees, Azubis, bei Übernahme Beförderungen, Job Rotation, Versetzungen Coaching, Mentorship Teamentwicklung Branding und Networkingrituale Kennenlern-Rituale (mit Bewerbern, etc.)	Symbole und Museen für vergangene Firmen-Perioden Erzähl-Runden (Geschichten, Mythen, Witze, Visionen) Dranbleiben-Rituale Visualisierung von kleinen Erfolgen Kick-Off-Veranstaltungen Open Space Veranstaltungs-Methode	Respektvolle Umgangsformen Neue Informations-Rituale Neue Kommunikations-Rituale Dankbarkeitsrituale Wertschätzungsrituale Lebensfreude-Feiern Ethik-Rituale Vertrauens-Rituale

13 Steuerungsrituale

Es sind nicht narzisstische Einzelkämpfer und isolierte Helden, die positive Veränderungen in Unternehmen herbeiführen, sondern diejenigen Persönlichkeiten, denen es gelingt, die *besten Verbindungen zwischen kompetenten und tatkräftigen Menschen und ihrem Wissen* herzustellen. Intelligente Steuerungsrituale, wie etwa die Kombination von Knowledge Management mit informellen, bereichsübergreifenden Wissenstransfer-Ritualen – etwa als Open-Space-Ritual[86] – sorgen dafür, dass neue Produkte und Geschäftsmöglichkeiten entstehen und das Unternehmen sich entwickelt.

Gerade wir Management Beraterinnen und Berater sind stets in der Gefahr, die Bedeutung der individuellen Eigenschaften der Führungspersonen und Mitarbeitenden für die Initiierung und Umsetzung von Organisationsveränderungen zu überschätzen, ist es doch unser Beruf, gerade sie zu erkennen und zu fördern. Kets de Vries schließt etwa aus seinen Erfahrungen: Wie gut Herausforderungen und Veränderungen verarbeitet werden, hängt „in hohem Maß von dem betreffenden Menschen selbst und seinen persönlichen Umständen ab."[87] Viele Betroffene stimmen dem vielleicht spontan zu, bestätigt diese Auffassung doch die eigene Großartigkeit im Vergleich zu vielen, die zu einer solchen Verarbeitung nicht so reibungslos in der Lage sind.

Die alte Theorie der überragenden Bedeutung von individuellen Führungseigenschaften hat sich jahrzehntelang in statischen Hierarchieinszenierungen, territorialen Denkstrukturen und individuellen Statussymbolen ausgedrückt. Heute geraten in fortschrittlichen Unternehmen die Prozesse der Steuerung und der Teambildung genauso in den Mittelpunkt des Interesses, wie die Vernetzung aller Kompetenz- und Leistungsträger. Weil die individualistische Sicht von Veränderungsmanagement zu kurz greift und keine guten Unternehmensergebnisse mehr erzeugt, wandeln sich auch die Rituale.

Das sind die Trends:

- von Hierarchie- und Projekt-Ritualen in Netzwerk-Rituale [88],
- von offiziellen Gremien in beweglichere, multimediale informelle oder freundschaftliche Rituale – z.B. Communities of Practice,
- von Statussymbolen und Privilegien-Ritualen in kurzfristige, flexible Belohnungssysteme und Wertschätzungs-Feiern,

[86] Open Space ist eine alternative Methode zur Gestaltung von Veranstaltungen mit bis zu einigen Tausend Teilnehmern, in der die Beteiligung jedes Einzelnen am Prozess angestrebt wird. Eine maximale Menge von Informationen und Meinungen kann ausgetauscht werden. Vgl. die Site www.openspaceworld.org, die einen guten Überblick bietet.

[87] Manfred F.R. Kets de Vries, Führer, Narren und Hochstapler. Essays über die Psychologie der Führung. Stuttgart 1998, S. 56

[88] Den Übergang von Abteilungen, Teams und Projekten zu Netzwerken schildern auch Ahlemeyer, H.W. und Königswieser, R. (Hrsg.); Komplexität managen; Strategien, Konzepte und Fallbeispiele, Gabler Verlag, Frankfurt 1998, S. 136

- von klassischen Besprechungsritualen in dynamische Kommunikations-Events (siehe Beispiel unten: „Einkaufsrunde"),
- von starren Top-Down-Feedbacks und einseitigen Notengebungs-Ritualen in 360-Grad-Verfahren mit Fokus auf intensiven Entwicklungsgesprächen.

Steuerungsrituale sind Rituale des Managementteams. Mit ihnen üben sie ihren Einfluss auf die Organisation aus. Rituale sind das soziale Bindeglied zwischen den Ideen und Visionen der Leader und denjenigen, die sie im Unternehmen umsetzen. Durch Rituale verstehen alle Mitarbeitenden den Sinn der Visionen, Strategien und Maßnahmen und die Mission: was das Unternehmen in die Welt bringen möchte. In Ritualen wird eine emotionale Botschaft als Corporate Identity vermittelt, eine Grundstimmung wie Seriosität, Sicherheit, Intelligenz, Service, Diversity, Internationalität, Luxus, Jugendlichkeit, Freiheit oder Mobilität.

Alle konkreten Steuerungsrituale sollten die einzigartige inhaltliche und emotionale Mission des Unternehmens widerspiegeln. Im Idealfall kann ein Außenstehender die einheitliche Identität des Unternehmens an jedem Ritual ablesen. Erst dann wirken alle Faktoren in eine Richtung, die Wirkung des einzelnen Rituals potenziert sich. Ich empfehle meinen Klienten, wenn sie ihr Unternehmen neu ausrichten und alle Mitarbeitenden überzeugen und begeistern möchten, festzustellen, welche Steuerungsrituale es gibt und welche emotionale Wirkung sie auf die Menschen ausüben. Alle Rituale müssen gesichtet, geprüft und synchronisiert werden:

- wie Unternehmensvision und -strategie entwickelt werden, z.B. kreative Strategie-Workshops mit externen Beratern in einer Berghütte, immer gleicher „long term forecast" vor Geschäftsjahres-Schluss, oder: ein Unternehmer plant daheim, an Neujahr, mit der Ehefrau, „wie es weitergeht" ...
- wie Leistungsmanagement und Kontrolle durchgeführt werden, z.B. mit jährlichen schriftlichen Zielvereinbarungen per Intranet, mit monatlichen Updates, mit schriftlichem Projektcontrolling, mit Quartals-Präsentationen im Aufsichtsrat ...
- wie alles rund um Arbeitsplatz, Arbeitszeit und Arbeitsentlohnung organisiert ist, z.B. mit freier Zeiteinteilung und sozialer Kontrolle im Großraumbüro, mit Einkaufs-Entscheidungskompetenz für jeden Mitarbeitenden bis zu 5000 Euro, mit Heimarbeit auf Vertrauensbasis ...
- wie Hierarchie und Status inszeniert werden, z.B. mit Statussymbolen wie Zimmergröße, Dienstwagen, Redezeitregelung; mit klassischen Organigrammen oder in Projekt- oder Netzwerk-Mustern ...
- wie Qualitätsstandards, Führungsleitlinien etc. erarbeitet und kommuniziert werden, z.B. durch Hochglanzbroschüren mit Großveranstaltungen, durch interaktives Firmen-TV, durch Meeting- oder Feedback-Rituale ...
- wie man international zusammenarbeitet, z.B. mit nur einer Firmensprache, mit Meetings in verschiedenen Ländern der Welt, durch offizielle Diversity-Policies [89] ...
- wie der Top Down und Bottom Up Informations- und Kommunikationsfluss funktioniert, z.B. durch kaskadenartige Informations-Meetings: Vorstand, Be-

[89] „Diversity-Management" befasst sich damit, wie Vielfalt im Unternehmen, die durch Mitarbeitende in unterschiedlichsten Ländern, durch alte und junge, durch männliche und weibliche Mitarbeitende etc. entsteht, fair und produktiv gehandhabt werden kann. Fast alle großen Unternehmen beschäftigen sich mit den Synergie-Effekten durch Vielfalt und mit der Vermeidung von Diskriminierungen und geben dazu ein Regelwerk, eine „Policy", heraus.

reich, Abteilung etc; durch Mitarbeiterzeitung; durch Mitarbeiterbefragungen, durch Ideenmanagementsysteme ...

- wie die Zusammenarbeit in und mit Gremien und Verbänden (Aufsichtsrat, Betriebsrat, IHK ...), wie Projektmanagement organisiert ist, z.B. in den gesetzlich vorgeschriebenen Gremien, in informellen Treffen, Geschäftsessen und -reisen; in der Aushandlung von Arbeitsbedingungen, Mantel- und Gehaltstarifen ...
- wie man das Unternehmen nach außen repräsentiert, z.B. durch Pressekonferenzen, Presse-Einladungen zum Test der Produkte, Pressemitteilungen, Präsentationen für Investoren, überhaupt nicht ...

Lassen Sie mich an einem Beispiel erläutern, wie ein typisches altes Steuerungsritual, das regelmäßige Treffen aller Managerinnen und Manager eines Bereichs, sinnvoll umgestaltet wurde.

13.1 Gestaltung eines Steuerungsrituals: Das klassische Meeting

Mit dem alten Ritual der „Einkaufsrunde" war schon lange niemand mehr zufrieden, man wusste auch nicht mehr so recht, wie es sich entwickelt hatte. Niemand ging gerne hin, nicht einmal der Chef, obwohl die Festigung seiner Machtposition eine bedeutende Wirkung des Rituals war. Auch er betrachtete es als Zeitverschwendung, hatte aber weder Zeit noch das nötige Know-How, eine andere Form einzuführen. Die Veränderung war überfällig.

Altes Ritual „Einkaufsrunde"

Teilnehmende	*Der Leiter des Einkaufsbereichs sowie alle Führungspersonen des Einkaufsbereichs aus fünf Ländern plus Sekretärin des Einkaufsleiters*
offizielle Rollen der Teilnehmenden	*Leiter des Einkaufsbereichs: Leitung des Rituals, Informieren, Informationen bekommen* *Sekretärin: Protokoll schreiben* *Andere Führungspersonen des Einkaufs: sich selbst und die Anderen informieren*
Verhalten der Teilnehmenden	*Leiter des Einkaufsbereichs:* *gibt verbale oder nonverbale Kommandos, wenn die anderen Teilnehmenden anfangen oder aufhören sollen zu sprechen, oder wenn sie zum Projektor gehen und etwas zeigen oder sich wieder hinsetzen sollen. Spricht ca. 80 % der Zeit.* *Sekretärin:* *führt Protokoll, ist freundlich und still, bewirtet/bedient* *Andere Führungspersonen Einkauf:* *sprechen manchmal eigen-initiativ, meist aber auf Kommando des Leiters, meist knapp und in ernsthaftem, sachlich-informativem Ton. Ihre gemeinsame Redezeit beträgt ca. 20 %. Sie beachten besonders, was der Leiter sagt und wie er sich verhält und reagieren darauf mit Respekt und Zustimmung. Man kann beobachten, dass sie sich so verhalten, dass sie die optimale Zustimmung und Beachtung vom Leiter des Rituals bekommen. Sie unterstreichen ihre Aussagen manchmal mit Folien, die sie auf den Projektor legen. Personen, die eine andere Muttersprache als Deutsch haben,*

	sprechen ausschließlich, wenn sie persönlich gefragt werden, und dann auf Englisch. *Bevor der Leiter kommt und nachdem er gegangen ist, legen sie ein anderes Verhalten an den Tag: sie sprechen mehr, lachen miteinander, sind lauter und stehen näher beieinander.*
Ort	*Konferenzraum im 3. Stock*
Name	*Einkaufsrunde*
Choreographie	*Immer gleiche Sitzordnung am ovalen Konferenztisch. Der Leiter sitzt mit dem Rücken zum Fenster und schaut schräg rechts auf die Eingangstüre und genau nach vorn auf die Projektionswand. Rechts und links neben seinem Stuhl ist mehr Platz als zwischen den anderen Stühlen. Auch die anderen Teilnehmenden belegen meist immer die gleichen Plätze. Die Sekretärin sitzt links vom Leiter, rechts sitzt sein Stellvertreter. Gegenüber des Leiters, mit dem Rücken zur Projektionswand, sitzen die am wenigsten etablierten und geschätzten Teilnehmenden.*
Zeit	*Monatlich, erster Dienstag d. Monats, 14 – 16 Uhr*
Ablauf	*Vorher: Einladung mit Agenda* *Einkaufsrunde:* *Chef eröffnet und leitet das Ritual. Er erinnert daran, die Handys auszuschalten. Er beginnt zu sprechen. Die Teilnehmenden stellen kurze Zwischenfragen oder geben kurze Erläuterungen. Mitunter gehen sie auf Aufforderung des Leiters an den Projektor und legen einige Folien auf, die sie erläutern. Dann geht es etwas lebhafter zu, mehrere Personen äußern sich dazu, teils zustimmend, teils kritisierend.* *Vom links vor ihm liegenden Papierstapel des Chefs nimmt er, während er spricht, Unterlage für Unterlage kurz in die Hand und bildet dann damit einen Papierstapel rechts vor ihm. Ab und zu läutet sein Handy, der Leiter äußert Unmut, sagt, er müsse es eingeschaltet lassen, da er einen Anruf von XY erwarte, und die Sekretärin antwortet. Wenn sie nicht schnell genug das Telefonat beendet, steigert sich regelmäßig der Unmut des Leiters. Manchmal springt er auch auf, greift das Handy und geht hinaus. Dann wird es wieder lebhafter und lauter im Raum, es wird gelacht, und neuer Kaffee wird eingeschenkt. Diese Pausen dauern bis zu 30 Minuten.* *Die Sekretärin schreibt während des Vortrags des Leiters und während der Gespräche und stellt kurze Zwischenfragen.* *Der Chef geht ab und zu zum Flipchart und schreibt etwas auf die großen Bögen, während er weiterspricht. Diese Bögen werden am Ende von der Sekretärin sorgfältig gefaltet und mitgenommen.* *Die Aufzeichnungen der Sekretärin erscheinen später im Intranet.*
Sinn	*Querinformation, Top-Down-Information, Präsentation wichtiger Projekte – Meinung der Kollegen in Diskussion einholen*
Start	*Teilnehmende kommen in Zweier- oder Dreier-Gruppen, locker ins Gespräch vertieft, begrüßen lachend und mit Handschlag die anderen Ankommenden im Raum.* *Gegenseitiges Kaffee-Eingießen der anwesenden Teilnehmenden.* *Man schaut zur Türe, wartet auf den Chef, während man in einigen kleinen Gruppen eilig, intensiv und ernsthaft spricht und sich Unterlagen zeigt, in anderen freundlich, lachend, informell.*

	Der Chef kommt und gibt allen einzeln die Hand und nennt jeden beim Namen, „Herr …“. Er setzt sich, alle setzen sich. Er begrüßt.
Ende	Unruhe, wenn es auf 16 Uhr zugeht – gesteigerte Zwischenfragen- und Diskussionstätigkeit – eher nervöse, genervte Atmosphäre, Teilnehmende schauen öfter auf ihre Uhren, einige treten in Wettbewerb, wer jetzt noch sprechen darf. Innerhalb von 10 Minuten nach dem offiziellen Ende verlässt der Chef das Ritual. Darauf löst sich die Stimmung wieder, es ist mehr Bewegung im Raum, Gelächter, nach und nach verlassen alle Teilnehmenden das Ritual in Zweier- oder Dreier-Gruppen, im lockeren Gespräch vertieft. Das Ritual ist beendet.
Do's	Kleiderordnung: Anzug. Lachen, wenn Chef einen Witz macht. Man fragt, bevor man sein Jackett ablegt.
Dont's	Chef unterbrechen. Mehr als 2–4 Kekse essen (außer Leiter). Mehr als 2 Minuten ununterbrochen reden (außer Leiter). Handy klingeln lassen (außer Leiter). Das Meeting spontan verlassen ohne Kommentar. Unfreundlich zur Sekretärin sein. Zu spät kommen. Sich auf den Chefsessel setzen.
Sanktionen bei Verstößen	Missmutige Blicke der Teilnehmenden; spöttische, abwertende Bemerkungen – vorzugsweise durch den Leiter; unterbrochen werden; kürzere zugestandene Redezeit
Symbole	Demonstrativ preiswerte, z.B. von Kindern gebastelte Schreibutensilien und andere schlichte Accessoires wie Uhren, Mappen, Kaffeetassen – deutlich keine teuren Werbegeschenke. Sie symbolisieren die „Unbestechlichkeit“ der teilnehmenden Einkaufs-Manager. Ebenfalls die Unbestechlichkeit symbolisieren soll der Inhalt einer Vitrine: sie ist voll von Geschenken von asiatischen, südamerikanischen und afrikanischen Lieferanten-Vertretern, die vom Leiter des Bereichs angenommen wurden, um sie dem Bereich zur Verfügung zu stellen. (Manchmal wird während einer Einkaufsrunde ein Gegenstand entnommen und einem Mitarbeitenden im Bereich für gute Leistungen überreicht.) 8 gerahmte Urkunden über „Beste Einkaufsleistung des Jahres“ an der Wand – sie werden ab und zu angeschaut oder es wird auf sie hingewiesen. Handy des Chefs auf dem Tisch bei der Sekretärin – wird als Zeichen des höheren Status, der Wichtigkeit wahrgenommen.
Tabus	Sich absichtlich berühren, außer beim Begrüßungs-Handschlag, und außer der Chef berührt einen anderen Teilnehmenden, zum Beispiel an der Schulter oder am Arm und lächelt dazu. Über einen bestimmten Vorstand positiv sprechen. Unfreundlich zur Sekretärin sein.

Meetings sind klassische Steuerungsrituale. Wenn wir unsere Erkenntnisse und Postulate für die Analyse anwenden, sehen wir, dass selbst das hier beschriebene alte Ritual noch einige positive Wirkungen entfaltet:

- es bestätigt die Rollenidentität und Zugehörigkeit der Teilnehmenden,
- es reduziert Komplexität – es verkleinert die denkbaren Kontaktmöglichkeiten und Gelegenheiten,
- es produziert positive Gefühle – die Teilnehmenden lachen miteinander,
- es vermittelt einige Werte und (vielleicht unbewusste) Kulturelemente des Unternehmens: die positive Bedeutung von Hierarchie und Macht, Reichtum und Seriosität; die Werte Disziplin, Ordnung, Regeln; die Verbindlichkeit des gesprochenen und geschriebenen Wortes; Unbestechlichkeit,
- es definiert die Organisation/den Bereich als soziale Einheit.

Andere Funktionen werden dagegen nicht oder nicht genügend erreicht:

- das Ritual steigert nicht die Lebensfreude, die Teilnehmenden nehmen nicht freiwillig und nicht gerne am Ritual teil,
- es ist zu starr und läßt kaum Gestaltungsmöglichkeiten, offenbar nicht einmal dem Chef, der das Ritual auf immer gleiche Weise leitet, ohne dabei Freude zu empfinden,
- es drückt wenig Respekt und Wertschätzung für die Teilnehmenden aus, außer für den Chef,
- es dokumentiert die ungleiche Machtverteilung zwischen oben und unten und zelebriert sie unbewusst – der Chef wird durch das Ritual aufgebaut als Einzelkämpfer und allwissender Held, vor allem dadurch, dass er mit seinen Reden die meiste Zeit in Anspruch nimmt. Zeit und Aufmerksamkeit sind in modernen Unternehmen sehr wichtige und knappe Ressourcen und haben das Geld und viele mit Geld verbundene Statussymbole abgelöst,
- es reduziert nicht annähernd so viel Komplexität wie möglich, wenn man an die behandelten Inhalte und die Funktion der Entscheidungsvorbereitung denkt, und damit
- unterstützt es nicht genügend den wirtschaftlichen Zweck: gute Entscheidungen herbeizuführen.

13.2 Die neue „Einkaufsrunde"

In fortschrittlichen Unternehmen gibt es solche Besprechungen nicht mehr. Eine Vielfalt von wirtschaftlich funktionalen Meetingritualen, an denen man gerne teilnimmt, ist neu entstanden. In unserem Einkaufsbereich hatte es eine Initiative von jüngeren Managerinnen und Managern gegeben, die im Rahmen ihres High-Potential-Förderkreises die Umgestaltung der Einkaufsrunde als Projektarbeit übernahmen. Zielsetzungen waren:

- Projekte und Personen sollten von den Diskussionen in der Einkaufsrunde profitieren, durch qualifiziertes Feedback sowie aktuelle und relevante Informationen,
- alle Teilnehmenden sollten Einfluss darauf nehmen können, welche Informationen sie geben und bekommen,
- alle Teilnehmenden sollten im Meeting selbst aktiv beteiligt sein, insbesondere auch die ausländischen Teilnehmenden,
- es sollte Zugehörigkeit, Kontakt und Verbundenheit untereinander stärken,
- es sollte entspannt, gut gelaunt und kurzweilig sein und insgesamt bei allen gute Gefühle hinterlassen.

Sehen Sie selbst, was auf Initiative der jungen Managerinnen und Manager nach einem Jahr als neues Ritual entstanden ist.

Neues Ritual „Einkaufsrunde"

Teilnehmende	*Der Leiter des Einkaufsbereichs; diejenigen Führungspersonen des Einkaufsbereichs, die teilnehmen möchten; von einem Mitarbeitenden eingeladene Personen aus anderen Bereichen; eingeladene Mitarbeitende der Einkaufsteams; Sekretärin des Einkaufsleiters, wenn sie möchte*
Rollen	*Gastgeber/in (Wechselnde, gut englisch sprechende Person, nach Absprache):* *Sorgt für Einladung, Raum, Bewirtung, gestaltet Anfang und Ende, hilft bei sprachlichen Schwierigkeiten der nicht deutsch-sprachigen Teilnehmenden.* *Moderator/in, gleichzeitig Leiter/in des Rituals:* *Wechselnde Person aus dem Einkaufs- oder Personalentwicklungsbereich, die die Themen vorab abfragt, die Methode der Bearbeitung an Thementischen oder im Plenum vorschlägt, das leicht chaotische Geschehen im Überblick hat und wenn nötig ordnend eingreift. Sammeln und Zusammenstellen der Informationen, die in das Protokoll kommen. Versenden des Protokolls per Intranet.* *Leiter des Einkaufsbereichs:* *Begrüßt und heißt willkommen, verabschiedet und dankt. Wird zu den Thementischen gerufen. Arbeitet ansonsten an einem Tisch für sich allein. (Die Information über laufende Chef-Vorgänge, die früher ca. 70 % der Einkaufsrunde in Anspruch nahm, hat die Sekretärin per Intranet übernommen.)* *Andere Führungspersonen des Einkaufs:* *suchen sich Ansprechpartner für ihre Informations- und Entscheidungs-Anliegen und besprechen diese mit ihnen.*
Verhalten der Teilnehmenden	*Leiter des Einkaufsbereichs:* *Sucht freundlichen Kontakt zu einzelnen Personen und bietet „by walking around" seine Beteiligung und seine Informationen an. Geht mitunter von Tisch zu Tisch oder sitzt an einem Extra-Tisch und arbeitet allein. Er wird oft zu kurzen Gesprächen an einzelne Tische eingeladen. Er lobt viel, dankt viel, ermutigt viel und demonstriert gute Laune. Er macht sich Notizen. Spontan läd er manchmal seinen eigenen Chef oder andere Kollegen ein, an einem der Tische mitzuarbeiten.* *Gastgeber/in:* *Sorgt dafür, dass alle Kaffee und Kekse haben und fragt freundlich nach, ob alles in Ordnung ist. Lüftet den Raum zwischendurch. Bespricht sich mit dem Moderator/der Moderatorin, ob alles gut läuft, und was man noch unterstützend tun könnte. Ansonsten: arbeitet an einem Thementisch mit.* *Moderator/in:* *Erinnert an die Gesprächsregeln. Stellt Prozessfragen (im Gegensatz zu inhaltlichen Fragen): Wie kommen Sie voran? Wieviel Zeit brauchen Sie noch? Wer könnte Sie unterstützen? Muss etwas von dem, was Sie hier besprechen, ins Protokoll? Haben Sie Wünsche zum Vorgehen? Verhält sich ansonsten wertschätzend und freund-*

	lich. Wenn Konflikte oder Konkurrenz um die Anwesenheit von Spezialisten oder des Chefs an Thementischen entsteht, organisiert sie den Verlauf und entscheidet notfalls autonom, wie es weitergeht. Alle 15 Minuten gibt sie ein akustisches Signal und bittet, die Thementische zu überlegen, ob man sich neu „sortieren" möchte. *Teilnehmende:* *Diskutieren intensiv und ernst, zwischendurch lachend, in Gruppen von 3–5 Personen, die sich um die Thementische gruppieren. Holen andere Personen hinzu. Einzelne kommen und verlassen den Raum autonom oder auf Bitte der Kleingruppen. Die Atmosphäre an den Tischen ist konzentriert, der Lärmpegel mittelhoch, ein Drittel der Anwesenden spricht gleichzeitig, die nicht deutsch-sprachigen Teilnehmenden beteiligen sich rege, teils wechselt die Diskussionssprache ins Englische. Bei Verständigungsproblemen wird die/der Gastgeber/in geholt. Niemand außer der Moderatorin scheint den Überblick über Themen, Personen, Ergebnisse zu haben.* *Gäste:* *Kommen und gehen, setzen sich an einen der Tische oder sind bei der Plenumsdiskussion am Ende der Einkaufsrunde dabei.*
Ort	*Großer Seminarraum im Parterre.*
Name	*Einkaufsrunde*
Choreographie	*Für die ca. 20 Teilnehmenden gibt es 6 Tische und 3 Flipcharts, um die sich zwischen 0 und maximal 5 Teilnehmenden in wechselnder Zusammensetzung gruppieren. Auf manchen Tischen liegt eine Karte, auf der das Gesprächsthema in großer Schrift notiert ist.*
Zeit	*Monatlich, erster Dienstag d. Monats, 14 – 18 Uhr*
Ablauf	*Keine Einladung, nur der Termin wird bekannt gegeben. Ausnahme: Personen aus anderen Bereichen, die man dabei haben möchte.* *Um 14 Uhr sind alle Teilnehmenden anwesend.* *Herzliche Begrüßung durch den Leiter des Einkaufsbereichs, durch den Moderator/die Moderatorin.* *10 Erfolge, kleine gelungene Schritte oder gute Nachrichten werden gemeinsam gesammelt und auf ein Flipchart notiert (Methode „Brainstorming" – bei 10 ist Schluss).* *Danach zeigt und kommentiert der Leiter des Einkaufsbereichs 3–7 Charts, auf denen je ein wichtiges Projekt/Vorhaben dargestellt ist und auf dem die kleinen gelungenen Fortschritte visualisiert sind.* *Danach spricht jede/r Teilnehmende einen Dank für eine konkret erhaltene Unterstützung aus (Dank an Nicht-Anwesende wird später überbracht).* *Danach stellt der/die Moderierende einige Fragen zum weiteren Vorgehen und klärt dieses.* *Dann verteilt man sich auf die Tische – Chaos-System – und beginnt, miteinander zu arbeiten und zu sprechen. Auch zwischen den Tischen ist rege Kommunikation, manche Teilnehmende diskutieren an zwei Tischen mit.* *Nach 2 Stunden Themen-Gesprächen im 15-minütigen Wechsel (siehe oben: Rolle der/s Moderierenden) lenkt die/der Moderieren-*

	de die Aufmerksamkeit auf sich und bittet um zusammengefasste Informationen von den einzelnen Tischen/zu den Themen, dann werden gemeinsame Aktivitäten angesprochen. Zunächst lebhafte, dann ruhigere Diskussion. Zu manchen Themen wird jeder einzelne Teilnehmende vom Moderierenden um Äußerungen gebeten, um gleichmäßige Beteiligung sicherzustellen ... Danach wird der Chef meist noch von einigen Teilnehmenden nach weiteren Informationen gefragt, die er gibt. Danach dankt der Chef den Gästen aus anderen Bereichen sowie allen Beteiligten. Er macht noch eine anerkennende, lobende oder lustige Bemerkung zum Schluß und wünscht einen schönen Abend. Alle applaudieren. Man verlässt nach und nach den Raum – manchmal ist dies gegen 17 Uhr, manchmal erst gegen 19 Uhr. Der Chef schüttelt jedem die Hand. Das Protokoll erscheint einige Tage später im Intranet.
Sinn	*Vorantreiben von wichtigen Projekten und Vorhaben über Abteilungs- und Bereichsgrenzen hinweg. Nutzen der Wissens- und Kompetenzvielfalt. Formaler und informeller Informationsaustausch. Positive Stimmung und Zusammengehörigkeitsgefühl stärken.*
Start	*Teilnehmende kommen in Zweier- oder Dreier-Gruppen, locker ins Gespräch vertieft, begrüßen lachend und mit Handschlag die anderen Ankommenden im Raum. Gegenseitiges Kaffee-Eingießen der anwesenden Teilnehmenden. Die/der Moderierende begrüßt um 14 Uhr die Anwesenden.*
Ende	*Applaus und allmähliches Verlassen des Raums in Zweier- und Dreiergruppen, lachend.*
Do's	*Kleiderordnung: Anzug. Pünktliches Erscheinen. Ausschalten aller Handys. Man fragt, bevor man sein Jackett ablegt. Viel danken, viel loben. Fragen und Zuhören.*
Dont's	*Zu spät kommen. Zu lange sprechen. Unterbrechen. Keinen Dank, kein Lob aussprechen. Keine Erfolge ansprechen.*
Sanktionen bei Verstößen	*Missmutige Blicke der Teilnehmenden; spöttische, abwertende Bemerkungen. Tadel der/des Moderierenden.*
Symbole	*Demonstrativ preiswerte, z.B. von Kindern gebastelte Schreibutensilien und andere schlichte Accessoires wie Uhren, Mappen, Kaffeetassen – deutlich keine teuren Werbegeschenke. Sie symbolisieren die „Unbestechlichkeit“ der teilnehmenden Einkaufs-Manager. Ebenfalls die Unbestechlichkeit symbolisieren soll der Inhalt einer Vitrine: sie ist voll von Geschenken von asiatischen, südamerikanischen und afrikanischen Lieferanten-Vertretern, die vom Leiter des*

	Bereichs angenommen wurden, um sie dem Bereich zur Verfügung zu stellen. Mitunter wird ein Gegenstand entnommen und einem Mitarbeitenden im Bereich für gute Leistungen überreicht. *8 gerahmte Urkunden über „Beste Einkaufsleistung des Jahres“ an der Wand – werden ab und zu angeschaut, es wird ab und zu darauf verwiesen.* *Handy des Chefs auf dem Tisch bei der Sekretärin – wird als Zeichen des höheren Status, der Wichtigkeit wahrgenommen.* *Eine Tafel mit „unseren 10 aktuellen kleinen Schritten zum Erfolg“ und eine mit „unseren 10 herzlichen Dankeschöns“ an der Wand. Kopien befinden sich im Intranet.*
Tabus	*Rauchen.* *Über einen bestimmten Vorstand positiv sprechen (der mittlerweile nicht mehr im Unternehmen ist ...).* *Unfreundlich zur Sekretärin sein.*

14 Wachstumsrituale

14.1 Gegen das Vermessen und Kategorisieren

Aus meiner nun 30-jährigen Erfahrung in verschiedensten Rollen der Human Ressources Funktion: als Soziologin und Gruppendynamikerin, in Forschung, Training, Management, Unternehmensführung, Coaching und Beratung, weiß ich, dass es viel einfacher ist, und viel beliebter, Stärken und Schwächen der Menschen im Unternehmen „festzustellen", als Stärken nutzbar zu machen und zu entwickeln. Für die Analyse von Kompetenzen werden Millionen ausgegeben: Tests, Assessment Centers oder Gruppen-AC's [90], Einzel-AC's [91], Beurteilungen, Bewerber-Interviews und Gutachten, Management Audits und Evaluierungen [92], Kompetenz-Datenbanken etc. Dies mag den persönlichen Macht-, Kontroll- und Transparenzbedürfnissen vieler Unternehmenslenker/innen entgegenkommen, trägt aber nichts zum Unternehmenserfolg bei, sondern beeinträchtigt Wachstumsmöglichkeiten.

Nur ein kleiner Teil der relevanten individuellen und sozialen Wirkfaktoren in Unternehmen ist quantifizierbar. Kennzahlen und Kategorisierungen suggerieren Rationalität und Objektivität, Wichtigkeit und Handlungsrelevanz, die nicht gegeben sind. Wenn wir unsere Kompetenzentwicklungs-Optionen danach wählen, wie gut sich die Ergebnisse in Zahlen oder Indikatoren ausdrücken lassen, gleichen wir dem Mann, der im Schein der Laterne seinen Schlüssel finden will, weil es dort hell ist – obwohl er ihn ganz woanders verloren hat. Wenn wir Menschen in Beurteilungsbögen und Assessment Centers „vermessen" und nach ihren Stärken und Schwächen kategorisieren, haben wir wertvolle Zeit und Energie verloren, durch stimmungs-

[90] Assessment Center: Beurteilungs-Seminare. Eine Gruppe von Bewerber/innen oder Mitarbeitenden oder Manager/innen nehmen typischerweise freiwillig, und im Wissen, dass sie beobachtet werden, an einer 1–4-tägigen Veranstaltung teil, in der sie einzeln und in Kleingruppen bestimmte Übungen zu absolvieren haben. Die Beobachter und Beurteiler sind meist sowohl Psychologen als „Beobachtungs- und Beurteilungs-Profis" als auch Entscheider/innen aus dem Unternehmen. Letztere absolvieren vorab eine „Beobachterschulung". Aus dem gezeigten Verhalten der Teilnehmenden werden von den Beobachtenden in einer „Beobachtungskonferenz" Rückschlüsse zu ihrer Eignung gezogen. Ein extrem aufwändiges Verfahren, das in den 80-er Jahren seine Blütezeit erlebte, aber auch heute noch von vielen Unternehmen in abgewandelter Form eingesetzt wird. Allerdings hat sich der Focus verschoben: weg von der Auswahl von Kandidaten für konkrete Positionen hin zum Erkennen und Fördern von Kompetenzen für alle Teilnehmenden.

[91] In einem Einzel-AC (Einzel-Assessment-Center) absolviert ein einzelner Kandidat verschiedene Tests, Übungen und Interviews und wird dabei in der Regel von einem oder zwei Experten beobachtet, die dann daraus ein Gutachten zu den Stärken und Schwächen formulieren, welches sie ihrem Auftraggeber zur Verfügung stellen. In der Regel dient das Einzel-AC der Eignungs-Diagnose einer neu einzustellenden Top Managerin/eines Top Managers.

[92] In Audits und Evaluierungen werden Daten über Manager aus verschiedenen Quellen zusammengetragen: aus den Lebensläufen und Beurteilungen, Zeugnissen, und aus speziellen Interviews. Alle Daten werden meist in Einzelgutachten dokumentiert und in einer Synopse, dem sogenannten Management Portfolio, dem Auftraggeber präsentiert.

volle Rituale das Beste zu fördern, das sie dem Unternehmen schenken können: ihre Ideen, ihre Leistungsfreude, ihre Kompetenz, ihre Tatkraft. Während Quantifizierung den status quo im Blick hat, fokussieren Wachstumsrituale, wie etwa das gemeinsame Feiern von persönlicher Leistungssteigerung, den *Prozess des Wachstums*, die Entwicklung von Kompetenz, Lebensfreude, Qualität und Ertrag.

Schon bald nach der Einführung von extrem aufwändigen, 5-tägigen Auswahl-Assessment-Centers für alle Trainees und Potenzial-Kandidaten (jüngere hochqualifizierte Personen im Unternehmen mit Potenzial für Aufgaben im Management), die ich selbst in einem Versicherungsunternehmen betrieben hatte, erkannte ich – leider zu spät – dass ich dem Unternehmen einen größeren Gefallen getan hätte, wenn wir das gleiche Geld von Anfang an ausschließlich in die Entwicklung der jungen Talente gesteckt hätten. Das Ergebnis der AC's hat nicht nur in diesem, sondern in den meisten Unternehmen, die ich seither kennen gelernt habe, mehr Negatives als Positives bewirkt. Viele der Besten, die das Unternehmen hat (denn nur die kommen ja in ein AC), sind anschließend frustriert, viele verlassen das Unternehmen. Die Erfahrung, offiziell und nach tagelangen Tests zu erfahren, man sei „nicht so gut geeignet für die Position XY wie ein anderer Kandidat" wird in jedem Fall als schwere Niederlage oder Ungerechtigkeit erlebt. Dabei ist es gleichgültig,

- mit wie geringen Erwartungen man an den Start gegangen ist,
- wie viel Mühe sich die Entscheider mit der Begründung in einem persönlichen Gespräch geben,
- wie viel positives Feedback jemand gleichzeitig erhält,
- wie viele Fördermaßnahmen das Unternehmen jemandem danach angedeihen lässt.

Die Traumatisierung hält lange an, manchmal ein ganzes Berufsleben. In meinen Coaching-Gesprächen spüre ich die intensive Verunsicherung und die strikte Ablehnung von AC's bei den tatsächlich oder vermeintlich im AC Gescheiterten noch nach vielen Jahren. Manche erinnern sich daran detailgenauer und lebendiger als an ihre größten beruflichen Erfolge. Heilsame und fördernde Auswirkungen entstehen, wenn überhaupt, nur zufällig und unbeabsichtigt und nach intensiver psychologischer Aufarbeitung.

Man kann sich darüber streiten, ob die Momentaufnahme eines Tests, Interviews oder AC's objektive Ergebnisse zu Stärken und Schwächen zeitigt oder nicht. Fest steht aber, dass die Auftraggeber, also die Entscheider über Einsatz und Förderung der so Beurteilten, die Beurteilungsergebnisse nur dann akzeptieren, wenn sie dem persönlichen (Vor-)Urteil zu der betreffenden Person nicht widersprechen. Dies gilt umso mehr, je höher in der Hierarchie die Entscheider und Beurteilten angesiedelt sind. Selbst die weltweiten Marktführer bei Management-Evaluierungen und Assessment Centers bestätigen mir in persönlichen Gesprächen, dass die Entscheidung für eine Positionsbesetzung immer „aus dem Bauch heraus" fällt. Man möchte sein intuitives Urteil festigen, notfalls die Schwächen des Kandidaten kennen, wenn man ihn einstellt. Aber eingestellt wird er auf jeden Fall, wenn die „Chemie" stimmt, trotz der Schwächen.

Ich plädiere bei meinen Klientinnen und Klienten dafür, der eigenen und der Intuition erfahrener Kolleginnen oder Kollegen zu vertrauen und auf die Messrituale zu verzichten. Die ungetrübte positive Affinität des Entscheiders/der Entscheiderin zum „Lieblingskandidaten" ist schließlich der Grundstein für den gemeinsamen Erfolg, selbst dann, wenn es sich um Vorurteile handelt. Zumal heute, da die Personen an der Spitze der Unternehmen meist nur eine begrenzte Zeit in der gleichen Besetzung zusammenarbeiten, benötigt die Kandidatin, der Kandidat alle verfügbaren emotionalen Ressourcen, inbesondere das Vertrauen und die Wertschätzung der Shareholder, des Inhabers oder CEOs. Es geht darum, möglichst schnell diese positive Kraft der gegenseitigen Beziehung von Chef/in und Kandidat/in zu entwickeln, in einem Prozess wachsender Affinität, wachsenden Vertrauens und wachsender Kompetenzen zu gleiten. Nur so, mit Wachstums- statt mit Mess- und Dokumentationsritualen, können Unternehmenslenker die teuerste und zugleich wertvollste „Ressource Mensch" optimal nutzen.

Bei Wachstumsritualen geht es darum,

- die richtigen Menschen an den richten Platz zu bringen – wo sie das Beste einbringen können, das sie zu geben haben,
- den Menschen zu ermöglichen, eine soziale Umgebung zu finden, in der sie positive Affinität, Vertrauen und Wertschätzung geben und nehmen können,
- die Voraussetzungen zu schaffen, dass individuelle Erfahrungen, Kompetenzen, Wissen, Talentpotenziale immer weiter wachsen können,
- statt immer mehr Daten über die Leistungsträger zu sammeln, sich als Top Manager persönlich zu zeigen und einzigartige, tragfähige menschliche Beziehungen zu gestalten.

14.2 Optimale organisatorische Aufstellung: Das neue Teambildungs-Ritual

Wenn ich Aufsichts- oder Leitungsgremien berate, wie die organisatorische Aufstellung – das Organigramm – aussehen sollte, stelle ich fest, dass sich diese Einsichten schon sehr weit durchgesetzt zu haben scheinen.

Wollte man vor zehn Jahren ein Vorstands- oder Geschäftsleitungsteam neu formieren, hat man noch damit begonnen, die Aufgaben nach Ähnlichkeiten zu ordnen und die Schnittstellen zu minimieren, d.h. Aufgaben mit vielen Schnittstellen in einem einzigen Vorstandsbereich unterzubringen. Das heißt, man hat mit den Aufgaben und Prozessen begonnen, nicht mit den vorhandenen Menschen und ihren Kompetenzen. Dies wurde in die bekannten „Kästchen" des Organisationsplans übertragen, der dann in einem einfachen Fall etwa so aussah:

Einkauf u. Qualität	Produktion Logistik u. Facilities	Stab: PR Finanzen Personal Verwaltung	Produktentwicklung Marketing u. Vertrieb

Als nächstes definierte man das Anforderungsprofil – welche fachlichen und Führungskompetenzen benötigen die zukünftigen Stelleninhaber? – um dann durch ein Management-Audit o.Ä. zu messen, ob und welche der zur Verfügung stehenden Personen zu den Anforderungskriterien und damit auf die vorhandenen Stellen optimal passen (und natürlich, welche „Chemie" optimal funktionierte).

Heute beginnt man schon wesentlich häufiger mit der Frage, **welche Personen mit welchen Talenten und Erfahrungen** man intern zur Verfügung hat oder einstellen kann. Das erste Chart bei einer Neubesetzung des Leitungsteams ist dann eine Liste der Personen, zum Beispiel:

Felix H.:	– unternehmerische Persönlichkeit, Vertriebler – gut vernetzt, überzeugende Kommunikation – lässt sich mitunter von seiner eigenen Begeisterung mitreißen und verliert den Überblick über die Zahlen – ist 40 Jahre alt – verläßt das Unternehmen evtl. bald, wenn er nicht Sprecher der Geschäftsleitung wird
Juliane B.	– It-Spezialistin und Zahlenfreak, beruflicher Entwicklungswunsch unbekannt – Ex-Produktionsleiterin, erfolgreich – sehr gute Verbindungen zum CEO des wichtigsten Kundenunternehmens – wenig Ehrgeiz, aber sehr gute Führungseignung
Herbert N.	– Jurist, strenger Denker, konfliktfreudig – Erfahrungen in fast allen Unternehmensbereichen – will in zwei Jahren in Ruhestand gehen – treibt Teams zu Höchstleistungen – aber ab und zu auch in den Wahnsinn

Interviews dienen dazu, das **persönliche Karriere-Statement** jeder Person noch weiter zu klären und zu festigen. Es setzt sich zusammen aus

- dem persönlichen Branding – einer zusammengefassten Kompetenzaussage,
- und der persönlichen Mission – einer ganzheitlichen Aussage dazu, wie man sein Leben gestalten möchte, mit welchen Zeitperspektiven, einschließlich des privaten Lebens.

Weil alle Führungspersonen möglichst gute Beziehungen zueinander und nach außen haben sollten, spielt die Sozial- und Netzwerkkompetenz eine besondere Rolle. In einem nächsten Schritt wird daher ein **Soziogramm** erstellt, eine Zeichnung, in der Nähe und Distanz, persönliche Sympathie- und Antipathie aller zu allen anderen visualisiert werden. Allzu große Konkurrenz, emotionale Kränkungen oder andere Unverträglichkeiten müssen gerade an der Spitze der Organisation weitgehend vermieden werden.

Der nächste Schritt ist die Zusammenführung aller Perspektiven, Erkenntnisse und Optionen. Es sollte idealerweise ein Organigramm entstehen, in dem

- jede/r seine „Lieblings-Bereiche" führt,
- jede/r sich optimal entwickeln kann,
- nur diejenigen, die über eine hohe Affinität zu relevanten Personen und Netzwerken verfügen, vertreten sind,
- nur diejenigen, die sich persönlich hervorragend verstehen, im Leitungsgremium zusammenarbeiten.

Andere Kriterien verlieren heute für die Erarbeitung der organisatorischen Aufstellung an Bedeutung:

- Erfahrung, Branchenkenntnis, Fachkompetenz,
- Leistungen und Ergebnisse der Vergangenheit,
- Unternehmenskenntnis,
- Schnittstellen-Reduzierung,
- strategische Ausrichtung des Unternehmens.

Eine empirische Untersuchung erfolgreicher Unternehmen bringt Jim Collins, den Leiter des Institutes für Managementforschung in Boulder, Colorado, zu der Überzeugung, dass der Sprung von guter zu exzellenter Managementleistung darin besteht, dass der Mensch im Unternehmen Vorrang vor allem anderen hat. „Wir hatten erwartet, dass Unternehmensführer, die einen nachhaltigen Durchbruch von gut nach hervorragend erreichen wollen, mit Vision und Strategie beginnen.", berichten die Forscher. „Stattdessen richteten sie ihr Augenmerk erst auf Menschen und dann auf Strategie. Wie sich zeigte, hatten sie zunächst die richtigen Leute an Bord geholt, die falschen Leute weggeschickt, die richtigen Leute an die richtigen Plätze beordert – und erst dann überlegt, wohin die Reise gehen soll." [93]

Wenn wir erforschen, wie erfolgreiche Managementteams zusammengesetzt sind, finden wir immer Personen, die eine starke und produktive menschliche Beziehung, ja Freundschaft, kennzeichnet. Sehr anschaulich und mit vielen Beispielen aus den Führungsetagen US-amerikanischer Unternehmen schildern Bennis und Heenan dies in ihrem Buch „Die Macht der Nr. 2".[94] Hier geht es zwar stets um eine Zweier-Partnerschaft, aber die Erkenntnisse lassen sich mühelos übertragen: „Eine Kultur partnerschaftlicher Führung zu schaffen, hängt weitgehend von der Geisteshaltung ab. Während Napoleon-Figuren hier jämmerlich scheitern, zügeln Buffett (CEO von Berkshire Hathaway, der vorbildliche Partnerschaft pflegte – Anm. d. Autorin) und viele andere Bosse ihr Geltungsbedürfnis, um etwas zu verwirklichen, was der Management-Guru Charles Handy ‚Mitgliedsgemeinden' nennt …"

Es scheint, wir erkennen allmählich: wenn alle Menschen am richtigen Platz sind, wo sie ihre Talente und Fähigkeiten ausleben und entwickeln können, wo sie sich untereinander gut verstehen, wachsen Stimmung, Leistung und Ergebnisse gleichermaßen.

14.3 Neue Bewerbungs-Rituale?

Seit Jahren werden Kandidaten und Bewerber für eine Managementposition in Deutschland und im westlichen Ausland im immer gleichen Ritual ausgewählt:

1. Suchanzeige in Zeitungen oder Internet oder Auftrag an eine Personalberatung (Head Hunter), Kandidaten zu suchen.
2. Kandidatenvorstellung mit Gutachten oder aufbereiteten Bewerbungsunterlagen durch die internen oder externen Personalrekrutierer.
3. Interviews der vorausgewählten Kandidaten durch die Personalrekrutierer.
4. Eventuell Assessment Center (einzeln oder gemeinsam).
5. Interviews der weiter selektierten Kandidaten durch die zukünftigen Vorgesetzten.
6. Empfehlung, Entscheidung, Einstellung.

Nur allmählich setzt sich die Erkenntnis durch, dass sich die Art, zusammen zu arbeiten, und die Möglichkeiten, dabei erfolgreich zu sein, gravierend verändert haben. Das private Leben des Kandidaten spielt eine größere Rolle, seine Ausgegli-

[93] Jim Collins; Good to Great, zitiert nach Harvard Business manager 4/2001

[94] Warren Bennis & David A. Heenan; Die Macht der Nr. 2. Das Geheimnis erfolgreicher Führungsduos. Frankfurt/Main 2000.

chenheit und Lebensfreude sollen in das Unternehmen ausstrahlen, er soll sein persönliches Business Netzwerk mit einbringen und für das Unternehmen nutzbar machen können. Dem tragen neugestaltete Rituale Rechnung:

- Da die Affinität des Kandidaten zu den zukünftigen Kollegen wichtiger wird, organisiert man Treffen in ungezwungener Atmosphäre.
- Man stellt jemanden ein, mit dem man schon jahrelange gute Beziehungen gepflegt hat: eine externe Beraterin des Unternehmens, einen Vertreter eines Lieferanten-Unternehmens, einen Verbandskollegen.
- Man verlegt die Interviews an einen externen Ort, geht miteinander zum Tennis oder zum Abendessen.
- Man gestaltet von Anfang an eine Vertrauensbeziehung, geht offen mit Unternehmensinformationen um und erwartet, dass die Kandidatin/der Kandidat sich ebenfalls öffnet und z.B. über seine persönliche Lebenssituation berichtet oder zu sich nach Hause einlädt. Arbeit ist heute eine zutiefst „private" Angelegenheit, und das Privatleben spielt in das Unternehmen hinein.
- Die Prüfung ist – zumindest im Top Management – auf Gegenseitigkeit angelegt. Nicht selten vereinbaren beide Seiten zunächst ein beraterisches Engagement oder eine kürzere Vertragslaufzeit, bevor sie sich endgültig binden.

Tabus von früher verlieren an Bedeutung. Wenn jemand schon einmal gescheitert ist, entlassen wurde, Alkoholiker war, oder ein eigenes Unternehmen nicht zum Erfolg bringen konnte – und darüber sprechen kann – ist er vielleicht gerade attraktiv.

14.4 Optimale Entwicklung der menschlichen Ressourcen: Ein Lob der Personalentwicklung!

In den Instrumenten der Personalentwicklung großer Unternehmen sind bereits seit Langem viele neue Rituale enthalten, die die herkömmliche Kategorisierung ergänzt oder abgelöst haben, oder die zumindest qualitatives Wachstum der Individuen verstärkt berücksichtigen. Mitarbeitende der Personalentwicklungsteams in Unternehmen haben in den letzten Jahren phantasievolle neue Rituale erfunden und umgesetzt, sie sind die wahren Experten für neue Rituale im Unternehmen. Um nur einige zu nennen:

- Coaching und Mentoring
- Organisationsentwicklungs-Rituale wie AI [95]
- Feedbackrituale wie 360-Grad-Feedback[96], Bottom-up-Feedback, Verlaufsfeedback in Besprechungen
- kreatives und ergebnisreiches Veranstaltungsdesign wie Open Space[97], Personalmarketing-, Informations- und Bewerber-Messen, Moderationsmethoden, neue Meetingrituale, Teambildungs-Workshops in den Bergen oder auf dem Segelboot, Organisationsaufstellungen[98], Unternehmenstheater[99], Business Dinners mit Vor-

[95] Siehe Fußnote 79

[96] Feedback zum Führungsverhalten von „allen Seiten aus": von Mitarbeitenden, Vorgesetzten, Kollegen, Kunden, Partnern.

[97] Siehe Fußnote 86

[98] Ritual zur gemeinsamen Visualisierung und Lösung von Konfliktkonstellationen im Un-

trags-Highlight, ungewöhnliche Networking-Events, Führungstreffen und Abschiedsfeiern
- Lernpools und interkulturelle Lern-Projekte.

Mit den neuen, kreativen Ritualen der Personal- und Organisationsentwickler/innen lassen sich große individuelle und soziale Wachstumssprünge erzielen. Sie setzen auf positive Verstärkung von vorhandenen Kompetenzen, auf Wertschätzung und auf gute Stimmung.

Die wichtigen individuellen Veränderungen, die zu persönlichen Wachstumssprüngen und zu einer Bereicherung für die Organisation führen, wie etwa Versetzungen, Beförderungen, Auslandsaufenthalte, Übernahme von Azubis oder Praktikanten in ein Angestelltenverhältnis, auch Jubiläen und die Vorbereitung auf den Ruhestand, werden am besten durch positive Rituale erleichtert, die Personalentwicklerinnen und Personalentwickler gestalten. Aufgrund ihrer sozialwissenschaftlichen Ausbildung, ihrer Sensibilität und großen Erfahrung verstehen sie den Charakter neuer Rituale am besten. Seit Jahren empfehle ich CEOs und Geschäftsführern, Vorständen und Aufsichtsräten, sich verstärkt den Spezialistinnen und Spezialisten aus den Personalentwicklungs-Abteilungen zuzuwenden, sie mit Change Management Projekten zu beauftragen und sie zu allen anstehenden Vorstandsthemen wie externe Berater zu befragen. Hier sind seit sehr vielen Jahren das Wissen und die Umsetzungskompetenz für neue, wachstumsfördernde Rituale vorhanden. Meine Klientinnen und Klienten sind regelmäßig erstaunt über meinen Rat. Offenbar bestehen aber von beiden Seiten Vorurteile gegeneinander. Vorstände finden „PE'ler" langsam, unrealistisch, nichts vom Business verstehend, idealistisch, zu soft, verschwenderisch, harmoniesüchtig, zu wenig durchsetzungskräftig, letztlich langweilig und eigentlich überflüssig. Personalentwickler dagegen werfen Vorständen vor, nichts von Menschen zu verstehen, ihre eigene Führungswirkung vollkommen unrealistisch, nämlich viel zu positiv einzuschätzen, hoffnungslos autoritär und von gestern zu sein, nicht zu wissen, was sie „weiter unten in der Organisation anrichten", wie sie Motivation zerstören, dass sie sich mit Schmeichlern und Ängstlichen umgeben, die Wahrheit über sich nicht hören noch akzeptieren wollen und letztlich überflüssig sind.

Vielleicht ist an beidem etwas Wahres? Wenn man die Unterschiede im Sinne des „Managing Diversity" positiv wenden könnte – wäre es nicht ein lohnendes Ritual, voneinander zu lernen?

---

ternehmen, entwickelt aus der „Familienaufstellung", einer von Gunthard Weber auf Organisationen übertragene Richtung der Familientherapie

[99] Ritual in Analogie zur Theateraufführung, aus im Unternehmen gefundenen Themen, mit Improvisation der Künstler und Beteiligung der Angestellten

15 Veränderungsrituale

15.1 Veränderungen brauchen Rituale

Verhaltens- und Einstellungsveränderungen brauchen **Zeit**. Die Einsicht wird jedoch verleugnet, weil wir diese Zeit nicht zu haben scheinen, weil die Veränderung schnell geschehen muss – ansonsten vielleicht das Unternehmen nicht mehr besteht. Ich beobachte, dass diese unlösbare Situation das Wunschdenken anfeuert: der Vorstand kündigt wichtige Veränderungen an, z.B. eine Fusion, eine Restrukturierung und verwechselt seine eigene Entschiedenheit und die Begeisterung der Shareholder mit der Umsetzung im Unternehmen. Man setzt viel Energie und Kreativität ein, die Vision oder Corporate Identity neu zu definieren, für die nächsten 2 Jahre zu planen, alle Mitarbeiter sorgfältig zu informieren, die neuen Strukturen umzusetzen – und ist dann verblüfft, oder wütend, „wie wenig davon unten angekommen ist … wie langsam alles geht". Dann ändert man die Strategie, tauscht die Personen aus oder erhöht den Druck. Diese Manager machen es wie der Gärtner, der jeden Tag die Mohrrübe herausreißt, um zu prüfen, wie weit die Wurzeln schon gewachsen sind, und dann enttäuscht anderen Dünger wählt.

Rituale sind der probate Weg, die fulminanten und eiligen Ideen der Unternehmenslenker *schnell* zu vermitteln und Veränderungen zu beschleunigen. Warum? Das Ritual selbst – die Abschiedsfeier, die Einrichtung eines Museums für die abgewickelte Firma – mag ein wenig Zeit benötigen. Aber wir brauchen einen **Platz für unsere Gefühle** der Trauer und Loslösung. Ein Neustart ohne Würdigung des Alten und ohne Abschied wird nur mit halber Kraft gefahren. Wenn das Alte emotional nicht erledigt ist, wird es zur seelischen Altlast. Es hängt in den Erinnerungen und klebt an den Entscheidungen und Aktivitäten. „Schade, an Herrn Müller können wir uns jetzt gar nicht mehr wenden, oder?", „Früher haben wir das immer so und so gemacht!", „Die neueste Mode werden wir auch noch überstehen!"

Wenn wir uns verändern, brauchen wir **Sicherheit.** Wir lösen uns nur, wenn wir einen alternativen Halt dafür bekommen. Angehende Seiltänzer lernen zunächst in geringer Höhe auf dem Seil zu gehen und Sekundenbruchteile, bevor sie das Gleichgewicht endgültig verlieren, zu reagieren. Sie trainieren, in diesen Situationen sofort mit den Händen zum Seil zu greifen, oder sich mit den Füßen anzuklammern. Ihre Sicherheit liegt dann nicht mehr in den äußeren Bedingungen – wie nah oder weit der Boden entfernt ist – sondern in ihrer eigenen Kompetenz und Geschicklichkeit. Ebenso handelt es sich bei Lern- und Veränderungsprozessen im Unternehmen nicht um Absicherung im finanziellen oder juristischen Verständnis, sondern um die viel wichtigere psychologische Sicherheit, um das Zutrauen in die eigene Kompetenz.

Veränderungen brauchen Rituale. In Ritualen wird die Zeit der Irritation strukturiert, transparent und begrenzt. Die verschiedenen Veränderungsphasen erscheinen wie ein Reiseplan: Trauer – Abschied – Verunsicherung – Lernen – Neustart – Etablierung – Rückschläge – Lernen – Nachhaltigkeit ... Rituale begleiten alle Phasen und geben die Perspektive auf die Zukunft frei. Sie ermöglichen emotionales und mentales Probehandeln, d.h. die eigenen Bewältigungskompetenzen werden antizipiert und getestet. Rituale sind der angemessene Platz für unsere irritierenden Emotionen, es darf getrauert werden. Die Erinnerung an ähnliche Situationen in seinem Leben, die man gut bewältigt hat, wird ebenso stimuliert wie das Gefühl der Verbundenheit mit allen anderen Menschen im Unternehmen. Das sind Momente heilender, gemeinsamer Rührung.

Unternehmen geraten im Laufe ihrer Existenz immer häufiger in tiefgreifende Turbulenzen: Fusionen, Käufe, Verkäufe, Veränderungsvorhaben wie Umfirmierung und Privatisierung, Start-ups und Ausgründungen, Management Buy-Outs, Börsengänge, Wachstumssprünge, Sparaktionen, Sanierung, Standortwechsel in andere Länder, bis hin zur Schließung und Abwicklung. Sich an die formalen oder juristisch vorgeschriebenen Rituale wie die Mitbestimmung der Betriebsratsgremien, die offizielle, meist nichtssagende Kommunikation in Mitarbeiterbriefen und -zeitschriften, den Zeitplan einer Due Diligence Phase zu halten und diese korrekt zu kommunizieren, reicht in diesen Situationen nicht aus. Auch die Delegation der Umsetzung an Beratungsunternehmen oder distanzierte Verkündigungs-Rituale sind nicht effektiv, weil sie die Gefühle der Menschen nicht ernst nehmen, daher nicht erreichen.

Was können Managerinnen und Manager im Unternehmen tun, wenn sie

- Veränderungen schnell und nachhaltig umsetzen,
- subjektive Sicherheit und Orientierung in unübersichtlichen Situationen mit großer Unsicherheit für die Menschen geben,
- vorbehaltloses Zugehen auf ganz neue Kolleginnen und Kollegen, Mitarbeitende und Chefinnen/Chefs erreichen,
- in diesen Situationen positive Stimmung schaffen und erhalten möchten?

Sie gestalten Rituale, die die Vergangenheit würdigen, den Abschied zelebrieren, den Übergang gestalten und das Dranbleiben am Erfolg erleichtern. Rituale sind elementare Bestandteile der Unternehmenskultur, die die Vergangenheit mit der Zukunft verbinden: „Rituale sind Ausdruck für die aus erworbenen Erfahrungen transformierten und institutionalisierten Bestandteile einer Unternehmenskultur. Sie verbinden damit die Vergangenheit (Mythos) mit der Zukunft (Vision). Ihre vielfältigen Funktionen im Rahmen der Systemkultur wird belegen, daß ihnen als ‚Schmiermittel' der Kultur herausragende Bedeutung unter den Kulturbestandteilen zukommt."[100]

15.2 Die Vergangenheit würdigen, den Abschied zelebrieren, den Übergang gestalten

Wir beobachten, dass die beteiligten Mitarbeiterinnen und Mitarbeiter desto länger am Alten hängen, je weniger es gewürdigt wird. Das Vergangene muss eine Weile sichtbar bleiben, als Heimat, Basislager, Vergleichs- und Anknüpfungspunkt, nicht

[100] Niklas Luhmann, Organisation und Entscheidung, Opladen 2000, S. 63

nur deshalb, weil auf diese Weise Brüche und Nachteile des alten Systems entdeckt und es aus der Perspektive des Wandels neu bewertet werden kann. Gedächtnisverlust führt immer zur totalen Irritation, dazu, dass alles in Frage steht, dass man alles wieder neu lernen muss. Das verlangsamt den Neubeginn. Als Coach von Führungspersönlichkeiten, die Unternehmenskäufe verantworten, stelle ich fest: wo die positiven Werte und Leistungen des gekauften Unternehmens öffentlich, in Feierstunden, Publikationen, Präsentationen etc. gewürdigt wird, wo der Abschied mit Dank und Wertschätzung inszeniert wird, da gelingt die sogenannte Post-Merger-Integration leicht und schnell. Das plötzliche Vergessen, das beliebte „Von-nun-an-ist-alles-anders-Denken" ist keine Lösung, weil die Menschen umso mehr am Alten hängen. Unerledigtes quält uns immer am intensivsten. Wenn wir mit Stolz auf die Vergangenheit blicken und uns von ihr verabschieden dürfen, können wir das Neue gut gelaunt beginnen.

Cathy, die neue Leiterin des wesentlich verkleinerten und neu auszurichtenden Konzernbereichs für die simultane internationale Produktentwicklung kommt von einem anderen Unternehmen, wo sie ein vorbildliches Simultanous Engineering System eingeführt hatte. In ihrer neuen Verantwortung ist sie die Chefin von sieben Managern unterschiedlicher Nationalität, die in unterschiedlichen Ländern arbeiten und die zum großen Teil schon lange dem Unternehmen angehören. Sie sehen ihre Aufgabe vor allem darin, ihre nationalen General Manager und den nationalen Vertrieb zu unterstützen; im jeweiligen Land sollen die von ihnen entwickelten Produkte für guten Umsatz sorgen. Cathys Aufgabe ist es hingegen, die Produktentwicklung an einheitlichen Standards auszurichten und gemeinsam mit der Produktion und dem Marketing global wesentlich zu verbilligen. Sie etabliert ein vierteljährliches Treffen der sieben Manager, welches die ersten sieben Male nacheinander an den unterschiedlichen sieben Standorten stattfindet. Sie gibt den jeweiligen Gastgebern die Aufgabe, folgendes Ritual zu entwerfen, mit ihr abzustimmen und zu gestalten.

Ritual: „Internationales Produkentwicklungs-Meeting" (IPM)

- Agenda für das IPM. Es ist eine Betriebsführung am Standort zu integrieren, in der alle besonderen Leistungen und Verdienste der Menschen gewürdigt werden, die dort arbeiten.
- Kontakt der IPM-Teilnehmenden zu den Mitarbeitenden in der nationalen Produktentwicklung zu ermöglichen und besonders deren Verdienste und Kompetenzen zu schildern, bzw. sie selbst die Arbeit der letzten Jahre präsentieren zu lassen.
- Den nationalen General Manager und Vertriebsbeauftragten einzuladen.
- Eine Ansprache von Cathy einzuplanen, in der alle nationalen Verdienste als Grundlage für die Weiterentwicklung des neuen Systems gewürdigt werden und das neue System mit allen Konsequenzen begrüßt und erläutert wird.
- Den Abschluss des Treffens so zu gestalten, dass alle Teilnehmer gemeinsam überlegen, welche Best Practices man aus diesem Land für das neue System übernehmen könnte.
- Ein regionales Abendessen im Lieblingsrestaurant des Managers zu organisieren.
- Die Treffen finden in Landessprache mit Dolmetscher statt, und Cathy verabschiedet sich und dankt am Ende in der Landessprache.

Alle Elemente des Besuchsrituals sind darauf ausgerichtet, dass der Manager im Mittelpunkt stehen kann, seinen Stolz zeigen darf, für seine Verdienste und die der dort arbeitenden Menschen Lob, Anerkennung, Dank und Applaus erhält und vor seinen örtlichen Chefs und Ansprechpartnern als Held agieren kann. Ihre eigene Ansprache richtet sie so aus, dass das neue System deutlich ist, ohne das alte herabzusetzen. Sie wird den von so vielen neuen Managern begangenen „Von-jetzt-an-wird-alles-besser"-Kardinalfehler vermeiden, wird nicht schildern, wie wunderbar es bei ihrem alten Arbeitgeber war, und dass jetzt hier alles genau so „wunderbar" wird. Allerdings lässt sie auch keinen Zweifel an der sofortigen Umsetzung des neuen Systems.

Das Alte zu würdigen, kann in sehr unterschiedlicher Form geschehen, je nach Anlass und Möglichkeiten. Wichtig ist die Authentizität des Danks und der Anerkennung für die Menschen, die sich lange Zeit mit dem Alten identifiziert hatten, in einem angemessenen, rituellen Rahmen. Die Bemerkung zwischen Tür und Angel, ein Standardbrief mit eingedruckter Unterschrift an alle reichen nicht. Gute Beispiele aus Unternehmen, die ich beraten habe, sind dagegen:

- das Einbauen von alten Logos oder Symbolen in das neue Firmen-CI,
- ein Raum als „Museum" der alten Firma, mit Fotos, Prototypen, Urkunden etc. einrichten, der auch Besuchern gezeigt werden kann,
- ein Manager-Stammtisch („die Dinos"), an dem Geschichten, Fotos, Witze, Anekdoten von früher gesammelt werden, die in der Mitarbeiterzeitung veröffentlicht werden, [101]
- von Profis ein Theaterstück umsetzen lassen, in dem die Transformation des Unternehmens dargestellt wird,
- mit Hilfe einer sogenannten Organisationsaufsellung (spezielle und sehr erlebnis-intensive, klärende psychologische Methode der Visualisierung von Beziehungen und Gefühlen und deren Veränderungen) eine Umorganisation bewältigen und ggfs. so korrigieren, dass möglichst keine sozialen Brüche und individuellen Kränkungen die notwendigen Veränderungen behindern.

15.3 Trennung von Mitarbeitenden

Wenn Angehörige eines Unternehmens gekündigt werden, müssen sie angemessen verabschiedet werden, mit Ritualen: Mit einem ernsthaften, würdigenden Gespräch, einer berührenden Feier, einer Dankesrede, einem gemeinsamen Essen mit Ansprache und Händedruck oder einem großen Festakt. Ich höre von meinen Klientinnen und Klienten, dass sie sich den Emotionen der Gekündigten, sicher auch ihren eigenen, nicht aussetzen möchten, schon gar nicht in der Öffentlichkeit. Menschen, die ihren langjährigen Arbeitsplatz, ihre berufliche Heimat, verlassen müssen, bietet ein ritueller Abschied jedoch die wichtige Einladung zum Verstehen und zur Versöhnung. Sie werden sich wertvoll fühlen, mit mehr Optimismus an die Zu-

[101] Mythen und Geschichten sind nach Luhmann wichtig, weil sie die erfolgreiche Vergangenheit mit symbolträchtigen Ereignissen lebendig halten und besonders den neuen Mitgliedern einer Organisation Identität und Selbstwertgefühl des Unternehmens vor Augen führen. Vgl. Niklas Luhmann; Organisation und Entscheidung. Opladen 2000, S. 365

kunft denken und positiv über das Unternehmen sprechen. Die Zurückgebliebenen fühlen sich besser aufgehoben in einem Unternehmen mit Stil und Menschlichkeit, die Manager können ihre Rührung und ihr Mitgefühl zeigen. Vielleicht wird eines Tages sogar eine Entschuldigung des Managements möglich und von Betroffenen und Öffentlichkeit als Zeichen der Verantwortlichkeit und der Stärke angenommen?

Wenn es keine Möglichkeit des gemeinsamen Abschieds in einem Festakt gibt, empfehle ich, Abschiedsrituale in den einzelnen Teams, Projekten, Abteilungen oder zumindest mit einigen ehemaligen Kolleg/innen und Chefs oder Chefinnen zu gestalten, zumindest aber ein gemeinsames Abendessen zu zweit oder einen Dank anläßlich der Übergabe der Papiere. Sind Entlassungen häufig, muss es eine allgemein gültige Regelung geben, die die Verantwortlichen zu einer würdigen Verabschiedung und zum Dank zwingt. Wenn die Gekündigten nicht daran teilnehmen wollen, wird dies selbstverständlich akzeptiert.

Für diese notwendigen, aber durchaus emotional belastenden Abschieds-Rituale ist es aus meiner jahrelangen Erfahrung richtig, den durchführenden Führungspersonen für die Gestaltung Hilfen und Anregungen zu geben. In einem von mir beratenen Unternehmen absolvierten im Rahmen eines 30 %-igen Personalabbaus alle Vorgesetzten einen eintägigen Kurs. Darin ging es zunächst um sie selbst: welche Gefühle löst die Situation in mir aus, und wie gehe ich damit um? Es wurden praktische Hilfen angeboten, wie die direkte Begegnung mit den Gekündigten in Gesprächs- und Abschiedsritualen am besten zu gestalten sei.

15.4 Neuorientierung und Dranbleiben

Das Neue zu begrüßen ist natürlich unproblematischer als Trauer und Abschied. In unseren Beratungsprozessen stellen wir fest, dass Führungspersonen sehr positive Gefühle zu einem Neustart entwickeln und diese ganz selbstverständlich teilen. Besonders Unternehmerinnen und Unternehmer genießen die Eröffnung einer neuen Niederlassung, die erfolgreiche Umfirmierung, die gelungene Restrukturierung oder Verkleinerung ihrer Organisationen. Von den Gründerinnen und Gründern, Inhaberinnen und Inhabern von Unternehmen, den wahren Profis im Beginnen, können wir lernen, wie eine neue Unternehmensperiode einzuleiten ist: Kick-Off-Veranstaltungen für große Projekte, Welcome-Parties für neue Konzern-Unternehmen, die Inszenierung von Informationsmärkten, bis hin zu Roadshows mit Investoren oder Mitarbeiter-Fragestunden mit den Vorstandsmitgliedern. Ihrer Phantasie setzen sie keine Grenzen. Ich wurde Zeugin, wie über der Nordsee ein Ballon mit dem neuen Logo in den Himmel schwebte, wie der erste vom Band gelaufene Kleinwagen des neuen Typs im Beisein der Werksangehörigen auf einem 40 m hohen Sockel „enthüllt" wurde, wie Führungspersonen aus aller Welt die neue Filiale eines Handelsunternehmens in der Fußgängerzone von Dublin damit eröffneten, dass sie sich selbst für einen Tag als Verkäuferinnen und Verkäufer in das Team einreihten.

Der Tag des Neustarts soll niemals vergessen werden. Er ist immer begeisternd, ein Versprechen, eine Vision, ein Geburtstag. Auf diesen bedeutenden symbolischen Einschnitt in der wechselhaften Unternehmensgeschichte wird später in Festreden Bezug genommen, wenn man sich an die wahren Werte und den Pioniergeist erinnert. Dieser Markstein wird weitere Veränderungen zu einem späteren Zeitpunkt erleichtern. Rituale lassen im Zeitverlauf eine Landkarte entstehen: daher kommen wir, dahin gehen wir, an diesen Kreuzungen haben wir uns für Produkt A entschieden, in jenem Tal erlebten wir die tiefe Krise. So wird der Helikopter-Blick auf größere Zusammenhänge und Entwicklungen frei, die Prioritätensetzung im Dschungel der täglichen To-Do-Listen erleichtert. Deshalb sind Jubiläums-Rituale von so großer Bedeutung für die Identifikation mit dem Unternehmen. Wir brauchen symbolische Orientierungspunkte, den Neustart und danach immer wieder Meilensteine.

Jeder kleine Schritt in die richtige Richtung, jeder kleine erreichte Erfolg muss ausgesprochen und gewertschätzt werden. Wie der führende psychologische Denker und Autor Wolfgang Schmidbauer in seinem Buch „Dranbleiben – die gelassene Art, Ziele zu erreichen“[102], anschaulich erläutert, wird ein Lernprozess nur aufrecht erhalten, wenn auch Teilergebnisse als wichtige Bausteine wahrgenommen werden. Sein Beispiel des Mannes, der vor lauter Enttäuschung den ersten großen Stein wieder wegstößt, weil er noch nicht die ganze Mauer ist, ist eine schöne Analogie für das, was in vielen Unternehmen heute geschieht. Schmidbauer warnt: Schnelligkeit ist, vor allem zu Beginn einer Veränderung/zu Beginn des Lernens, amateurhaft und führt nicht zu nachhaltigen Ergebnissen.[103] Der Profi weiß, dass nur Geduld, mit vielen Wiederholungen und regelmäßigen Pausen, Fortschritte bringt. „Das Schlingern von einer vermeintlichen Ideallösung zur nächsten sorgt nur dafür, dass die Organisation den Schwung ganz verliert“, mahnt auch Ram Charan, laut der amerikanischen Wirtschaftszeitschrift Business Week einer der zehn besten Experten für interne Unternehmensprogramme in den USA.[104] Vor allem die Ermutigung und Zuwendung für die ersten, unsicheren, langsamen, quasi noch kaum spürbaren Schritte hält er für bedeutsam.

Wie finde ich das richtige Dranbleiben-Ritual für mein Team? Besonders wirksam sind

- das Sichtbarmachen = Visualisieren von kleinen Erfolgen (aufschreiben, zeichnen, symbolisieren, und natürlich darüber sprechen),
- das gemeinschaftliche „Applaudieren“ in einer geeigneten Situation,
- die stetige hohe Aufmerksamkeit, das Interesse der Führungsperson für kleine Fortschritte (ungleich der schwäbischen Richtlinie, dass „nicht geschimpft Lob genug“ ist),
- die kleinen Rituale sehr oft in den Alltag einzubauen. Sie sollen ja gerade das Alltägliche, nichts Herausgehobenes darstellen,
- das Dranbleiben-Ritual keinesfalls mit Kritik zu vermischen, sondern beides strikt zu trennen,
- niemanden dauerhaft zu vergessen oder auszuschließen.

Als Beraterin erarbeite ich mit meinen Klientinnen und Klienten sehr individuelle Möglichkeiten, diese Erkenntnisse in motivierende Rituale umzusetzen. Um nur einige Beispiele zu nennen:

---

[102] Wolfgang Schmidbauer; Dranbleiben. Die gelassene Art, Ziele zu erreichen. Freiburg 2002

[103] Schmidbauer, ebenda, S. 83 f

[104] Ram Charan: Die Erfolgsfalle, in: focus 01/2003, hrsg. Von Egon Zehnder International GmbH Deutschland, S. 25

- In einem Meetingraum steht ein durchsichtiger zylindrischer Behälter, daneben ein Sack mit Tischtennisbällen. Für jeden Teilerfolg kann ein Teammitglied zu Beginn der wöchentlichen Projektbesprechung einen signierten Ball in den Behälter werfen (analog zu einem Ritual, welches ich in einem Unternehmen der Gore-Gruppe kennenlernte). Es ist Besprechungszeit reserviert für die Erläuterung und für einen kleinen Applaus.
- In einem anderen Projektraum hängen große Charts mit Projektplänen an der Wand, die chronologisch von links nach rechts verlaufen. In jedem Meeting wird für jedes Teilprojekt ein kleines Fähnchen ein Stück weiter gerückt. Passfotos der verantwortlichen Mitarbeiterinnen und Mitarbeiter werden in der Nähe des Fähnchens befestigt.
- Aufmerksamkeitsritual: die Führungsperson „besucht“ die Mitarbeitenden regelmäßig, persönlich, per Telefon, per Web, und fragt danach, wie es ihnen geht und wie weit sie inzwischen gekommen sind.
- Fortschritts-Workshops: In einer Checkliste sind die Arten von Fortschritten aufgelistet, die erzielt werden können, einschließlich „Lessons learned“ (= aus welchen Fehlern haben wir was gelernt?). Pro Halbjahr finden sich alle Beteiligten für einige Stunden zusammen und kümmern sich ausschließlich darum, welche Fortschritte erzielt wurden und wie man möglichst schnell weitere erzielen kann. Die Fortschritts-Checkliste wird ständig erweitert und publiziert.

16 Stimmungsrituale

16.1 Stimmungsrituale und Leistungsmanagement

Was sind die wahren Glücksrituale in unseren Unternehmen? Wir haben bereits gesehen, dass es dabei nicht um gekünstelte Fröhlichkeit und ständige Partylaune geht. Arbeitsfreude kann auch konzentriert, ernsthaft und intensiv sein, wenn ich die richtige Aufgabe habe, mit Aussicht auf Erfolg, mich eingebunden und zugehörig fühle. Strategisches Stimmungsmanagement beeinflusst gezielt die Leistungskraft der Teams im Unternehmen, ist damit integraler Bestandteil eines professionellen Leistungsmanagements. Vom Pförtner am Empfang bis zur Mitarbeiterin im Call Center, vom IT Spezialisten bis hin zur Marketingleiterin – gute Laune und Arbeitsfreude verbreiten sich im Unternehmen und dieser Funke springt garantiert auch über die Unternehmensgrenzen hinaus. Einem freundlichen Pressereferenten nimmt man eher Informationen ab, die optimistische Vertriebsbeauftragte bindet Kunden nachhaltiger an das Unternehmen, der Einkäufer mit Freude an der Aufgabe erzielt bessere Konditionen, einer souveränen und aufgeschlossenen Arbeitsdirektorin gelingt eher der Verhandlungserfolg mit dem Tarifpartner.

16.2 Stimmungsrituale und Unternehmenskultur

Der Vorstand eines IT-Unternehmens beginnt unsere alljährlichen Coaching-Gespräche immer mit der gleichen Feststellung: dass er sich, als er das letzte Mal mit mir zusammen war, nicht hatte vorstellen können, dass sich der Druck auf das Management überhaupt noch erhöhen könne. Und doch sei er heute um ein Vielfaches größer als letztes Jahr. Durch dauernden Hochdruck wird kein Mensch – auch kein Unternehmen – leistungsfähiger, sondern langsam und krank. Wer sich wie Red Adair im Dauereinsatz fühlt, dessen Urteilskraft, Überblick, Energie und Tempo ist beeinträchtigt. Top Managerinnen und Top Manager spüren das sehr wohl, finden jedoch manchmal nicht mehr den Weg zurück zu Gelassenheit und guter Laune. Die Führungspersönlichkeit mit narzisstischen oder zwanghaft-perfektionistischen Zügen ist auf Erfolgsrezepte der Vergangenheit fixiert und bleibt angespannt. Nach und nach geht die Phantasie verloren, wie es sich anfühlt, während der Meetings, Gespräche und Reisen locker zu sein, die Gedanken schweifen zu lassen, oder mit Lust, neugierig, etwas Neues zu erfahren, zu staunen. Der angestrengte Tunnelblick auf Probleme und To-Do's färbt auf das gesamte Unternehmen ab und wird Kultur-Bestandteil. Hektik breitet unaufhaltsam sich aus. Ich habe vierstündige Meetings miterlebt, in denen nicht genug Zeit für das Wichtigste blieb, weil jedes auftauchende Detail die Anwesenden zu sofortigem Verlassen der geplanten Agenda verführen konnte. Gerade *weil* alle Teilnehmenden antizipierten, dass man *immer* zu wenig Zeit haben würde, *musste* man sich *sofort* persönlich ausführlich dazu zu

Wort melden – wer weiß, ob man jemals wieder dazu die Gelegenheit haben würde. Ein Circulus Vitiosus.

Um diese von oben vorgelebte, leistungsfeindliche Unternehmenskultur zu verändern, vertraue ich als Coach in der Arbeit mit den Führungspersonen auf die Kraft ihrer Wünsche, auf die Belebung der Phantasie, auf ihre intellektuelle Einsicht und auf ihre Erfahrung. Vorstandsmitglieder und Geschäftsführer/innen, Unternehmerinnen und Unternehmer sind in jeder Hinsicht leistungsfähiger und kreativer, wenn sie gelassen und in heiterer Grundstimmung die Führungsaufgabe wahrnehmen. Sie verbringen den größten Teil ihres Lebens arbeitend und sehen aus der Distanz, die das Coachinggespräch vermittelt ein, dass ihnen gefallen sollte, was sie tagtäglich tun. Mit professioneller Begleitung werden Widerstände gegen die persönliche Veränderung erkannt und ausgeräumt und Rituale entwickelt, wie sie gesund und geistig frisch bleiben, ihren Schwung behalten, sich als einzigartige Persönlichkeit entwickeln, ohne Angst und ohne Langeweile, mit möglichst vielen Flow-Erlebnissen arbeiten können.

Als Coach vertraue ich auch auf die Erinnerung der Gestressten: Sie alle sind mit großen Hoffnungen und hohen Ansprüchen in ihr Berufsleben gestartet: Hoffnungen und Ansprüchen auf Selbstverwirklichung, Arbeitsfreude, Erfolg und Karriere, Lebensglück. Die ersten Jahre, das Wachsen von Vertrauen und Verantwortung, die ersten großen Erfolge, das Prickeln und die Vorfreude, die Neugierde und feurige Spannung … Wie wäre es, praktische Wege zu finden, dieses Gefühl zu beleben?

16.3 Beispiele von Stimmungsritualen

Wie gestalten moderne Unternehmerinnen und Unternehmer, Managerinnen und Manager strategische, leistungssteigernde Stimmungsrituale? Im Folgenden möchte ich Ihnen einige konkrete Beispiele aus Unternehmen schildern, deren Führungselite sich erfolgreich um das strategische Stimmungsmanagement bemüht und ihre Unternehmenskultur dadurch spürbar positiv belebt hat.

Das Bravo-Ritual

Eine weibliche Managerin hat sich verschiedene Beifallsbekundungen für ein sehr junges Kreativ-Team ausgedacht und jedes mit dickem Filzer auf ein Extra-Kärtchen geschrieben:

BRAVO	BOA EY
PFEIFKONZERT	STAUN-STAUN
APPLAUS	FUSSTRAMPELN

Sie fragt von Zeit zu Zeit: Möchtest Du mal so richtig dafür bewundert werden? Wenn ja, zieht sie eine Karte und das Team jubelt entsprechend.

Das Management-by-walking-around-Ritual

Ein Handelsunternehmer lässt es sich nicht nehmen, jeden Morgen bei Schichtbeginn persönlich langsam durch die Auslieferungshalle zu gehen, mit freundlichem Interesse hier und da stehenzubleiben.

Das Dankeskarten-Ritual

Der Top Manager einer Bank lässt sich von seiner Sekretärin täglich eine schöne Post- oder Briefkarte in die Tagesmappe legen. Er schreibt einige persönliche Dankes- oder Grußzeilen an jemanden, die/der ihm einen Tipp, eine Information gegeben hat, einen Kontakt vermittelt hat, ihn in der täglichen Arbeit unterstützt hat, eine Rede verfasst oder sein Auto zügig repariert hat, oder an jemanden, an den er sich gern erinnert.

Das Konferenz-Dankes-Ritual

Am Ende jeder Veranstaltung – Wirtschaftsausschuss-Sitzung, Weiterbildungsseminar, Führungstreffen, Kundenverhandlung, Investoren-Präsentation, Pressekonferenz, Projekt-Steuerungssitzung, Podiumsdiskussion, Bereichs-Meeting – werden alle diejenigen genannt und erhalten einen Applaus, die für den reibungslosen Ablauf gesorgt haben.

Das Job-Rotation-Ritual

Jeder Führungswechsel bedeutet, dass es eine Abschieds- und Dankesfeier mit dem Team gibt. Der Dank fließt in beide Richtungen: was ich von Dir/Euch/Ihnen lernen konnte, worüber ich mich besonders gefreut habe, wofür ich mich speziell bedanken möchte.

Das Zuhör-Ritual

Die ersten zehn Minuten jedes Mitarbeitergesprächs gehören der Mitarbeiterin/dem Mitarbeiter. Die/der Vorgesetzte hört nur zu.

Das Pausen-Ritual

In Mitarbeitergespräche und Besprechungen wird jede Stunde eine 5-Minuten-Pause eingeplant, durch einen Wecker ein- und abgeläutet, die strikt eingehalten wird.

Das Projekt-Dinner-Ritual

Jeden Monat einmal treffen sich alle Projektmitglieder zu einem gemeinsamen Abendessen, das durch eine Person organisiert wird. Sie bestimmt ein interessantes oder witziges Motto/Thema, das alle berührt.

Das Blitzlicht-Ritual

Jede Besprechung beginnt und endet mit einem „Blitzlicht": Jede/r Teilnehmende sagt in einem Satz, wie er sich gerade in diesem Moment fühlt oder welcher Gedanke sie/ihn gerade beschäftigt.

Das Lob- und Preis-Ritual

Wenn der Leiter des internationalen Geschäfts mit Kollegen oder Teammitgliedern unterwegs ist, stellt er Dritten diese immer mit einer herausragenden Leistung oder Eigenschaft vor, oder erwähnt sie auf diese Weise im Gespräch – selbst dann, wenn man sich zum zweiten, dritten oder zehnten Mal begegnet. Im letzteren Fall hört sich das dann etwa so an: „Sie wissen ja, für Herrn Dr. Stein ist in der Chipszene in Südostasien so gut wie nichts unmöglich."

Das Vertrauensritual

In einem mittelständischen chemischen Unternehmen ist es üblich, dass *jeder* Mitarbeitende (Einkaufs-/Vertrags-) Vollmacht bis zu 2000 Euro erhält. Gegen anfänglichen verständlichen Widerstand der Einkaufsabteilung eingeführt, stärkt es Vertrauen und Verantwortlichkeit und – erstaunlicherweise – sind die Einkaufskosten für bestimmte Materialien gesunken. Jährlich auf der Betriebsversammlung werden die entsprechenden, bisher ausschließlich positiven Controlling-Daten gefeiert.

Das Qualitätsritual

In meinem Executive Coaching Quality Kompetenzzentrum diskutieren wir jedes Jahr mindestens einmal über unsere Qualitätsstandards. Wir erzählen uns gegenseitig von Konfliktfällen und wie wir uns verhalten haben, um die Qualitätsstandards einzuhalten und zu stärken, und wie sie uns geholfen haben, kritische Situationen einzuschätzen. Wir betonen und feiern die Einhaltung, auf Abweichungen gehen wir allenfalls im Zweiergespräch ein. Das stärkt die Zugehörigkeit und Sicherheit. Die Einhaltung unserer Standards macht uns alle zufrieden.

Das Ethikritual

Viele Unternehmen definieren ethische Standards. Die richtigen Werte als Orientierung zu betrachten, ist nicht nur Pflicht, sondern sorgt auch für gute Stimmung. Wie wir heute wissen, sind Lügen oder abwertendes Sprechen über Dritte in deren Abwesenheit nicht nur schlimme Angewohnheiten, die anderen schaden, sondern sie schränken als wahre Stimmungskiller die eigene Lebensqualität und das eigene Erfolgsgefühl deutlich ein.

Das Höflichkeitsritual

Alle Partner einer Unternehmensberatung absolvieren ein Training für gute Manieren. Respektvoller, freundlicher, höflicher Umgang ist Pflicht – intern wie extern – und Teil der Unternehmensleitlinien sowie Beurteilungskriterien. Jedes Jahr einmal, auf dem Partnertreffen, spricht ein Referent aus einem anderen Land über die dort gültigen Umgangsformen.

16.4 Die Essenz von Stimmungsmanagement

Viele Stimmungsrituale haben Wurzeln in den letzten Jahrzehnten oder sogar Jahrhunterten: Incentive-Veranstaltungen, Business Dinners, Geburtstags- und Jubiläumsfeiern, Preisverleihungen, Betriebsausflüge, Boni und Geschenke. In den meisten Ritualen der letzten Jahrzehnte finden wir jedoch nur noch homöopathische Dosen der wirksamen *Grund-Essenzen* zur Vermittlung von Lebens- und Arbeitsfreude:

- Aufmerksamkeit,
- persönliche Beachtung,
- das Geschenk der eigenen Zeit,
- Zuhören,
- Wertschätzung,
- Dankbarkeit,
- Zuneigung und Freundschaft,
- Höflichkeit und Respekt,
- Anerkennen, Preisen und Applaudieren,
- Vertrauen,
- Qualität von Begegnung und Beziehung,
- Rührung und emotionale Offenheit,
- gemeinsame Abenteuer, gemeinsames Lernen,
- gemeinsamer Genuss.

Meine Empfehlung ist, jetzt die Gelegenheit zu ergreifen, und alle vorhandenen Rituale des Unternehmens auf ihre Stimmungswirkung hin zu überprüfen und zu optimieren. Natürlich achten wir darauf, dass jedes Ritual

- zum Charakter der Führungsperson/en passt
- zum Unternehmen, zu seinen Mitarbeitenden, zum Produkt, zur Nationalität etc. passt
- sich harmonisch in die Unternehmenskultur einfügt und geeignet ist, diese positiv weiter zuentwickeln.

Die erfolgreiche Führungsperson sorgt in erster Linie für die eigene gute Stimmung – me first! Die *eigene* Gelassenheit und Heiterkeit, die Freude an der Führungsaufgabe, strahlt auf die Umgebung aus. Nur so entstehen die Rituale, mit denen Intensität, Vertrauen und Optimismus übertragen werden, die die Leistungskraft aller Mitarbeitenden im Unternehmen beflügeln und für Wachstum sorgen – der Menschen und der Bilanzen.

Literaturverzeichnis

Ahlemeyer, Heinrich W.; Königswieser, Roswitha (Hrsg.); Komplexität managen. Strategien, Konzepte und Fallbeispiele, Frankfurt/Main 1998

Bennis, Warren; Heenan, David A.; Die Macht der Nr. 2. Das Geheimnis erfolgreicher Führungsduos, Frankfurt/Main 2000

Boch, Dieter; Flurgespräche, in: Getschmann, Dirk (Hrsg.); Arbeitswelten von innen betrachtet. Reportagen zur Organisationskultur, Frankfurt/Main 1998

Boch, Dieter; Echter, Dorothee; Haidvogl, Gert A.; Wissen – Die Strategische Ressource. Wie sich die Lernende Organisation verwirklichen lässt, Weinheim 1997

Bolles, Richard Nelson; Durchstarten zum Traumjob, Frankfurt/Main 1999

Bosshard, David; Frick, Karin; Megatrends und Gegentrends, Trends und Gegentrends in Wirtschaft, Gesellschaft und Konsum, in: GDI Aktuell, 5/2003

Buckingham, Marcus; Coffman; Curt; First, Break all the Rules, Gallup Pol] 1999

Burt, Ronald S., The Social Origins of Good Ideas, Ms. Januar 2003, http://gsbwww.uchicago.edu/tac/ronald.burt/researchJSOGI.pdf

Cameron, Julia; Der Weg des Künstlers. Ein spiritueller Pfad zur Aktivierung unserer Kreativität, München 2000

Charan, Ram; Die Erfolgsfalle, in: focus 1/2003, Egon Zehnder Intemational GmbH Deutschland (Hrsg.)

Collins, Jim; Good to Great, in: Harvard Business Manager 4/2001

Csikszentmihalyi, Mihalyi; Flow, Das Geheimnis des Glücks, Stuttgart 1998

Douglas, Mary, Rituale, Tabu und Körpersymbolik, Frankfurt/Main 1986

Echter, Dorothee; Lust auf Erfolg, Düsseldorf 1994

Echter, Dorothee; Lust auf Macht, Düsseldorf 1994

Echter, Dorothee; Profit Rolls. US-Marketing-Management für Konsumgüter, in: Getschmann, Dirk (Hrsg.); Arbeitswelten von innen betrachtet. Reportagen zur Unternehmenskultur, Frankfurt/Main 1998

Echter, Dorothee; Psychoanalytische Impulse für das Management Coaching, in: Bauer, Annemarie u.a. (Hrsg.); Psychoanalytische Perspektiven, Festschrift für Wolfgang Schmidbauer, Frankfurt/Main 2002

Echter, Dorothee, Qualitätsstandards und Geheimnisse erfolgreichen Coachings im Top Managment, in: Wirtschaft und Weiterbildung, 03/2002

Echter, Dorothee; Top Management Coaching, in: Rauen, Christopher; Handbuch Coaching, 2. Aufl., Göttingen 2002

Gämer, Wolfgang; Aufstand der Zauberlehrlinge, in: Süddeutsche Zeitung vom 18.1.2003

Gairing, Fritz; Organisationsentwicklung als Lemprozess von Menschen und Systemen, Weinheim 1996

Gehlen, Arnold; Der Mensch, seine Natur und seine Stellung in der Welt, Originalausgabe Berlin 1941, Neuauflage Stuttgart 1997

van Gennep, Amold; Rites de Passage, Frankfurt/Main 1999

Goleman, Daniel, u.a.; Emotionale Intelligenz – zum Führen unerlässlich, in: Harvard Business Manager 3/1999

Goleman, Daniel, u.a.; Die Gefühlslage des Chefs - sie bewirkt Wunder oder Unheil, in: Harvard Business Manager 3/2002

Granovetter, Mark; The Strength of Weak Ties, American Journal of Sociology, 78, 1973, zitiert nach Regina Mönch; Von Frisören lernen, in FAZ, 28.4.2003

Gratton, Lynda; Living Strategy. Putting People at the Heart of Corporate Purpose, London 2000

Hall, Joe; Hammond, Sue; What is Appriciative Inquiry? http://libl.store.vip.sc5.yahoo.com/lib/thinbook/whatisai.pdf

Hammer, Michael; Champy, James; Re-engineering the Corporation, New York 1993

Hartmann, Michael; Der Mythos von den Leistungs-Eliten - Spitzenkarrieren und soziale Herkunft in Wirtschaft, Politik, Justiz und Wissenschaft, Frankfurt/Main 2002

Heeg, Thiemo; Lay, Rupert; Wer zu lange arbeitet, ist ein fauler Hund, in: FAZ vom 9.2.2003

Kegan, Robert; Laskow Lahey, Lisa; Der Wahre Grund, weshalb Mitarbeiter sich nicht ändem, in: Harvard Business Manager 3/2002

Kets de Vries; Manfred F. R.; Führer, Narren und Hochstapler. Essays über die Psychologie der Führung, Stuttgart 1998

Klein, Stefan; Die Glücksformel, Hamburg 2002

König, Peter; Money as Mirror: Projections Upon an Empty Slate, in: World Business Academy Perspectives Vol. 8. NO. 2. 1994, Berrett-Koehler Publishers

Luhmann, Niklas; Organisation und Entscheidung, Originalausgabe Opladen 1969, Neuauflage Opladen 2000

Michaels, Axel; Wozu Rituale gut sind, Beitrag in RUPERTO CAROLA, Forschungsmagazin der Universität Heidelberg, 3/2002

Mönch, Regina; Von Frisören lemen, in: FAZ vom 28.4.2003

Morrison, Ann M. et al; Breaking The Class Ceiling, New York 1994

Müller, Klaus E.; Schamanismus. Heiler, Geister, Rituale, München 1997

Picot, Amold, et al.; Die grenzenlose Untemehmung, Wiesbaden 1996

Ramachandran, Vilaynur S.; Die blinde Frau, die sehen kann. Rätselhafte Phänomene unseres Bewusstseins, Reinbek bei Hamburg 2001

Rosen, Sidney; Die Lehrgeschichten von Milton H. Erickson, Salzhausen 2000

Rosenthal, Robert; Jacobson, Leonore; Pygmalion in The Classroom: Teacher Expectation und Pupils' Intellectual Development, New York 1968

Schmid, Wilhelm; Schönes Leben? Einführung in die Lebenskunst, Frankfurt/Main 2000

Schmidbauer, Wolfgang; Dranbleiben - die gelassene Art, Ziele zu erreichen, Freiburg 2002

Senge, Peter; The Fifth Discipline, New York 1990. Deutsch: Die fünfte Disziplin. Kunst und Praxis der lernenden Organisation. 5. Aufl., Stuttgart 1998

Sennett, Richard; The Corrosion of Character. The Personal Consequences of Work in the New Capitalism, New York 1998

Sher, Barbara; Wishcraft, How to Get What You Really Want, New York 1979, Deutsch: Wishcraft. Vom Wunschtraum zum erfüllten Leben, Tübingen 2000

Simon, Fritz B.; Rech-Simon, Christel; Zirkuläres Fragen. Systemische Therapie in Fallbeispielen: Ein Lehrbuch, Heidelberg 2001

Spitzer, Manfred; Bescherung im Kopf, in: DIE ZEIT vom 23.12.02

Tumer, Victor; The Ritual Process. Structure and Anti-Structure, New York 1969, Deutsch: Das Ritual. Struktur und Anti-Struktur, Frankfurt/Main 2000

Volk, Hartmut; Anhaltende Unsicherheit und Verunsicherung macht krank; in verschiedenen Medien veröffentlicht; Hartmut.Volk@t-online.de

Watzlawick, Paul; Anleitung zum Unglücklichsein, München 1983

Watzlawick, Paul; Vom Guten des Schlechten, München 1986